国家社科基金青年项目成果（项目编号：13CFX082）

网络服务提供者之法律责任体系研究

邹晓玫 ◎ 著

RESEARCH ON THE LEGAL LIABILITY SYSTEM
OF INTERNET SERVICE PROVIDERS

中国政法大学出版社

2020·北京

声　明	1. 版权所有，侵权必究。
	2. 如有缺页、倒装问题，由出版社负责退换。

图书在版编目（ＣＩＰ）数据

网络服务提供者之法律责任体系研究/邹晓玫著. —北京：中国政法大学出版社，2020.11
ISBN 978-7-5620-9700-6

Ⅰ.①网…　Ⅱ.①邹…　Ⅲ.①网络服务－侵权行为－法律责任－研究－中国　Ⅳ.①D923.04

中国版本图书馆CIP数据核字(2020)第212683号

出　版　者	中国政法大学出版社
地　　　址	北京市海淀区西土城路 25 号
邮寄地址	北京 100088 信箱 8034 分箱　邮编 100088
网　　　址	http://www.cuplpress.com（网络实名：中国政法大学出版社）
电　　　话	010-58908289(编辑部) 58908334(邮购部)
承　　　印	北京九州迅驰传媒文化有限公司
开　　　本	720mm×960mm　1/16
印　　　张	18.5
字　　　数	295 千字
版　　　次	2020 年 11 月第 1 版
印　　　次	2020 年 11 月第 1 次印刷
定　　　价	75.00 元

前　言

互联网的迅猛发展使现代社会形成了"现实世界"和"虚拟世界"交叠缠绕的"双层空间、虚实同构"，同时造就了网络社会中一支强大的新生力量——网络服务提供者（Internet Service Provider，ISP）。它们不仅是网络得以正常运转、网络经济得以蓬勃兴旺的中坚力量，同时也是网络社会结构和社会规范的核心建构者，更是联结虚拟和现实两个空间的重要关节点。如何科学合理地确定 ISP 应有的法律责任，是平衡互联网世界各方利益、实现信息化产业发展与公共福利共赢以及推动互联网健康发展的重要课题，同时也是网络强国的战略设想实施过程中不可缺失的重要环节。

本书以本人承担的国家社科基金项目结项成果为基础，综合了 6 年中公开发表的 10 余篇论文整理而成。书稿付梓之日，仍有些不敢相信如许光阴就这样静静流走了。忆及立项之时，网络法还是一个较少人关注的新兴领域，ISP 的法律责任问题问津者更是寥寥；项目结题之日，此领域一年发表的学术成果已经以数百篇记。庆幸自己在学术起步阶段便能遇到一个自己真正感兴趣的领域之余，也深深感念这数易其稿之后的近 30 万字来之不易。不敢妄言对知识共同体及此研究主题有何贡献，仅以此书纪念不懈努力的这千余个日日夜夜。

成书之日必须要感谢我的博士生导师侯欣一教授和硕士生导师熊继宁教授。在我还是一个初入此门的讲师之际，两位老师不弃我浅陋，鼓励我研究并为课题申请鼎力推荐，方才有今日这部书稿。两位老师的学术引导和言传身教，弟子唯有今后恭谨探索、勤奋笔耕以聊作回报。

课题研究过程得到了吴春雷老师、张春普老师等前辈的支持和指点,获得了好友李佳、王文文等的大力协助,在此表示衷心的感谢。本人指导的研究生杜静、王雪姗等参与了部分内容的研究,并为书稿校对等工作贡献了力量,在此一并表示感谢。

邹晓玫

2020 年 4 月 30 日

于津门·蘭园

目 录

前 言 …………………………………………………………… 001

绪 论 …………………………………………………………… 001
 一、选题背景 …………………………………………………… 001
 二、研究现状 …………………………………………………… 009

第一章 研究设计 ……………………………………………… 026
 第一节 研究框架 …………………………………………… 026
  一、问题的提出 ……………………………………………… 026
  二、研究目标定位 …………………………………………… 031
  三、研究进路 ………………………………………………… 034
  四、主要研究内容 …………………………………………… 036
  五、基本观点 ………………………………………………… 037
  六、研究方法 ………………………………………………… 040
  七、主要创新点 ……………………………………………… 040
 第二节 基本概念之界定 …………………………………… 041
  一、网络服务提供者 ………………………………………… 041
  二、法律责任 ………………………………………………… 053

第二章 网络社会中的 ISP 角色构造 ……………………… 061
 一、网络社会及其结构性特征 ……………………………… 062

二、网络社会中的核心建构力量 ································· *067*
　　三、网络社会中的ISP：技术、规范和认同的三重建构者············· *069*
　　四、网络服务提供者之角色层次与构造 ························· *078*
　　五、小结 ··· *085*

第三章　网络服务提供者之法律地位研究 ························· *086*
　　一、ISP法律地位的认识演化 ··································· *086*
　　二、功能主义视角下的ISP法律地位重构 ························· *089*
　　三、ISP法律地位之保障原则 ··································· *095*
　　四、小结 ··· *097*

第四章　ISP民事责任体系研究 ································· *099*
　第一节　ISP侵权责任体系研究 ··································· *099*
　　一、ISP侵权的研究价值 ······································· *100*
　　二、研究进展及各法域立法成就 ······························· *102*
　　三、ISP侵权责任争议焦点及现行规范的构造缺陷················· *106*
　　四、ISP侵权责任之理论构型新探索 ····························· *112*
　　五、ISP侵权责任具体规范重构 ································· *120*
　　六、余论 ··· *126*

　第二节　ISP合同责任体系研究 ··································· *128*
　　一、网络合同的演化过程 ······································· *128*
　　二、三维度基础上的网络合同的类型化 ························· *129*
　　三、"网络确认型合同"中ISP法律责任之完善 ··················· *135*
　　四、"网络组织型合同"中IPP合同责任之重构 ··················· *144*
　　五、小结 ··· *148*

第五章　ISP行政责任体系研究 ································· *149*
　第一节　ISP行政责任之总体构型 ································· *150*

一、ISP 行政责任设计之理念由"行政监管"向"协同治理"转化 …… *150*

二、明确 ISP 的法定监管义务 …… *152*

第二节　ISP 市场准入法律责任研究 …… *156*

一、ISP 市场准入之基本问题 …… *157*

二、ISP 市场准入制度的社会功能 …… *157*

三、我国 ISP 市场准入规范体系及其反思 …… *160*

四、ISP 市场准入模式重构 …… *164*

五、小结 …… *171*

第三节　个人信息保护中的 ISP 行政责任 …… *172*

一、我国个人信息授权利用的规范现实与模式特征 …… *172*

二、"概括授权+例外"模式面临的挑战 …… *175*

三、欧盟"GDPR"模式与美国"场景风险"模式之比较 …… *178*

四、基于重要性理论的风险评估模式构建 …… *184*

五、余论 …… *189*

第六章　ISP 刑事责任体系研究 …… *191*

一、网络犯罪与网络犯罪中的 ISP …… *192*

二、ISP 刑事责任建构的基本准则 …… *194*

三、ISP 在技术帮助行为中的刑事责任 …… *196*

四、ISP 在不作为犯罪中的法律责任 …… *204*

五、刑事司法管辖中的 ISP …… *209*

六、小结 …… *215*

第七章　ISP 社会责任研究 …… *217*

第一节　网络权利冲突及其应对策略 …… *219*

一、网络权利冲突的本质 …… *219*

二、网络权利冲突的特征 …… *220*

三、网络权利冲突的类型化 …………………………………… 221
　　四、现行法律对网络权利冲突的应对思路 …………………… 222
　　五、应对网络权利冲突的策略转换 …………………………… 225
　第二节　以ISP为中心的网络权利演化机制 …………………… 228
　　一、社会冲突与权力多元 ……………………………………… 228
　　二、ISP对网络权利冲突的自主性解决 ……………………… 230
　　三、以ISP为核心的网络权利演化机制 ……………………… 236
　　四、网络权利的生长空间 ……………………………………… 239

结　论 ………………………………………………………………… 241
附　录　研究报告 …………………………………………………… 245
参考文献 ……………………………………………………………… 272

绪 论

互联网的迅猛发展使现代社会形成了"现实世界"和"虚拟世界"交叠缠绕的"双层空间、虚实同构"[1]，同时造就了网络社会中一支强大的新生力量——网络服务提供者（Internet Service Provider，ISP）。它们不仅是网络得以正常运转、网络经济得以蓬勃兴旺的中坚力量，同时也是网络社会结构和社会规范的核心建构者，更是联结虚拟和现实两个空间的重要关节点。如何科学合理地确定 ISP 应有的法律责任，是平衡互联网世界各方利益、实现信息化产业发展与公共福利共赢以及推动互联网健康发展的重要课题，同时也是网络强国战略设想实施过程中不可缺失的重要环节。

一、选题背景

1974 年第一组网络通讯协议（TCP/IP 协议）建立，标志着互联网作为一种全新的信息传输工具，正式进入人类的社会生活。[2] 短短数十年的时间，信息网络已经成为深入现代日常生活每一个角落的不可或缺的工具。互联网的发展经历了单纯的信息传输管道、社会交往的信息平台和网络虚拟社会三个发展阶段，互联网法律规制也随之经历了"网络自治、局部法律规制和网络全面综合治理阶段"[3]。随着互联网法治建设的逐步深入，越来越多的研究者注意到 ISP 是网络世界中不可忽视的一支建构性力量，并提出互联网立

---

[1] 此表述为笔者参加上海交通大学凯原法学院主办的"第二届中国法社会学年会"（2017 年）时，马长山教授在大会主报告中提出的观点。笔者根据主讲人的口述记录而成，记录时间为 2017 年 9 月 15 日。

[2] 彭玉勇：《论网络服务提供者的权利和义务》，载《暨南学报（哲学社会科学版）》2014 年第 12 期，第 67 页。

[3] 谢永江、姜淑丽：《我国网络立法现状与问题分析》，载《网络与信息安全学报》2015 年第 1 期，第 24 页。

法的重心在于规范网络服务提供者。[1]

(一) ISP 法律责任研究的理论价值

从 2000 年 12 月 28 日通过的《全国人民代表大会常务委员会关于维护互联网安全的决定》和 2012 年 12 月 28 日通过的《全国人民代表大会常务委员会关于加强网络信息保护的决定》来看，国家对互联网实施法律规制的意图和决心已经非常明确，对信息网络的全面立法势在必行。ISP 作为网络技术服务的提供者、网络信息的传递者和"看门人"，是网络法律关系中至关重要的主体。ISP 的法律责任如何设计，宏观而言直接体现着国家互联网产业发展及网络立法的重要价值立场，微观而言则构成了互联网法律体系的重要理论基石。

网络立法重大理论立场的冲突焦点。网络立法之所以成为几乎所有法律部门当下研究的重点，一方面因为网络世界的技术基础和运行规则与传统的现实世界有着根本区别；另一方面则根源于上述技术特征导致的社会关系变革对已有的法律体系提出了诸多重大价值挑战，而这些价值立场的选择是国家网络立法不可回避的理论基点。ISP 的角色定位及其权利、义务和责任的设计，无一不是这些重大立场选择的集中体现，甚至相当一部分 ISP 法律制度设计的核心争议就是这些价值理念冲突。

(1) 秩序与创新：互联网产业发展的基本定位。互联网本质上是一种信息技术手段和社会公共资源[2]，互联网的技术特性在于最大限度的追求网络互联和信息共享[3]。信息在境内、境外和不同主体之间的高速流动和共享，一方面会极大地促进信息的有效利用，推动新的产业和新的经济形态的繁荣和发展；另一方面也会因其不当利用给个人、社会和国家的秩序和安全带来重大威胁和隐患。任何国家的网络立法必须首先明确其立法目标是优先鼓励网络技术创新和产业繁荣，还是优先保护社会秩序和国家安全，以至于必要时要加大产业经营主体的负担。世界各国的网络立法实践中，美国是采用前一立场的典型，而俄罗斯则明确地选择了后一立场。ISP 作为网络服务的主要经营主体和重要技术革新力量，其法律责任体系的设计直接标志着国家法律体系对网络经营主体课以何种程度的制度负担。ISP 法律责任的严格与宽松，

---

[1] 王利明：《论互联网立法的重点问题》，载《法律科学》2016 年第 5 期，第 110~117 页。
[2] 王利明：《论互联网立法的重点问题》，载《法律科学》2016 年第 5 期，第 110~117 页。
[3] 张楚：《关于网络法基本问题的阐释》，载《法律科学》2003 年第 6 期，第 80 页。

是一国互联网发展整体战略的指示剂和晴雨表。

（2）宽容与管制：网络自由的限度。与任何领域的法律规制一样，网络立法也必须面对"公共利益与个人自由"这一元理论问题。而网络世界因其匿名性和极端的多元主义倾向，加剧了个体自由和公共利益、他人权益之间的冲突。ISP 居于匿名的网络终端用户和寻求有力监管的公共权力机关的连接点，处于上述基本价值冲突的交锋处。要求 ISP 负担何种法定义务和监管责任即成为平衡上述价值争议的直接制度依托。具体而言主要涉及以下子问题：其一，ISP 向终端用户提供网络服务是否必须要求后者提供后台实名信息？其二，ISP 对其服务使用者的网络行为在何种情形下承担监管义务——仅限于采取必要的技术措施或协助监管机构提供相关技术支持等程序性义务，还是要对终端用户的网络言论或网络行为进行实质性监管？如果是后者，其学理依据何在？其三，ISP 对网络纠纷的解决及网络基础设施保护等商业经营之外的社会利益应当承担何种意义上的法律责任？

（3）惩罚与预防：网络规制的基本思路。网络技术和商业经营模式的蓬勃发展给现代生活带来便利的同时，也带来了对原有社会秩序的剧烈冲击。面对大量的网络社会的越轨、违规甚至违法行为，法律世界最初采取的是以事后处罚为主的规制思路。其重要表现之一是对 ISP 的责任设计主要是以其技术措施的实际效果作为观察点。但随着网络技术的发展和法律界对网络及网络世界认识的深化，学者们逐步认识到完全杜绝技术漏洞和网络冲突是不可能的[1]，因此网络规制的基本思路应当从事后惩罚转向事先的预防。ISP 作为互联网产业的核心技术支柱，是网络安全的"看门人"[2]，对网络安全保护负有不可推卸的社会责任。网络规制整体思路的转化，直接影响 ISP 法律责任的设计理念——越来越多的新增规范不再单纯重视 ISP 监管义务的强化和对违规 ISP 的处罚，转而通过行业准入标准的设计，鼓励 ISP 提高自身的技术能力和从业人员水准，采取更有效的技术措施对潜在的网络风险进行事前防范。

（4）自治与他治：网络控制的核心手段。互联网初创之时，曾被认为是独立于现实世界之外的"第四领域"，应当完全脱离现实世界规则的掌控，依

---

［1］ 汕头大学学报编辑部：《〈关键信息基础设施安全保护条例（征求意见稿）〉各方意见综述》，载《汕头大学学报（人文社会科学版）》2017 年第 7 期，第 19~26 页。

［2］ 张敏：《大数据时代的网络安全立法趋势分析》，载《信息安全研究》2016 年第 9 期，第 819 页。

赖网络自治而实现秩序化。网络深度社会化发展，使越来越多的国家认识到网络并非法外之地，必须以国家法律对其进行有效的控制。然而过度的管制也会伤害互联网的匿名性、多元化和技术创新热情，最终导致抑制网络产业的繁荣。经过近20年的探索和争论，法学界的观点日趋统一到网络治理应当是多主体、多层次的多元化治理的理念上来。ISP基于其特殊的结构地位和技术能力，势必成为网络多元治理的重要一极，其在互联网自治和他治体系中的重要角色均不容忽视：在互联网自治体系中，ISP是社区规则的制定者、网络纠纷的直接调处者、网络行为的技术建构者；在网络法律规制体系中，ISP则是重要的调整对象、技术规范的创造者和网络法律治理的重要辅助力量。

（二）构建互联网法律体系的理论基点[1]

1. 网络世界的三大主体

互联网作为一个有信息设备构筑而成的虚拟世界，其社会关系和行为主体皆表现出有别于现实社会的特殊性。而这些特殊性对现有法律的权利义务设计、责任体系、证据规则等基本制度都提出了挑战。这就要求虚拟空间各利益主体都在享有特定权利的同时承担新的义务，并在应对网络社会各种新诉求和新冲突的过程中担负特定的革新使命。

表0-1 网络社会三大主体及其"权利（权力）-义务"革新使命[2]

主 体	现有权利（权力）	现有义务	待发展义务	革新使命
终端用户	网络使用权	缴纳网络服务费	谨慎信任；言论责任自负	虚拟与现实身份的"软性"统一
网络服务提供者（ISP）	经营权、收益权	用户信息安全保护	风险预警、告知；信息证据保全、全面信息安全保障	独立于权力部门第三方监管；网络纠纷调处
权力部门	域名审批、网络监管	以传统执法、司法方式解决纠纷	虚拟环境下解决纠纷	以服务器为核心确立管辖；网络取证；网络调解、裁判

---

[1] 本部分的核心观点及内容已经以阶段性成果形式发表，参见邹晓玫：《网络权利冲突的法律功能研究》，载《法制博览（中旬刊）》2013年第9期，第29~31页。

[2] 邹晓玫：《权利冲突的网络演化及其系统性解决机制》，南开大学出版社2014年版，第132页。

(1) 网络终端用户。在 Web2.0 的环境下，终端用户既是互联网信息的消费者，也是信息的创造者或提供者。在现有法律规范之下，网络终端用户一般仅需要支付网络服务使用费，即可在互联网上进行信息的浏览、上传、下载等活动。要实现对网络行为的有效规制，就必须在现实的法律主体和网络虚拟主体之间建立唯一确定性的对应关系，借以明确任何一个网络环境下的行为应由哪一现实的人格主体承担相应的权利义务。在此基础上，网络立法的发展应着眼于进一步要求网络终端用户对网络服务商提供的网络服务和其他人的网络行为保持谨慎的信任，并要求其对自己的网络言论负责。

(2) 网络服务提供者。它们既是网络得以正常运转、网络经济得以蓬勃兴旺的中坚力量，不同类型的 ISP 因其提供网络服务的技术方式不同，在法律责任体系设计上既有共性，又有需要区别对待之处。此外，提供广泛交互性网络服务的 ISP 还可能兼具承担自主性网络纠纷解决机制、专业化网络纠纷解决平台建设等社会责任的潜力。

(3) 网络监管部门。网络为人类的自由向往构筑了一个全新的、几乎不受任何干扰和限制的归宿，但同时也对法律制度和社会控制的基本架构提出了前所未有的挑战。如果公共权力无法针对网络世界做出与维护自由所需的技术条件相一致的改革，则网络自由与权利无疑将成为美丽的梦呓。在网络空间中，代码及其运行机制决定了软件和硬件设施的运行逻辑，代码就是网络空间中的"法律"。[1] 如何配置网络空间中的代码控制权，决定了公共权力对网络监督管理和控制的基本结构，也从根本上划定了网络权利与权力、权利与权利的总体性边界。公共权力机构在对网络空间中的行为进行监督规制过程中，应当充分尊重网络的代码化、平面化等特征，改变传统的以国家强制力为唯一权威性来源的纠纷解决机制，充分发挥网络自身的沟通和调处能力，建立国家主导与网络自治相结合的虚拟环境下的多元纠纷解决机制，并辅之以符合网络技术性特征的管辖制度和证据制度，全面灵活地应对网络世界的法律冲突。

---

〔1〕 时飞：《网络空间的政治架构——评劳伦斯·莱斯格〈代码及网络空间的其他法律〉》，载《北大法律评论》编辑委员会编：《北大法律评论》（第 9 卷第 1 辑），北京大学出版社 2008 年版，第 249 页。

2. ISP 在三大主体中的特殊地位

网络社会的有效法律治理取决于上述三大主体的角色发挥和革新使命的完成。而在这三大主体中，网络服务提供者的地位尤其独特，处于关键性的联结者地位：

(1) ISP 是网络虚拟世界和现实世界的关联者。互联网是由提供不同服务的 ISP 借助各类信息设备搭建起来的信息世界，互联互通的信息设施是网络虚拟空间的物质基础，而这些设施的建设和运营都直接掌握在 ISP 手中。因此，可以说 ISP 掌握着现实世界和虚拟世界互通的大门。现实世界的主体及其利益必须通过 ISP 的服务才能延伸至虚拟世界；反之，虚拟世界的行为要对现实世界的社会关系产生真实有效的影响，也必须经由 ISP 的网络服务为其建立关联。

(2) ISP 是网络监管部门和网络终端用户的联结者。终端用户作为 ISP 的服务对象，直接通过用户协议等方式与 ISP 建立合同法律关系，其几乎所有的网络行为都在不同类型的 ISP 的服务器中得以实现。而作为网络秩序监管者的国家权力机关，通常难以直接对网络终端用户的行为进行直接的监管和控制。这一方面由于上述行为规模庞大且瞬息万变；另一方面由于大多数情况下网络终端用户采取匿名方式做出网络行为（即使是要求实名的互联网领域也往往采取的是后台实名的方式，因而终端用户的真实身份难以直接获得）。因而，监管机构对网络终端用户行为的管理和控制在多数情形下需要通过 ISP 间接予以实现，至少是必须借助 ISP 的信息支持和技术帮助。

(3) ISP 是网络信息传输的中枢，有能力深度参与网络社会的治理。互联网的本质特征在于海量信息的迅捷传输、存储和利用。ISP 的不同服务方式实际上就是信息的不同传递和利用方式。其信息传输枢纽的地位决定了 ISP 能够在一定程度上实现对网络信息的直接接触和控制，这一技术特性使 ISP 有能力协助监管机构限制不良信息的扩散，保护用户个人信息等敏感数据不被不当利用。同时，随着 ISP 服务方式越来越具有社会关系的建构性，部分 ISP 本身就是特定网络社区行为规范的设定者和社区秩序的维护者。此类 ISP 是网络社会综合治理不可或缺的重要力量。

综上所述，ISP 作为网络世界的三大核心主体之一，其法律权利、义务和责任体系的设计直接体现着网络立法的诸多重大理论立场和价值选择；ISP 在互联网三大主体中的独特地位，决定了其责任体系的设计既是各方主体权利义务实现的保障，也是确立 ISP 法律地位的重要制度基石。全面深入地探讨并构建统一的 ISP 法律责任体系，对形成以纵向国家立法为核心、其他法规相关条款为补充的网络信息法律体系具有重要的基础理论价值。

（三）ISP 法律责任研究的现实意义

在互联网的信息河流中，ISP 一方面是高效率、集中式的信息传播者，对于提高现代社会的经济运行甚至社会组织效率有着重要的作用；另一方面，由于互联网环境下数字化复制和传播的成本极低，而权利人的维权成本相对较高，权利保护的"传统秩序"捉襟见肘。ISP 责任体系的合理建构，可以避免 ISP 在非正当利益的驱使下，直接或间接地导致大规模侵权行为的产生，使其免于陷入进退两难的"基于侵权的商业模式"，有助于在充分发挥其网络经济"催化剂"作用的同时，降低 ISP 的法律风险。对 ISP 法律责任体系的深入研究对于应对爆发式增长的网络纠纷和互联网立法的体系化、科学化发展都有着重要的现实意义。

1. ISP 责任体系设计是应对网络纠纷爆发式增长的制度要求

网络产业的高速发展带来了新的商业繁荣，同时也导致了基于互联网产生的社会纠纷呈现爆发式增长。网络世界的诸多现实问题和案件纠纷是推动网络立法的原始动力。在众多的网络争议中，立法呼声最高、讨论最为热烈的主要涉及网络知识产权保护、网络犯罪规制、网络案件纠纷的司法管辖和网络侵权的防范。[1] 上述争议热点的共同之处在于：法律体系对于上述行为的规制立场本身不存在争议，问题的关键是在网络的特殊环境下，法律的明确立场如何予以实现。而所有的技术疑难并不直接指向（或并不仅仅指向）网络终端用户，而是网络世界的主要技术支柱——服务类型各异的 ISP。例如，在网络知识产权保护领域，规制的难点不在于侵权事实是否存在，而在于如何通过过滤技术和有效的侵权预警机制发现并断开侵权链接，从而防范侵权行为后果的迅速扩大，而 ISP 是上述技术措施的设计者和实际操控者；在网络犯罪行为治理中，争议焦点不仅限于传统意义上的何种行为应当视为

---

[1] 夏燕、栗佳佳、石琳民：《中国网络法研究现状与反思——基于 CSSCI 法学类期刊论文（1999—2011 年）的分析》，载《理论与现代化》2012 年第 6 期，第 79~85 页。

犯罪（对社会重要秩序和根本价值的严重破坏）以及该犯罪行为该处以何种刑罚等问题，转而更加关注上述犯罪行为当如何发现、其危害后果如何评估以及如何有效确定并控制犯罪行为主体等技术主导性问题。除国家专门训练和配备的网络警察等技术力量外，ISP是实现上述刑法规制必须依靠的主要技术支持者，甚至许多重要犯罪证据的取得、犯罪行为的追踪和发觉离开ISP的参与将根本无从实现。网络争议的管辖问题则很大程度上就是由于ISP在众多网络争议中成了直接或间接的被告人而引发的传统管辖权失范。综上可以看出，ISP法律责任体系（实际上还包括作为其责任前提的义务体系）的设计是回应诸多现实案件纠纷的制度关键所在。

2. ISP责任内容是网络立法的核心增长点

网络虚拟世界与现实社会法律规制一个重大区别在于：现实社会的绝大多数法律关系是直接发生于两方主体之间，而网络社会中的任何关联都必须通过特定ISP的网络服务方才得以建立。这一技术事实决定了两个必然的规范状况：其一，仅有部分——而不是全部——现实社会的法律规范可以直接延伸至网络领域，仅限于ISP在法律关系主体之间发挥的是信息的传递、搬运和忠实呈现等纯技术非干预性作用的情形之下[1]；其二，凡是ISP对当事双方的社会关系有实质性的参与的情况，必然导致改变原有的权利义务结构，形成新的法律关系。而新的法律关系诞生必然意味着新的"权利-义务-责任"机制产生。上述结构性改变决定了网络立法必然围绕ISP这一新增加的特殊主体，形成法律规范的新的增长点。综观我国实际的网络立法进程，基本可以印证这一理论假设：从1994年第一部涉及互联网的规范性法律文件——《中华人民共和国计算机信息系统安全保护条例》正式公布至今，20余年间出台的涉及网络问题的法律、法规、规章超过800部，其中行政法规17部、"两高"发布的司法解释52部、部门规章142部、地方性法规335部，[2]处于一个立法高速增长的阶段。规模庞大的新增立法主要围绕以下核心领域：

---

[1] 早期的网络法研究者中，有相当一部分学者认为网络社会的法律问题可以通过传统法律体系的延伸或简单修改予以解决。随着网络信息技术的深入发展，越来越多的学者认识到网络虚拟世界社会关系的复杂性，倾向于建立规制网络行为的专门性法律体系。而笔者认为，这种专门性、特殊性和复杂性很大程度上是由于网络社会关系由ISP这一特殊主体的参与。

[2] 陈纯柱、王露：《我国网络立法的发展、特点与政策建议》，载《重庆邮电大学学报（社会科学版）》2014年第1期，第31~37页。

网络安全保护、网络交易保护及规则设计、网络侵权行为的法律规制、网络纠纷解决机制以及网络犯罪控制等。从上述立法的高速增长领域分布可以看到：其一，立法的增长点和网络纠纷涉及的主要领域高度重合，说明网络立法的主要驱动力是解决社会现实问题，网络立法尚处于回应性立法阶段。其二，从上述新增立法的具体内容来看，无一不涉及 ISP 的法定义务和法律责任的设置。部分立法为了有效地解决现实问题，已经开始尝试对 ISP 进行技术类型的区分。尽管这种区分仍显得简单、潦草，且在不同法律规范之间不完全一致，但确实从另一个侧面说明了法律世界已经意识到了 ISP 在互联网立法和网络治理中的重要角色和特殊地位。鉴于在网络立法的几乎所有核心领域，ISP 都成了规制的核心主体和新的权利义务的增长点，明确 ISP 的角色特征及其技术类型则成了完成上述立法革新使命的关键。

二、研究现状

（一）国内研究现状

国内对于网络服务提供者法律责任的研究始于 20 世纪 90 年代，在 2000 年之前只有零星的研究论文论及互联网的法律问题。自 2000 年始，随着中国互联网进入高速发展的阶段，关于互联网法律规制的研究也随之呈现出快速增长态势（见图 0-1），而对于网络服务提供者的研究几乎是与互联网法律研究同步发展的。其研究状况可以概括为以下几个阶段：

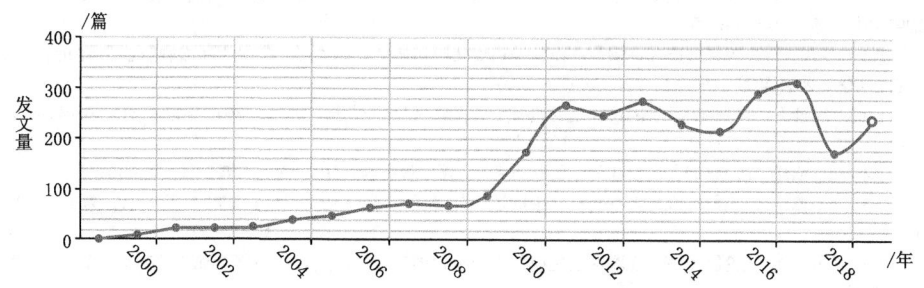

图 0-1　国内网络服务提供者法律责任研究总体状况[1]

---

〔1〕 此图基于清华同方数据库资源绘制，以"网络服务提供者（商）+法律责任"作为主题进行检索，共获得有效研究文献 2663 篇，其各年度的发表数量如图 0-1 所示。数据最后收集时间：2019 年 8 月 27 日。

1. 第一阶段：问题域的初步形成（1991—2002 年）

国内对网络环境下的立法活动之关注，始于对国外立法的引介，具体而言是对德国《多媒体法》的介绍和评述[1]。在 1999 年至 2002 年间，对网络法律问题的关注呈现出小幅增长的趋势，此阶段学者对 ISP 法律责任研究的特点表现为：其一，关注内容主要涉及电子商务和网络著作权领域。其二，研究领域的选择主要依赖学者的个人兴趣，因而表现出随机性和分散性，广泛涉及电子商务、网络著作权保护、网络协议规则、网络信息安全等方面。其三，研究虽然分散，但后来的主要研究热点均已经在早期探索中受到了关注：对于网络侵权的责任形态的讨论已经出现[2]；形成了对 ISP 法律地位[3]和责任[4]的总体性探讨；ISP 在具体网络活动中的法律责任设计均受到了关注[5]，包括 ISP 在网络侵权中的证明责任[6]、ISP 的信息安全保护责任[7]和版权责任[8]等，另有个别研究涉及了网络犯罪的规制[9]；2001 年北京大学知识产权学院法治研究中心出版了《网络法律评论》（第 1 卷）[10]，首次形成了网络法律研究的专门性连续出版物。至 2017 年该刊物已经连续出版 18 卷，ISP 的法律地位及其责任始终是该文集关注的热点问题之一。

2. 第二阶段：研究快速扩展阶段（2003—2010 年）

从 2003 年开始，国内研究对 ISP 法律责任的关注显著提升，研究主题和研究数量都进入了一个高速扩展的阶段，这种迅猛增长的态势一直持续并在 2010 年前后达到高点。此阶段的国内研究表现出了以下特点：

---

[1] 唐绪军：《破旧与立新并举 自由与义务并重——德国"多媒体法"评介》，载《新闻与传播研究》1997 年第 3 期，第 55~61 页。

[2] 冯晓青：《因特网服务提供商著作权侵权责任限制研究——美国〈数字千年著作权法〉评析》，载《河北法学》2001 年第 6 期，第 125~128 页。

[3] 喻继军：《网络服务者的法律地位与责任》，载《科技进步与对策》2001 年第 9 期，第 138~139 页。

[4] 李德成：《网络服务商责任的法哲学思考》，载《科技与法律》2002 年第 3 期，第 60~67 页。

[5] 刘德良：《论网络服务者在侵权法中的地位与责任》，载《法商研究》2001 年第 5 期，第 111~119 页。

[6] 吴宏文：《论服务商对互联网上侵权纠纷应承担的证明责任》，载《行政与法》2002 年第 1 期，第 74~77 页。

[7] 吴弘：《网络服务供应商维护信息安全的责任》，载《信息网络安全》2001 年第 12 期，第 18~20 页。

[8] 张敬荣：《网络经营者版权责任的认定》，载《天水行政学院学报》2001 年第 4 期，第 50~52 页。

[9] 但未丽：《侵犯网络罪问题研究》，四川大学 2002 年硕士学位论文。

[10] 张平主编：《网络法律评论》（第 1 卷），法律出版社 2001 年版。

（1）研究成果数量迅速增加。从 2003 年开始，国内研究成果以每年 20 篇左右的速度稳定增加，至 2009 年年均发表文章已经超过百篇，2010 年的成果更是爆发式地一跃超过 200 篇，较 2003 年增加了近 10 倍。成果数量的增加标志着 ISP 法律责任的研究受到了学界的广泛关注，网络立法研究领域的新热点已经形成。

（2）研究主题趋向广泛和深入。第一，研究视域扩展，广泛引介了美国、欧盟等互联网起步较早的国家的 ISP 法律责任体系设计经验，美国的"红旗标准""避风港规则"等制度设计引起了国内学界的注意，美国从严到宽的 ISP 归责原则和欧盟的严格归责原则被予以较充分介绍。[1]《法制日报》《光明日报》等国家级权威刊物开始关注 ISP 的法律责任问题。[2] 对 ISP 法律责任的总体性研究开始立足于 ISP 在网络产业和网络世界中的总体角色和地位展开讨论，认识到 ISP 的责任应当与其经营范围相吻合且不可过于严苛。[3]

第二，对 ISP 法律责任的研究深入到各具体领域的具体责任，主要涉及 ISP 的一般民事责任[4]原则、侵权责任[5]和刑事责任[6]的总体性探讨；更进一步深入到了网络著作权[7]、网络隐私权的保护[8]和电子证据获得[9]等具体领域中的 ISP 责任，并出现了移动网络中的 ISP 责任问题[10]的研究。

第三，出现了针对不同技术服务类型的 ISP 的法律责任的专门性研究，主要涉及提供接入服务 ISP 对网络内容的责任[11]，视频网站服务商的版权责

---

[1] 宋玉萍：《美国和欧盟的电子商务法律竞争》，载《特区经济》2007 年第 12 期，第 97~99 页。

[2] 赵远：《浅析网络犯罪中网络服务提供者的刑事责任》，载《法制日报》2014 年 7 月 23 日，第 11 版。

[3] 陈新淼：《互联网服务提供商的法律责任分析》，载《兰州学刊》2005 年第 4 期，第 194 页。

[4] 张虹：《网络服务提供者的民事责任问题浅析——以欧盟电子商务指令中的相关规范为中心》，载《河北法学》2005 年第 1 期，第 108 页。

[5] 郑国辉：《网络服务供应商侵权责任探析》，载《上海政法学院学报（法治论丛）》2010 年第 2 期，第 41 页。

[6] 陈谞、黄晓亮：《网络服务提供者不作为的刑事责任问题》，载《法制日报》2004 年 9 月 2 日，第 5 版。

[7] 郑英龙、陶舒亚：《著作权网络侵权的法律规制》，载《法治研究》2008 年第 8 期，第 56~60 页。

[8] 喻磊、张鹤：《试析网络服务商对网络隐私权的保护》，载《江西社会科学》2008 年第 7 期，第 210 页。

[9] 邹龙妹：《网络金融电子证据问题研究》，载《金融论坛》2008 年第 4 期，第 58 页。

[10] 邓莹：《手机无线增值服务法律责任探讨》，载《科技与法律》2006 年第 1 期，第 13 页。

[11] 张晔：《打击网络色情行动中运营商的法律责任》，载《信息网络安全》2007 年第 8 期，第 73~75 页。

任[1],搜索引擎提供者在名誉、隐私[2]和商标侵权中的间接侵权责任[3]等。

第四,研究方法呈现出多样化趋势,除最多见的规范研究和价值探讨之外,出现了对 ISP 法律责任的经济学分析[4];形成了个人信息保护研究的热潮,ISP 在个人信息保护中的角色和责任也成为研究的关注内容[5];并形成了个人信息保护立法的专门性研究[6]。

(3)高水平标志性成果尚不多见。此阶段的研究成果以初步探索占主导,全面深入的代表性成果较少。从成果形式来看,以硕士论文为最多,占所有成果的80%以上;期刊论文较少,发表在核心期刊以上的高水平论文更少;专门针对 ISP 法律责任研究的著作几乎没有。上述事实说明,此阶段学界学者们已经开始重视 ISP 的责任问题,研究逐步向各个具体领域扩展并呈现出深化趋势,但研究总体处于探索期,成熟的高水平研究成果尚处于酝酿之中。

3. 第三阶段:形成研究高潮——技术革新浪潮下的法律跟进(2011—2017年)

此阶段的研究高潮是网络产业高速发展推动了立法高速增长和学术研究的交叉互动。从2012年颁布《全国人民代表大会常务委员会关于加强网络信息保护的决定》开始,直至2017年《互联网新闻信息服务管理规定》,全国共发布涉及互联网的法律规范数十部。此阶段法学界的研究热点也明显围绕着立法重点展开,而 ISP 的法律责任设计几乎是每一部重要立法不可回避的讨论要点。2011—2017 年之间,每年公开发表的 ISP 法律责任研究的学术论文均在200篇以上,数量最多的年份发表量超过300篇。保持发表

---

[1] 吴伟光:《视频网站在用户版权侵权中的责任承担——有限的安全港与动态中的平衡》,载《知识产权》2008年第4期,第62页。

[2] 周彬彬:《试论"人肉搜索"纠纷中网络服务提供者的侵权责任》,载《信息网络安全》2008年第10期,第10~11页。

[3] 黄武双:《搜索引擎服务商商标侵权责任的法理基础——兼评"大众搬场"诉"百度网络"商标侵权案》,载《知识产权》2008年第5期,第53页。

[4] 李葆华、王晓敏:《网络侵权的法经济学分析——以人肉搜索第一案为例》,载《特区经济》2009年第6期,第240页;邹尚:《论网络环境中 BT 下载技术的法律责任主体的认定——兼谈 BT 侵权预防的经济学分析》,载《特区经济》2010年第1期,第252页。

[5] 郎庆斌、孙毅、杨莉:《个人信息保护概论》,人民出版社2008年版;齐爱民:《拯救信息社会中的人格:个人信息保护法总论》,北京大学出版社2009年版。

[6] 齐爱民:《信息法原论——信息法的产生与体系化》,武汉大学出版社2010年版;郭瑜:《个人数据保护法研究》,北京大学出版社2012年版。

数量的高位运行和较高增长的同时,高水平研究成果日渐增多。上述事实说明,ISP法律责任研究已经受到立法和研究者的高度重视[1],成为互联网立法发展的关键性理论问题和重要制度基石。此阶段法学研究的具体特点表现为:

(1) 以立法借鉴为目标引介美国、日本、欧洲各有代表性国家的网络立法中ISP责任体系的设计。[2]对域外立法的研究不再限于简单的制度介绍,而是以特定的国内立法主题为导向[3],系统地研究域外相关法律制度:形成了对美国《数字千年版权法》及相关案例的专门性研究成果[4];对域外ISP法律责任的研究基于ISP技术类型的区分[5],开始重视ISP责任设计的具体制度功能[6],并开展了区域化跨境网络规制中ISP法律责任设计方案的探讨,指出网络内容提供者与网络服务商的责任标准不统一是当下跨境电子商务的重要制度瓶颈[7]。

(2) 围绕ISP的侵权责任归责原则和网络平台责任形态两个核心问题形成了一系列代表性研究成果。前者的研究中心主要围绕"避风港原则"[8]和"红旗标准"是否应当借鉴以及借鉴之后是否适用的问题[9],主要涉及ISP侵权责任规则的整体设计[10]、ISP间接侵权责任的归责原则、过错形态[11]以及

---

[1]《人民日报》报社:《法律专家建言治理网络谣言:强化网络提供者法律责任》,载《人民日报》2012年4月12日,第4版。

[2] 王健主编:《网络法的域外经验与中国路径》,中国法制出版社2014年版。

[3] 于冲主编:《域外网络法律译丛·刑事法卷》,中国法制出版社2015年版。

[4] 陈剑玲编著:《美国版权法案例选评》,对外经济贸易大学出版社2012年版。

[5] 薛军:《欧美国家平台商法律责任浅析(上)》,载《中国工商报》2016年1月19日,第3版;薛军:《欧美国家平台商法律责任浅析(下)》,载《中国工商报》2016年1月23日,第3版。

[6] 徐飞:《美国版权侵权替代责任的认定》,载《中国版权》2011年第5期,第50~52页;姚洪军:《英国数字经济法治理网上著作权侵权的尝试》,载《知识产权》2011年第9期,第90~96页。

[7] 马秋、杨青蕾:《自贸区跨境电商知识产权法律风险防控研究》,载《辽宁师范大学学报(社会科学版)》2018年第1期,第59~64页;白丽、何燕:《"一带一路"倡议背景下电子商务中消费者权益的法律保护》,载《新疆社会科学》2017年第5期,第115~120页。

[8] 乔新生:《百度侵权案,"避风港原则"不是避风港》,载《法制日报》2011年4月7日,第7版。

[9] 刘晓:《避风港规则:法律移植的败笔》,载《齐齐哈尔大学学报(哲学社会科学版)》2011年第4期,第72~75页。

[10] 蔡唱:《网络服务提供者侵权责任规则的反思与重构》,载《法商研究》2013年第2期,第113~121页。

[11] 冯术杰:《论网络服务提供者间接侵权责任的过错形态》,载《中国法学》2016年第4期,第179~197页。

"避风港原则"中的通知与反通知规则的设计的合理性[1],对现有规则的直接引用方法进行了检讨[2]。后者的研究重点则在于网络平台较之其他网络服务提供者的技术特殊性,以及不同类型的网络平台所应承担的法律责任[3]。对网络平台法律责任的特殊性,早在2012年就有学者予以重视,对网络搜索引擎服务提供者和网络存储分享平台的法律责任、规则原则和过错形态进行了初步讨论。[4] 杨立新教授在2015—2016年发表了一系列研究网络平台提供者法律责任的成果,根据网络平台的技术类型和服务方式将其区分为网络交易平台[5]和网络媒介平台[6],并深入讨论了网络交易平台提供者在具备不能提供销售者或者服务者的真实名称、地址和有效联系方式的条件的,应当承担附条件不真正连带责任;网络媒介平台在被侵权人行使通知权利后,未及时采取必要措施,对于造成的损害扩大部分承担部分连带责任。[7] 形成了针对网络服务提供者的注意义务[8]及知识产权间接侵权责任[9]的专门性研究成果。[10]

(3) 针对法律实践中的典型案件开展深入研究,理论建构更具针对性和可操作性。从2010年开始,互联网进入"多事之秋",大量的案件纠纷引起热议,中国电子商务研究中心为此发布了《2010年度中国互联网十大案件榜单》,引起学术界关注网络世界中法律责任与公众利益平衡问题。[11] 主要涉及

---

[1] 梅夏英、刘明:《网络侵权中通知规则的适用标准及效果解释》,载《烟台大学学报(哲学社会科学版)》2013年第3期,第26~34页。

[2] 熊文聪:《避风港中的通知与反通知规则——中美比较研究》,载《比较法研究》2014年第4期,第122~134页。

[3] 薛军:《直面难题:第三方网络交易平台的法律责任》,载《中国工商报》2016年1月12日,第3版。

[4] 王娟娟:《网络平台服务提供者责任思考》,载《人民论坛》2012年第29期,第134~135页。

[5] 杨立新:《网络交易平台提供者为消费者损害承担赔偿责任的法理基础》,载《法学》2016年第1期,第3~11页;杨立新:《网络交易平台提供服务的损害赔偿责任及规则》,载《法学论坛》2016年第1期,第85~92页。

[6] 杨立新:《网络媒介平台的性质转变及其提供者的责任承担》,载《法治研究》2016年第3期,第16~26页。

[7] 杨立新:《网络平台提供者的附条件不真正连带责任与部分连带责任》,载《法律科学(西北政法大学学报)》2015年第1期,第166~177页。

[8] 宋哲:《网络服务商注意义务研究》,北京大学出版社2014年版。

[9] 司晓:《网络服务商知识产权间接侵权研究》,北京大学出版社2016年版。

[10] 史辉:《网络著作权制度研究:权利保护、限制与交易》,金城出版社2017年版。

[11] 骆沙:《中国互联网:在法律责任与公众利益间寻求平衡》,载《中国青年报》2011年1月6日,第12版。

提供内容的 ISP 在版权侵权中的责任形态[1]以及"通知-移除"规则的适用程序[2]、搜索引擎服务商[3]及网络即时通讯工具提供者的间接侵权责任[4]，也出现了主要针对网络平台[5]、定向广告[6]、个人信息保护[7]和网络云端[8]等"互联网+"领域[9]中服务提供者法律责任的专门性案例研究。研究视野再次由国内扩展至全球范围内，但不再局限于对外国立法和研究的引介，而是在全球视野下观察中国的网络立法发展[10]，探索互联网立法的政治经济基础[11]，寻求网络立法由"追随"到"引领"的变革。

4. 第四阶段：领域分化与深度聚焦（2018 年至今）

2018 年以来，对 ISP 法律责任研究的文章数量较之前的最高潮阶段有较明显的下降，但仍保持在每年 200 篇左右的发表水平，但研究主题表现出明显的聚焦趋势，且研究水平明显提高。上述趋势与 2017 年 6 月 1 日《中华人民共和国网络安全法》正式实施、全国信息安全标准化技术委员会 2017 年 12 月 29 日正式发布《信息安全技术个人信息安全规范》以及 2019 年 5 月 28 日网信办发布《数据安全管理办法（征求意见稿）》等立法动态密切相关，《中华人民共和国民法典》的侵权法部分进入讨论阶段也有重要的推动作用。通过对这一阶段的研究主题进行聚类分析可以看出此阶段的研究主要集中于（见图 0-2）：

---

[1] 张红梅：《我国网络服务提供商的侵权归责浅探——从 2013 年 10 月中青社起诉百度文库说起》，载《编辑之友》2014 年第 6 期，第 86~89 页。

[2] 阮开欣：《网络版权法下滥用"通知与移除"程序的规制——兼评美国"跳舞婴儿"案》，载《中国版权》2015 年第 6 期，第 46~50 页。

[3] 郭寿康、马宁：《网络服务提供者侵权责任的思考——读"泛亚诉百度案"二审判决》，载《知识产权》2012 年第 11 期，第 38~43 页。

[4] 林智芬、孙占利：《论网络中介服务提供者的责任——"QQ 相约自杀"案引发的思考》，载《上海商学院学报》2011 年第 6 期，第 33~41 页。

[5] 汪旭晖、张其林：《平台型网络市场中的"柠檬问题"形成机理与治理机制——基于阿里巴巴的案例研究》，载《中国软科学》2017 年第 10 期，第 31~52 页。

[6] 朱芸阳：《定向广告中个人信息的法律保护研究——兼评"Cookie 隐私第一案"两审判决》，载《社会科学》2016 年第 1 期，第 103~110 页。

[7] 谢远扬：《个人信息的私法保护》，中国法制出版社 2016 年版。

[8] 李永升、袁汉兴：《网络云端服务提供者侵犯著作权罪的刑法应对——刑法实质解释论之运用》，载《吉首大学学报（社会科学版）》2017 年第 2 期，第 65~71 页。

[9] 郭建利主编：《"互联网+"法治思维与法律热点问题探析》，法律出版社 2016 年版。

[10] 中国信息通信研究院互联网法律研究中心、腾讯研究院法律研究中心：《网络空间法治化的全球视野与中国实践》，法律出版社 2016 年版。

[11] 胡凌：《探寻网络法的政治经济起源》，上海财经大学出版社 2016 年版。

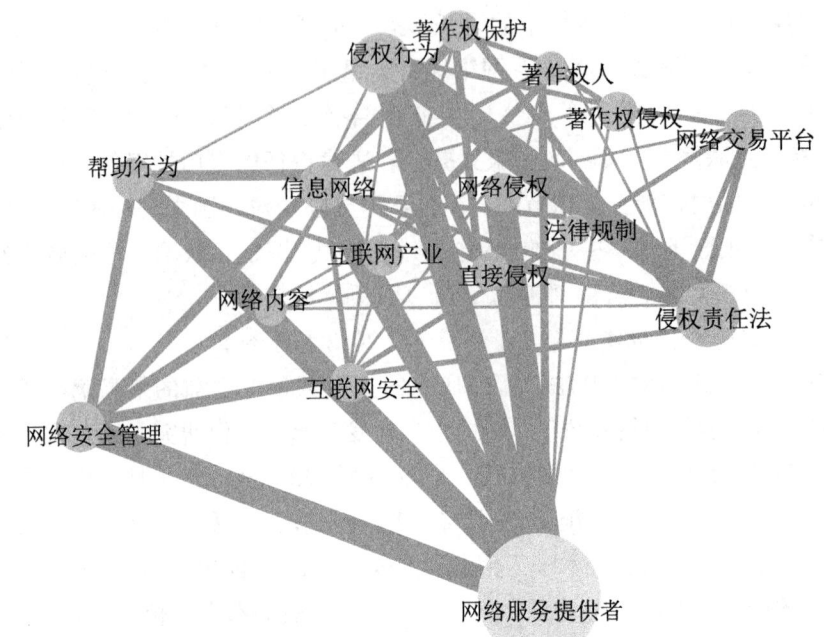

图 0-2　2018 年以来 ISP 法律责任研究文献的主题[1]

（1）ISP 的侵权责任研究进入围绕立法进行制度完善的阶段。围绕《中华人民共和国民法典》侵权责任篇的编纂[2]和《中华人民共和国专利法》的第四次修订[3]，对 ISP 侵权责任的讨论深入到其对侵权通知的审查义务[4]、知识产权注意义务[5]、避风港原则对特定具体类型 ISP 适用存在的问题[6]、侵权要件的构成及其义务前

---

[1]　此图基于清华同方数据库资源绘制，以"网络服务提供者（商）+法律责任"作为主题进行检索，共获得有效研究文献 220 篇，根据出现 10 次以上的关键词进行聚类分析而形成，图中的圆点越大，代表涉及该主题的研究文献数量越多。数据最后收集时间：2019 年 8 月 27 日。

[2]　徐棣枫、孟睿：《网络服务提供者专利法规制——〈侵权责任法〉第 36 条在专利法领域的具体化和专利法四修正案草案第 71 条的完善》，载《重庆大学学报（社会科学版）》2020 年第 1 期，第 146~158 页。

[3]　易继明：《评中国专利法第四次修订草案》，载《私法》2018 年第 2 期，第 2~81 页。

[4]　夏江皓：《论电子商务交易平台对知识产权侵权通知的审查义务——以淘宝、天猫交易平台为例》，载《北大法律评论》2017 年第 1 期，第 28~51 页。

[5]　司晓：《网络服务提供者知识产权注意义务的设定》，载《法律科学（西北政法大学学报）》2018 年第 1 期，第 78~88 页。

[6]　顾晨昊：《论避风港制度在司法实践中的适用——以加框链接侵权纠纷为典型》，载《中国出版》2018 年第 13 期，第 43~47 页。

提[1]等相当具体深入的领域。对德国[2]、韩国[3]等国域外法律规范成果的引介也更具体且具有立法针对性,出现了广泛深入讨论基础上对 ISP 侵权责任设计的综合回顾性研究[4],通过总结近年来学术讨论的成果,形成较为权威的立法建议[5]。

(2) 网络平台的法律地位、权利、义务和法律责任。随着网络信息产业的竞争进入平台战略时代,晚近的研究中出现大量文献对网络平台这一特殊类型的 ISP 的法律责任进行集中的深入研究。在对网络平台所负有的安全监管[6]、信息安全等特殊义务[7]进行深入讨论的基础上,全面论证了平台所应承担的一般民事侵权责任[8]、消费者侵权责任[9],行政法责任[10]和刑事法律责任[11]。提出网络平台的发展使其由纯粹中间人变成交易的管理者,合作治理模式下政府向平台转移监管职责,平台责任的正当性在于其能够以较低成本阻止违法行为。出现了针对网络平台民事、行政[12]法律责任的专门性域外研究[13]和特殊类型的网络平台权利、义务和法律责任的全面性研

---

[1] 罗斌:《传播注意义务功能研究——从侵权责任构成要件的视角》,载《新闻与传播研究》2018年第8期,第81~97页。

[2] 孙禹:《论网络服务提供者的合规规则——以德国〈网络执行法〉为借鉴》,载《政治与法律》2018年第11期,第45~60页。

[3] 马忠法、孟爱华:《韩国著作权法新近修订的主要内容及其启示》,载《韩国研究论丛》2018年第1期,第193~214页。

[4] 刘立甲:《网络服务提供者侵权责任的重新审视》,载《重庆社会科学》2018年第7期,第65~73页。

[5] 杨立新:《民法典侵权责任编草案规定的网络侵权责任规则检视》,载《法学论坛》2019年第3期,第89~100页。

[6] 陈伟、石莹:《网络平台安全管理义务的归责反思及其重塑》,载《理论探索》2019年第2期,第100~107页。

[7] 周樨平:《电子商务平台的安全保障义务及其法律责任》,载《学术研究》2019年第6期,第66~73页。

[8] 李永:《网络交易平台提供者侵权责任规则的反思与重构》,载《中国政法大学学报》2018年第3期,第139~151页。

[9] 谢爱梅、李东旭:《电子商务平台经营者对消费者的侵权责任》,载《人民司法》2019年第1期,第9~12页。

[10] 石月:《新形势下的网络平台行政法律责任机制》,载《信息通信技术与政策》2018年第6期,第50~53页。

[11] 悦洋、魏东:《网络平台犯罪的政策调适与刑法应对》,载《河南社会科学》2019年第5期,第88~95页。

[12] 查云飞:《德国对网络平台的行政法规制——迈向合规审查之路径》,载《德国研究》2018年第3期,第72~87页。

[13] 谢尧雯:《论美国互联网平台责任规制模式》,载《行政法学研究》2018年第3期,第133~144页。

究[1]。

(3) ISP 的刑事责任及其确立的义务前提。近两年的研究文献对 ISP 的刑事法律责任问题进行了集中且系统的讨论。既有对 ISP 刑事责任的责任类型化方式[2]和归责模式[3]的整体性探讨，也有针对 ISP 的帮助犯[4]、间接犯[5]、不作为犯[6]或者直播平台等特定类型的 ISP 的刑事责任[7]的专门性研究。除了对 ISP 刑事责任立法的讨论日趋深入之外，对已有的 ISP 刑事责任立法规范在司法过程中的正确适用也出现了具有代表性的研究，主要涉及具体网络犯罪罪名的适用[8]和相关司法解释的确定性[9]问题。另有专门性文章深入探讨了 ISP 刑事法律责任与其他法律责任的边界[10]和衔接[11]，以及 ISP 刑事责任总体[12]和具体刑事责任限制[13]问题。

(4) 网络数据安全保护中的 ISP 法律责任。对 ISP 法律责任的研究扩展至大数据视野之下，以整个信息数据产业的发展为大背景开展对 ISP 法律责

---

[1] 施云倩：《第三方航运电商平台提供者的法律地位、权利义务与民事责任研究》，载上海海事大学海商法研究中心编：《海大法律评论》（2016—2017年卷），上海浦江教育出版社 2017 年版，第 306~330 页。

[2] 杨彩霞：《网络服务提供者刑事责任的类型化思考》，载《法学》2018 年第 4 期，第 162~172 页。

[3] 王莹：《网络信息犯罪归责模式研究》，载《中外法学》2018 年第 5 期，第 1302~1323 页。

[4] 王璇子：《论网络中立帮助行为的可罚性——以网络服务提供者的刑事责任为视角》，载《法制与社会》2018 年第 11 期，第 46~47 页。

[5] 敬力嘉：《网络服务提供者的间接刑事责任——兼论刑事责任与非刑事法律责任的衔接》，载《网络法律评论》2016 年第 2 期，第 146~166 页。

[6] 茅莹：《网络服务提供者不作为的刑事责任边界探析》，载《辽宁公安司法管理干部学院学报》2018 年第 1 期，第 89~94 页。

[7] 孙道萃：《网络直播刑事风险的制裁逻辑》，载《暨南学报（哲学社会科学版）》2017 年第 11 期，第 60~70 页。

[8] 周光权：《拒不履行信息网络安全管理义务罪的司法适用》，载《人民检察》2018 年第 9 期，第 16~22 页。

[9] 尚勇：《网络犯罪规制中刑法司法解释的确定性研究》，载《网络法律评论》2017 年第 1 期，第 115~133 页。

[10] 熊波：《网络服务提供者刑事责任"行政程序前置化"的消极性及其克服》，载《政治与法律》2019 年第 5 期，第 50~65 页。

[11] 张燕龙：《民刑交叉视野下网络平台共同版权犯罪责任的认定——兼对中美快播案、索尼案等案件的比较分析》，载《情报杂志》2018 年第 7 期，第 121~126 页。

[12] 孙禹：《论网络服务提供者的保护规则——以刑事责任的限制为视角》，载《北方法学》2019 年第 2 期，第 135~148 页。

[13] 李婕：《技术风险与 P2P 服务刑法归责之限制——以 P2P 传播未经他人授权的作品为视角》，载《江汉论坛》2018 年第 5 期，第 114~120 页。

任的探讨。主要涉及大数据时代 ISP 的法律责任的发展趋势及特点[1]；在重要数据的保护过程中，拒不履行网络监管义务[2]或安全管理义务[3]的 ISP，其行政法律责任乃至刑事法律责任的承担问题；在个人信息保护[4]、云服务[5]等特殊信息加工、利用或处理过程中，ISP 所应承担的特殊法律责任。

综上所述，国内对 ISP 法律责任的研究肇始于千禧年前后，2000 年国务院《互联网信息服务管理办法》和最高人民法院《关于审理涉及计算机网络著作权纠纷案件适用法律若干问题的解释》两个法律文件的公布，开启了国内对于 ISP 法律责任的研究兴趣；2006 年《信息网络传播权保护条例》的实施再次引发了对 ISP 的研究热潮；2011 年至 2017 年，接连出台的互联网立法推动了 ISP 法律责任研究的规模扩展和认识深化；2018 年以来的研究主要围绕《中华人民共和国民法典》侵权责任篇的编纂、《中华人民共和国专利法》修改等立法事项，开展了对 ISP 各项法律责任，特别是侵权责任和刑事法律责任的全面深入讨论，并将研究视野扩展至信息产业和大数据保护的宏大背景之下。

从研究关注的主题来看，现有研究文献表现出以下特点（见图 0-3）：其一，绝大多数的研究作品使用"网络服务提供者"来指称 ISP，而最初使用的"网络服务提供商"名称已经成了少数论者使用的概念。客观而言，"网络服务提供者"较之后者，更具中立性，在法律性质上也更加准确。提供网络服务的 ISP 类型多样，不一定都是商事主体，而 ISP 在法律世界中的角色也远非一个商事主体所能囊括的。其二，对 ISP 法律责任的研究高度集中于"侵权责任"领域，而 ISP"著作权侵权""信息网络传播权"和"间接侵权"的研究又占据了侵权研究的绝大部分内容。60% 以上的文献集中于上述侵权责任研究，其中又以探讨 ISP 在间接侵权中的过错形态、归责原则和免责条件

---

[1] 张茜、汪恭政：《论大数据时代我国网络服务提供者的法律责任》，载《合肥工业大学学报（社会科学版）》2018 年第 4 期，第 39~44 页。

[2] 马荣春、万邵鹏：《略论拒不履行网络监管义务的不法与责任——立于公民个人信息保护的考量》，载《南昌大学学报（人文社会科学版）》2018 年第 2 期，第 92~100 页。

[3] 李世阳：《拒不履行网络安全管理义务罪的适用困境与解释出路》，载《当代法学》2018 年第 5 期，第 67~76 页。

[4] 张希嘉：《个人信息保护中网络服务提供者的刑事责任》，载《三明学院学报》2018 年第 1 期，第 27~31 页。

[5] 谢兰芳、付强：《云计算服务提供者侵权责任类型化》，载《河南财经政法大学学报》2018 年第 2 期，第 127~132 页。

的文献居多；其三，有部分论者论及了网络环境下的隐私权保护、ISP 的链接责任和信息安全责任，另有少数研究涉及了 ISP 的刑事责任；其四，2010 年以后的部分研究开始关注 ISP 在大数据利用中的责任，以及 ISP 的社会责任、纠纷解决功能和不正当竞争中的法律责任问题。

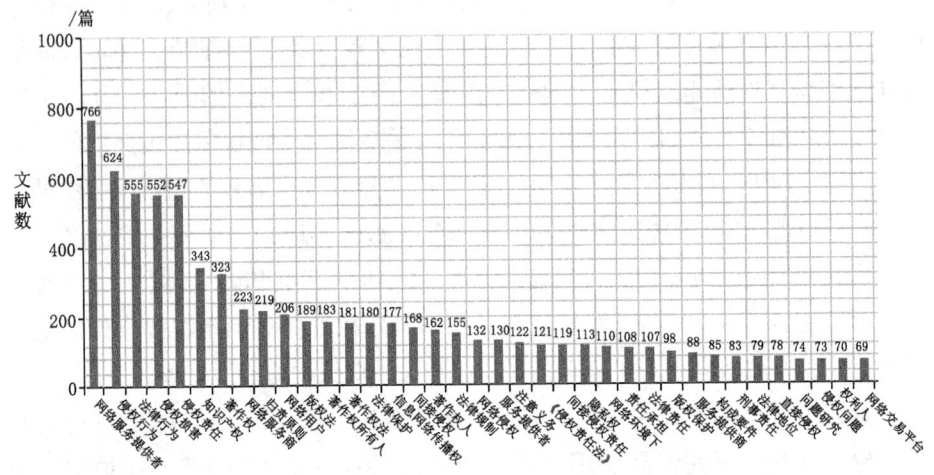

图 0-3　国内网络服务提供者法律责任研究文献之主题分布状况[1]

（二）国外研究现状

国外对 ISP 的研究起步稍早。德国 1997 年 6 月通过《信息与通讯服务法》，成为世界上最早"为信息社会立法"的国家。该法将 ISP 划分为两类，并有笼统的责任设定。德国早期对 ISP 的学术研究集中于网络服务器提供商的责任设计，近期转为关注 ISP 的社会责任及对其公法上的审查和监管；欧盟 1998 年《关于内部市场中与电子商务有关的若干法律问题的指令（草案）》和 1999 年《版权指令草案》涉及了不同类型的 ISP 的侵权责任和免责条件。相关学者常年关注跨国网络服务商的角色研究及跨国网络著作权保护，近年来开始关注 ISP 之间的不正当竞争问题；美国的《统一计算机信息交易法》和《数字千年版权法》对世界范围内的网络立法影响巨大，其中确立的

---

[1]　此图基于清华同方数据库资源绘制，以"网络服务提供者（商）+法律责任"作为主题进行检索，共获得有效研究文献 2663 篇，根据其研究关键词进行聚类分析而形成，图中的柱形图越高，代表涉及该主题的研究文献数量越多。数据最后收集时间：2019 年 8 月 27 日。

ISP"避风港"规则和"红旗标准"为各国所借鉴。在其引领之下,美国学者对 ISP 的类型化及技术特征、行业准入资格、间接侵权、共同侵权责任分担等方面的研究较为深入。

以美国为代表的域外互联网发展较国内要早,因而也较早出现了互联网法律及网络哲学的整体性研究。2003 年就已经出现了美国的翻译作品,对互联网环境下的侵权、法律形式、风险来源直至刑事责任进行了初步但较为全面的研究。[1] 有学者对互联网环境下的法律哲学进行了专门性研究,指出网络时代的法律世界将由传统的物权主导的客观性法律转向主观意志主导的主观性法律世界[2];也有学者认为互联网最大的特点在于直接将人类的思想直接与外在世界建立关联,而不再受限于人类的身体,这将开创未来社会全新的交流方式和商业模式[3]。随着网络技术的深入发展,也出现了专门针对网络大数据的研究,认为大数据将使互联网从信息传输工具转化为行为预测的工具,并将从多层次上改变人类交往行为模式和认知模式。[4] 2015—2017 年间,中央网络安全和信息化领导小组办公室主持翻译出版了《外国网络法选编》(共 4 辑),较为全面地引介了美国、英国、澳大利亚、日本、韩国、欧盟、俄罗斯、新西兰、新加坡等代表性国家现有的互联网相关立法规范,为 ISP 法律责任的研究提供了较为全面的域外规范资源。域外对 ISP 法律责任研究关注的主题主要集中于:

1. ISP 在网络世界中的一般角色

有学者明确指出全世界范围内对互联网的管制仍过度依赖于政府、国际组织等传统意义上的规制主体,而对于 ISP 的国际互联及其对互联网的实际控制和影响缺乏应有的重视。[5]

2. 网络版权保护中的 ISP 责任

有研究系统地比较了丹麦与英国的图书馆网络服务,指出丹麦图书馆的

---

[1] [美] 约纳森·罗森诺:《网络法——关于因特网的法律》,张皋彤等译,中国政法大学出版社 2003 年版。

[2] Anna Mancini, *Internet Justice: Philosophy of Law for the Virtual World*, Buenos Books America, 2005.

[3] Jeffrey M. Stibel, *Wired for Thought: How the Brain Is Shaping the Future of the Internet*, Harvard Business Press, 2009.

[4] [英] 维克托·迈尔-舍恩伯格、肯尼斯·库克耶:《大数据时代:生活、工作与思维的大变革》,盛杨燕、周涛译,浙江人民出版社 2013 年版。

[5] Michel JG van Eeten, Milton Mueller, "Where is the Governance in Internet Governance?", *New Media & Society* 2012, 15 (5): pp.720-736.

网络服务基于对自身在信息时代之社会角色的明确认识；文化上更鼓励员工掌控工作并视变化为挑战而非威胁；乐于寻求非常规的资源支持并重视儿童互联网服务。[1]有研究指出版权权利人与ISP开展的自愿合作是国家立法之外的重要保护实现路径。[2]

3. 网上儿童色情视频的传播中的ISP责任

有论者撰文指出应当将ISP网络内容监控责任扩展至儿童虐待等内容：应当在涉及儿童虐待的问题上加强ISP的法律责任，要求其在发现虐待儿童的情况时，及时向公共监管部门报告，以便后者采取必要的措施。[3]

4. 不同类型的ISP的服务模式及其责任基础研究

有文章专门针对提供网络应用服务的ISP的服务模式制作了标准化量表，用以研究不同客户和供应商的态度对应用服务提供商及其服务市场的影响[4]；有学者提出公共网络服务应当以用户为中心，建构新的网络监管和网络服务模式，以保护老年人等网络使用弱势群体的利益[5]；还有学者撰文研究为政府机构提供网络服务外包的ISP所应遵循的政策和必须应对的挑战[6]。

5. 相关及延伸性研究

另有研究以ISP的数量作为重要观察点研究全美的网络服务资源配置情况[7]；也有研究设计ISP的服务质量改善对于不同类型的网络用户的行为选择影响[8]等问题；有学者以美国乡村用户为调查对象，专门研究了影响用户电信服务商选择的因素，指出网络覆盖情况、服务价格、价值衡量、账

---

[1] Sarah Ormes, "Internet Services in Danish Public Libraries", *Journal of Libarianship and Information Science*, 1998, 30 (2): pp. 123-132.

[2] Adrienne Muir, "Online Copyright Enforcement by Internet Service Providers", *Journal of Information Science*, 2012, 39 (2): pp. 256-269.

[3] Kimberly A. McCa, "The Role of Internet Service Providers in Cases of Child Pornography and Child Prostitution", *Social Science Computer Review*, 2008, 26 (2): pp. 247-251.

[4] Manish Agarwal et al., " Towards A Testbed for Modelling ApplicationService Provider (ASP) ", *The Journal of Business Perspective*, 2001, 1 (7): pp. 13-23.

[5] Maria Sourbati, "'It Could Be Useful, But Not for Me at the Moment': Older People, Internet Access and E-public Service Provision", *New Media & Society*, 2009, 11 (7): pp. 1083-1100.

[6] Nancy R. John, "Providing Outsourced Internet Services to a Government Agency", *IFLA Journal*, 1999 (2): pp. 87-89.

[7] Lila K. Khatiwada, Kenneth E. Pigg, "Internet Service Provision in the U. S. Counties: Is Spatial Pattern a Function of Demand?", *American Behavioral Scientist*, 2010, 53 (9): pp. 1326-1343.

[8] Alisha Stein, B. Ramaseshan, "Customer Referral Behavior: Do Switchers and Stayers Differ?", *Journal of Service Research*, 2015, 18 (2): pp. 229-239.

单信息完整性、亲友推荐、公司形象等因素都在不同程度上影响用户的服务商选择[1]；针对物联网可能导致的问题，有学者提出采用自组织平台的方式进行故障管理，以减少物联网故障带来的损失[2]。

(三) 已有研究成果的局限

纵观国内外的研究状况，对 ISP 法律责任的探讨随着互联网立法的发展逐步深入。对 ISP 的角色认识由一个简单的网络工具提供者转化为网络世界中的重要建构力量，对其法律责任的设计由零散的自发性研究向系统化方向发展。但已有的国内外研究文献和法律规范尚存在以下不足之处：

1. 作为研究基础的统一概念体系缺失

对 ISP 概念使用混乱，且没有科学统一的分类，使其法律责任的研究缺乏一致性基础。对网络服务提供者的概念使用经过了一个流变过程：从总称上来看，由最初的"网络服务商"或"网络服务提供商"转化为当下的"网络服务提供者"。从具体的类型化称谓而言，常见于文献者就有 ICP、OSP、IAP、IPP、ASP、IEP、IMP 等之众。就 ISP 这一具体概念而言，有时指称美国法律体系下的提供非内容网络服务的网络服务提供者，与网络内容提供者作为对称存在；在有些文献中则指代所有提供网络服务的营利或非营利性主体。上述概念的指涉不清，导致众多研究观点的商榷实际是在不同的理论层次上展开的，难以形成有效的学术探讨和观点碰撞；厘清基本概念，也是规范性立法发展的重要前提，统一的网络信息立法，必然建立在统一明确的概念体系基础上。

2. 体系化思考不足

现有规范和学术研究均以针对具体案件、具体权益的分散方式进行，且过度集中于以网络著作权为核心的知识产权争议，忽视了 ISP 法律责任本身涵盖内容广泛，应当是涉及民事、行政、刑事和社会四大领域的责任体系。已有的理论研究基本集中于两个层面：一是引介国外已有的立法及其理论研究，主要涉及美国和欧盟已有经验的介绍；二是就具体的责任制度设计，主

---

[1] Lalit Mohan Kathuria, Manish Jain, "Factors Influencing the Selection of a Mobile Phone Service Provider: An Empirical Study among Rural Consumers", *Asia-Pacific Business Review*, 2009, 5 (4): pp. 128-136.

[2] Y. Jung, Gil-Jin Jang, Jung-Min Yang, Jaesoo Yoo, "Design of a Situation Aware Service for Internet of Things", *SAGE Publications*, 2015, 11 (9): pp. 701-702.

要涉及侵权（特别是间接侵权责任）和刑事责任的具体设计。上述理论研究尚停留在具体制度研究层面，缺乏网络立法理论和 ISP 社会角色、法律地位的整体性研究，致使该领域的具体问题探讨见树木而不见森林，难以形成"理论-制度-实践"三个层面气韵贯通的体系化的研究成果。

3. 立法思路未能体现国家战略特色

ISP 的责任研究基本以美国《数字千年版权法》所确立的类型化及规制方法为基本思路，仍然未实现追随性立法向引领性立法的转化。就 ISP 的具体责任设计方案而言，国内现有研究和立法的主流观点，基本上是基于"技术-内容"的对立，将所有 ISP 类型化为"提供网络内容的 ISP"和"仅提供网络技术服务的 ISP"两大基本型，并以此为基础进行责任体系的不同设计。上述思路来源于美国《数字千年版权法》，在 2000 年前后网络服务刚刚开始蓬勃发展之时，上述类型化方案也确实可以解决诸多基本问题。但随着网络技术的日新月异和网络服务方式的多样化，网络平台、大数据、云计算等新型服务的出现，对该类型化框架提出了颠覆性的挑战。原有的类型化方案根本无法明确有效地区别上述服务方式，迫切需要新的类型化方案以及新的责任体系设计方案。

4. 罕见立足于纵向统一立法的系统性研究

网络环境下的行为规制究竟是否需要单独立法，一直是一个存在争议的问题。在网络技术迅猛发展且尚未进入稳定状态之前，进行专门的网络信息立法可能会有些仓促，也有学者明确表示互联网规制应当采取分散立法的方式更为科学。但是笔者认为，即使当前采用分散立法的方式是互联网业态发展的客观要求，从长远来看，互联网的技术特性以及网络虚拟世界社会关系的特殊性共同决定了确实有必要对其进行特殊的专门性立法，至少应该通过某种集中立法形式明确互联网规制的核心原则和基本制度框架。纵向立法模式能较好地明确网络世界的调整原则和总体规制方案，较单纯的分散立法有更好的系统化和体系化优势。

综上所述，网络服务提供者的独特社会角色及其在网络世界中的特殊功能，决定了 ISP 法律责任的研究在国家互联网发展战略中具有不可忽视的重要地位。ISP 法律责任体系设计既是互联网立法重大理论立场的直接体现，也是网络法制度建构的理论基石，同时还是解决当下爆发式增长的网络纠纷的制度症结所在。随着网络技术繁荣和服务方式的多样化，越来越多的国内外法学研究注意到了 ISP 法律责任的重要性，研究成果日益增加且不乏重量级成果。但现有的研究在概念的统一性、规制思路的前瞻性和理论、规范及实践的整体贯通性等方面尚存在缺陷，无法有效地回应网络法律实践的要求。因此，有必要进一步对网络服务提供者的概念指涉、整体角色和法律地位等基本理论问题做深入的探讨，并以此为基础展开对其法律责任体系的全面重构。

第一章 研究设计

第一节 研究框架

国内外法学界对 ISP 法律责任开展的广泛研究，为本课题的开展提供了丰富的营养和基本的资料前提。但现行法律规范和研究成果缺乏对 ISP 法律规制思路的整体战略性思考，本课题将从 ISP 在网络社会中的角色特征入手，对其法律地位和责任构成维度进行重构，并以此为基础讨论 ISP 在民事责任、行政责任、刑事责任和社会责任等方面的制度设计，试图从理论构型、制度重构和实践可操作性等层面全面建立更为科学的 ISP 法律责任体系。

一、问题的提出

如绪论中所述，互联网信息产业立法涉及的三大主体（终端用户、ISP 和权力部门）中，ISP 的社会角色和法律地位最为特别，它们绝不仅仅是应当接受法律调整的一种新型企业，实际上是整个网络秩序的生长点和网络法律制度设计的核心关注点；从大数据和人工智能的高速发展进程来看，ISP 还将迅速成为未来数据产业和智能算法、智能机器制造的主要领跑者。将 ISP 视为未来信息技术产业竞争和国家信息强国战略实现的关键因素并不过分，而科学的法律规范设计既是这场世界范围内的产业竞争的重要制度保障，也是各国数字产业战略优势的直接体现——制度本身，就是一种力量。然而从我国互联网立法发展的现状来看，整体缺陷表现为"三追随"：宏观上尚未形成对 ISP 发展战略的整体性思考，制度设计随着学习靶向的变化而变化，缺乏立法精神的一贯性，更不具备数据战略强国应有的特色定位；中观层面来看，ISP

责任制度设计追随实践中的法律争议，着眼于解决具体问题，规范之间缺乏体系上的一致性，加之立法的前瞻性差，导致司法实践存在无法可依，各自为政状态；微观层面来看，具体规则的设计追随已有规范，采用在现行法律规则上"打补丁"的方式，义务先行，权利缺失，法律责任功能不清。

(一) ISP 责任规范设计缺乏总体战略

我国 ISP 责任制度框架随师学对象而改变，立法精神缺乏一贯性。以 ISP 侵权责任的发展为例（同样的问题也存在于 ISP 在个人信息保护中承担的责任等其他领域），我国最早的相关立法主要学习的是以《数字千年版权法》为代表的美国法，从 ISP 的具体分类和责任形式，到"避风港原则"和"红旗标准"等原则和规范，都可以看到美国法的影子。学习本身无可厚非，这几乎是世界各国网络法立法起步的共同特点，但随着互联网技术的深入发展，欧盟和法国在"三振法案"的基础上，形成了有欧洲特色的 ISP 侵权规则，给技术性 ISP 提供了更为宽松的制度环境，以保护本土企业成长，但对提供内容的 ISP 的侵权责任设计更为严格，以服务于欧洲一贯重视隐私保护的法律传统。以英国和澳大利亚为代表的英美法系国家，选择了折中基础上对美国法的追随；日本、韩国等国家，则在法律制度上更多借鉴了欧盟法的方案；而俄罗斯则基于对互联网严格管制的基本立场，对 ISP 科以最严厉的责任。可见，各国 ISP 侵权责任的设计都是本国网络发展战略的体现，且表现出本国特色。

我国 ISP 侵权责任的立法至今未见服务于何种明确的发展战略。围绕《中华人民共和国侵权责任法》（以下简称《侵权责任法》）第 36 条关于技术型 ISP 在构成间接侵权时应承担何种责任——连带责任（真正连带或不真正连带）、补充责任、按份责任甚或是不当得利请求权[1]——所产生的旷日持久的争论，在笔者看来，责任方式的立法和司法技术争议之下，潜藏的恰恰是对 ISP 所持基本规范立场之争，即究竟应当对技术型 ISP 从严要求以确保其有足够动力积极抑制第三方侵权行为，还是确保其技术中立地位，放宽束缚以促进产业革新和技术发展？对这一根本性问题，立法和学界至今尚未形成一致的声音，那么类似的问题还将不断争议下去。

---

[1] 详见本书第四章。

从最新的《中华人民共和国民法典》（以下简称《民法典》）侵权责任篇的立法动向来看，效仿美国法的思路也有所改变，转向了更多借鉴欧盟"三振法案"的内容，来修正原来由《侵权责任法》设定的"通知-删除"规则。[1] 借鉴新的域外立法成果是法律修改的题中应有之义，但欧盟法和美国法在制度设计的根本思路上是存在差异的，这种未加整体性反思的简单糅合或折中，轻则会给下位立法和司法实践带来困惑，重则会影响整个产业发展战略的实现。而避免制度借鉴和嫁接可能带来的理念和规范冲突的最好方法，就是尽快且尽可能明确地确立有我国特色的网络及信息产业发展战略，并建立与之相适应的 ISP 权利、义务与法律责任设计的价值基点。明确产业发展定位指导下的特色化法律制度设计，才能与成为世界范围内网络信息技术强国的国家战略相匹配。

（二）缺乏科学的 ISP 类型化框架作为立法和司法之基础

现有的 ISP 责任规则的生成基于具体法律争议，缺乏科学的类型化框架且前瞻性不足，导致责任体系的内在一致性以及司法裁判规则选择表现出一定的随意性。包括 ISP 法律责任规范在内的互联网法律，生成于不断回应司法实践中出现的法律问题的归纳逻辑。在互联网和 ISP 作为新生事物的立法初期，法律体系的这一应对策略是正确的选择。但 20 年来互联网法律事务的爆炸性增长和可预见的未来大数据、人工智能带来的全面挑战，要求对 ISP 这样一个极度重要又极度特别的新型主体进行法律规制上的整体考虑和统一设计，而近 20 年国内外立法探索和研究积累，也为完成这一设计提供了较为充分的资源。漠视或延迟响应这一制度需求而一味追随具体法律争议会造成：

1. ISP 类型化及责任设计各自为政，司法裁判依据不统一

基于实践中具体法律争议而生成的 ISP 法律责任立法，必然表现为多源头的分散立法。分散立法的表现形式如果是基于整体性的法律定位、一致的类型划分和共同的基本原则，也可以形成"形散神聚"的立法特色和高度灵活的应用优势。但事实是，我国 ISP 立法的分散性并无统一立法精神的主导，呈现"形散神也散"的实际状态：

（1）不同发展阶段的立法在 ISP 的概念称谓上就不统一，类型化缺乏统

---

[1] 杨立新：《民法典侵权责任编草案规定的网络侵权责任规则检视》，载《法学论坛》2019 年第 3 期，第 89~100 页。

一标准。如不同法律规范中,有些采用了"技术-内容"两分框架下分为网络信息内容提供者和接入、存储、搜索引擎等技术服务提供者;另有一些法律规范是按照 ISP 的不同服务领域,区分为网络平台服务提供者、网络应用商店服务提供者、网络电商平台等(详见本章第二节的图表及论述)。

(2)不同法律规范之间,对同一类型的 ISP 法律责任构成要件设计相互矛盾;ISP 不同类型法律责任之间存在相互矛盾和无法衔接之处。例如,在 ISP 间接侵权责任的构成问题上,有法律规范将 ISP 的主观状态之"明知"设定为"知道",而其他规范则设定为"知道或应当知道",就其表述之内涵外延,在理论界和司法实践中都引发了争议。

(3)就一些高速发展的具体领域,由于学术研究和立法的关注不足,尚存在法律空白。上述矛盾或空白共同导致了法官在审理具体案件时,可能出现法律依据不唯一且相互不一致或者无规则可循的状况,因而只能创造性地解释或适用现有规则,导致同一类型的案件,按照完全不同的法律规则予以处理,得出不同判决的奇异现象。例如,现有规范将存储型 ISP 理解为技术服务提供型 ISP,并以是否设立专门的独立服务器存储用户上传之信息内容,作为判断其是否超越技术服务构成提供内容的 ICP 的重要标志。但上述标准对于新出现的 P2P 分布式存储技术("快播案"中的"快播"公司即采用了此种技术方式)完全无能为力,以致司法裁决遭遇重大困难:如果按照传统标准认为"快播"是技术型 ISP,则可能使其逃避法律制裁;如果认定其为 ICP,"快播"确实不符合一般对于 ICP 的技术特性的理解(详见本书第四章第一节之论述)。

2. ISP 责任设计缺乏前瞻性

法律规范的抽象性和稳定性与丰富多变的社会现实之间的矛盾是成文法法律体系自始至终必须面对的问题,但在网络信息法领域,这一冲突表现得更加激烈:网络技术的革新速度超过了以往存在过的任何社会关系的变化速度,每一种新的网络服务技术的产生,都意味着新的社会交往方式甚至是新的社会主体、社会关系的产生(如人工智能服务);而法律制定和修改方式在国家立法体制的约束之下,短时间内不可能有重大的变革,也就是说,其对法律实践的相应速度仍然只能停留在前互联网时代的大致水平。这一现实导致了追随法律实践问题形成的分散立法本身,难以跟进哪怕是其针对的具体法律问题，规则"一经产生，就已经落后"。例如，现行法律规范基于对美国《数字千年版权法》的借鉴，将"网络服务提供者"分为ICP（内容提供者）和ISP（服务提供者）两大类，又将后者细分为提供网络自动接入服务的ISP、提供缓存服务的ISP、提供网络存储服务的ISP和提供搜索或链接服务的ISP[1]，并分别设计了不同的免责条件。然而网络技术服务的发展现实和技术更新，使ISP的服务方式远远超出了以上四种形态，出现了类型交叉和难以简单划定归属的中间子类型：例如，同样是提供短视频播放服务的网络平台，依其采取的技术框架不同，又可再分为UGC、PGC、MCN和网络聚合平台四种类型。按照现有分类方式将短视频平台笼统归入网络存储服务提供者是非常不科学的：以上四种模式中，只有UGC平台是较为典型的网络存储服务提供者；PGC则是完全意义上的网络内容提供者，应当对其所制作的内容负直接侵权责任；MCN的法律地位比较复杂，兼具ISP和ICP双重属性；而网络聚合平台的性质更接近网络搜索或链接服务提供者，但又较后两者更容易构成对其他网络内容提供者的侵权。"避风港原则"和"红旗标准"对此四类短视频平台的适用也不应完全相同。仅就短视频播放平台而言，现有的ISP类型化方式已经明显滞后，ICP/ISP二元框架的局限性显露无遗。

由此可见，信息网络相关立法对前瞻性的要求远远高于其他领域的规范。然而要求立法者就"尚未发生的法律问题"制定规则，又与法律体系的谦抑性和作为社会行为底线的基本社会功能相违背。在这种两难处境的夹击之下，较为可行的突破路径则是通过确立指导性的法律原则和构建法律责任的特定维度，实现在相当长时间内对具体规则建设和司法裁量的总体性指引，从而增加法律规制体系的弹性，事实上实现对法律实践的有效跟进和前瞻性立法。

（三）ISP具体责任设计思路不清晰致使责任功能弱化

ISP的法律责任并非孤立的单独存在，而是和ISP之权利、义务共同构成一个有机的逻辑整体。法律责任的功能在于通过国家强制实现的不利后果之设定，形成对法定义务履行的压力保障，从而实现对特定主体法律权利的保护。

1. ISP权利不明，责任性设计缺乏基石和依托

现代法律是权利本位的制度体系，ISP所有的义务设定和责任设计本质上

---

[1] 参见2013年1月30日修订的《信息网络传播权保护条例》第14、20、21~23条。

都是为了实现 ISP 这一新型的技术服务主体之应有的权利而存在的。ISP 法律责任设计整体思路不清的根源在于没有任何法律规范或指导性文件对 ISP 的总体角色定位即基本权利给予明确的指引。仅有的对于"技术中立性"的讨论，也限于理论界且看法多元，莫衷一是。ISP 基本角色定位不清，无以确立其基本权利和保护原则；权利和保护原则不明，无法明确其应当承担的义务；现行义务不明确，则 ISP 法律责任的设计只能是碎片化的"制度补丁"，无法层次化和体系化。

2. 具体责任设计内在逻辑层次不清，功能弱化

就 ISP 具体责任规则的设计而言，各自解决眼前疑难的立法方式，导致不同性质的法律责任之间衔接不畅，内在逻辑不清晰的问题。例如 ISP 侵权责任之"明知"，可以由被侵权之当事人之告知、行政监管部门之通知或 ISP 通过自己采取的技术监控方式获知，但 ISP 不作为犯罪刑事责任的设计则仅以行政机关的责令改正为前提，也就是说，不论可能产生多么严重的权利损害后果，如果仅由受害的当事人提出权利通知或救济请求，是无法启动 ISP 的此种刑事责任的；如果具有监管职责的行政机关对 ISP 行为的违法性问题，与刑事责任的判断主体存在不同的看法，其没有对 ISP 行为作出前置的违法性评价，则刑事责任追究程序的启动也会缺乏有效前提。

二、研究目标定位

（一）研究目标

后实证主体社会科学研究的代表人物库恩将人类的科学革命描绘为一种经验观察和理论范式之间相互作用而形成的双向运动过程，认为"全部科学的发展是一种双轮运动，既为经验论证也为理论论证所推动"[1]。本研究的总体目标在于建立一种新的理论构型，以法律责任的体系性构建为出发点和基石，对网络服务提供商（ISP）这一网络信息产业的支柱性特殊主体的法律地位和权利义务体系进行整体性反思和系统性重构，以期建立 ISP 法律规制的明确、自觉立场，形成有我国特色的网络信息产业法律制度，从而推动 ISP

---

〔1〕 [美] 托马斯·库恩：《科学革命的结构》（第 4 版），金吾伦、胡新和译，北京大学出版社 2012 年版，第 181~190 页。

主导的信息产业发展和法律规则完善，为数据强国的国家战略实现提供法律制度保障。这一总体研究目标可以分解为以下几方面的具体追求：

1. 建构ISP法律规制的"中国思路"

在理论与规范的"缠绕发展"中形成特色化的ISP法律责任体系。如前文所述，世界各主要法域代表性国家（或地区），均已结合自身的产业发展状况和国家战略，探索出了有自身特色的ISP法律规则，而我国作为网络用户最多、潜在数据资源最为庞大的法域，网络信息立法特别是对产业中坚力量——ISP的法律规制，仍处于追随其他法域立法成果的保守思路之下。笔者认为这可能是一种长久以来形成的立法传统或者历史惯性，但如果仔细思量，实际上是一种不自觉的惰性和不自信。如果说，我国其他领域的法律规则——乃至整个法律体系和法学基本理论框架——以师学大陆法系为主的他国立法成就是基于法制舶来的历史事实，那么以ISP法律责任为代表的网络信息立法则是摆脱这种处境的最好契机：在网络信息领域，虽然也存在产业发展的时间先后、技术水平的先进与否等差异，但这种差异较之其他法律领域是最小的。美国作为网络信息产业的领军者，其代表性立法出现于20世纪90年代后半叶，而我国的相关立法则出现于2000年左右，较之于中华人民共和国法律体系建立与大陆法系法制传统的形成之间的差异，区区5年左右的时间差距几乎可以忽略不计。世界各国网络信息产业几乎同时起步这一事实，给了我们建立本国特色的法律制度最好的历史机遇，而中国的网络信息产业要在未来的世界竞争中形成优势地位，又必然要求有本国特色和世界影响力的法律制度来保驾护航。

当然，上述理想的特色化ISP法律制度体系不可能是一蹴而就的，人类法律发展全部历程说明了任何有生命力的法律制度必然是"实践-规范-理论构型"之间循环往复地"缠绕发展"，通过彼此的修正和互动，最终达至互融互通的动态稳定状态。笔者认为，当下对于ISP法律责任的发展，实践和规范的积累已经达到了可以也必须进行整体理论构建的重要阶段。因此，建立ISP法律规制的"中国思路"应当提上议事日程。

2. 以最小立法成本兼容现有规范

以成本最小的方式兼容并解释现有的法律规范现实，并以此为基础形成ISP法律责任建构的基本原则和价值体系。一个合格的理论构型应当能够有效地解释在实践基础上自发形成的绝大多数现有法律规范体系。自发生成的规则往往是社会内生秩序的直接外化，反映了特定社会关系对规则、规范的最本质需求。法律作为社会的外生性规范应当尽可能尊重内生性规范反映出来的基本诉求。而理论构型的根本任务是通过对已有规范的整体性反思，发现并提炼出反映该领域基本规律、基本诉求和基本价值的一般性结构，并与国家立法意图科学有效结合，实现对该领域法律规范发展和社会关系调整的方向性指引。

3. 对 ISP 法律制度体系进行整体性梳理

对现有的分散立法和具体规范进行整体性梳理和反思，借以修正一些与 ISP 总体规制思路不一致或设计有偏差的具体责任规则。如果一个理论构型的功能仅仅在于能够对现有的规范提供一种整体上合乎逻辑的解释，其存在价值颇可质疑。笔者认为理论构型的更重要作用在于以整体性反思获得的成果对具体规则设计的科学性和合理性进行检讨，以达到修正偏差、消弭冲突和填补空白等实际效果。

4. 提供全新的 ISP 法律责任设计思路

提供一种不仅"回应当下"，同时"面向未来"的 ISP 法律责任建构思路。网络信息领域的技术革新一日千里，利益关系瞬息万变，作为这一以高速变化为特征的法律领域的理论构型，必须能够提供足够的前瞻性和制度弹性，面向可能不断出现的新的技术服务方式，为 ISP 法律责任的设计、变革以及法律未及跟进时的司法实践，提供明确、可行且具有操作性的指引。

(二) 本研究目标与现行规范体系的关系

本书试图以"三维度"+"双向连续体"的构建思路，突破现有的"一维度"+"内容-技术"二元对立模式，实现 ISP 类型化方式之改进。总体上可以认为是对现有类型化框架的一个改进，但此种"改进"至少包含以下几个方面的含义：

1. 从思维方式上说，新构型相对于原模式是颠覆性的

本书虽然继承了狭义 ISP 概念下的基本类型化逻辑，但本书所确认之互联网信息服务提供者（ICP）与互联网技术服务提供者（ITP）的关系不是简单的"二元分立"，而是构成一个"双向连续体"，该认识从技术根源上决定了应当以"维度-程度"的思维方式取代现有的"内容-技术"二元对立，对

ISP法律责任进行新的认识框架下的全面重构。

2. 从制度体系上说，新构型是可以兼容原模式的

由于根本的类型化依据（即按照ISP提供服务的技术特征不同进行分类）没有改变，所以现有按照"内容-技术"模式而设定的法律规则不需要进行大规模的废弃，它们尚可解决采用单一性、典型性技术服务的ISP所遭遇的法律问题；而只需要增加新的维度，以确保有新的、复杂性技术特点的ISP所遇到的法律责任问题不必强行按照原始框架予以扭曲的解决即可。

3. 从功能上看，新构型是对原模式的全面升级和改进

按照原有模式框架无法精准评价的ISP法律行为，可以在新的构型之下获得较圆满解决。本研究所寻求建立的"新的理论构型"并非意味着推翻现有ISP相关法律规范，另起炉灶从头再来，甚至不主张制定一部单独的《网络信息法》（下文图2-4中的"网络信息法"是此一类调整对象的法律规范总称，并非一部具体的法律规范的名称），而是基于我国网络信息产业发展的现实和ISP这一主体在此领域中的独特重要地位，认为当下是我国建立有本国特色的信息产业立法，在世界范围内形成自己的制度优势的良好时机。而在世界范围内有竞争优势和影响力的法律制度必然是基于整体战略构思和自觉的价值考量而形成的体系化设计，是一种可以落实于每一具体规范制定和每一具体案件司法裁决的"法之精神"。

本研究试图提供这样一种思考和建构具体规则的路径和方法，其本身不一定是最为科学合理的，但笔者认为：必须有人来进行这样的思考和尝试。如果基于对本研究所提出的ISP法律责任建构的"三维度框架"和一些具体制度建议的讨论甚至是批判，能够引起学界对这一问题的关注和探究，也算是达成了本研究抛砖引玉的"研究目标"。

三、研究进路

ISP的法律责任从根本上而言取决于其网络技术服务的方式及其特点，这些技术特性决定了ISP在网络世界中的基本角色。角色定位为ISP在法律世界中的地位提供了坚实的基础，也决定了ISP在市场行为和法律世界中所面临的主要风险。ISP的技术特性、法律地位及其面临的主要风险共同塑造了其法律规制的基本原则和核心价值立场。在这些原则和价值的指导之下，重构ISP

法律责任体系，方能真正实现对这一网络世界重要建构力量的有效调控（如图 1-1 所示）。

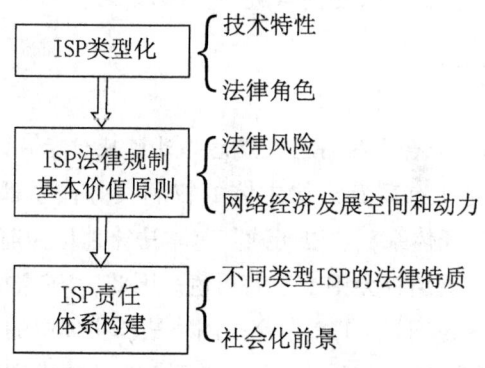

图 1-1 ISP 法律责任总体研究思路

（一）调研基础上的 ISP 类型化

在社会调研和数据统计的基础上确定不同类型的 ISP 在网络活动中的技术性特征，并以此为基础探讨 ISP 在网络虚拟世界以及法律世界中的基本角色，以此为依托形成科学有效的 ISP 类型化。试图打破现有的"内容-技术"的简单对立模式，确立以信息加工深度、利益驱动强度和社会关系干预程度为三大区分维度作为新的有效类型化方式，用以确定现有以及未来可能出现的网络服务之提供者法律责任承担的基本理论框架。

（二）ISP 法律规制的基本原则设计

结合国家对网络空间立法的基本政策、现行法律原则和 ISP 的独特技术性特征，探讨对 ISP 进行法律规制应遵循的基本价值原则，力求在避免过大的法律风险的同时，保护以 ISP 为主体的网络经济发展之空间和动力。世界各国均已意识到对网络服务提供者的法律规制并非简单的法律制度设计问题，而是关系到国家的网络产业发展、新型产业繁荣乃至国家互联网发展战略的重大问题。因此 ISP 法律规制的基本价值立场和根本原则必须在具体制度设计之前予以明确。

（三）类型化基础上的 ISP 法律责任重构

明确法律规制的基本原则之后，在探讨各类 ISP 共性的法律责任基础上，针对不同类型 ISP 的技术特征和法律特质，展开特色化的责任体系构建，全面探讨各类 ISP 应当在民法、刑法和行政法意义上承担哪些法律责任。在重构 ISP 法律责任体系的基础上，对 ISP 纠纷解决功能、管辖确定功能以及协助调查取证等辅助性责任的社会化前景进一步深入探讨。

四、主要研究内容

（一）ISP 在网络社会中的角色及其总体法律地位

网络虚拟环境对所有现有法律主体的权利义务体系都提出了新的挑战，要讨论 ISP 的法律责任体系，须以明确其基本法律地位为前提，而 ISP 法律地位的确定取决于其在网络社会中承担的角色。因此，ISP 法律责任的设计必须首先解决以下基本理论问题：ISP 在众多网络法律主体中的角色定位；对所有 ISP 进行法律规制的基本价值原则；不同类型 ISP 的技术性特征和法律责任设计要点。

（二）ISP 的科学类型化

网络技术的飞速发展使 ISP 网络服务方式日益多元化，从单纯的硬件提供、数据传输到即时通讯、网上交易，直至以近乎智能的方式预测终端用户的需求偏好，ISP 基于自身的技术优势成为网络世界的新型权威，几乎无所不能。但现有法律体系依然沿用美国《数字千年版权法》所确立的简单的"技术-内容"分立方式作为 ISP 类型化之基础，难以应对网络服务方式的更新迭代。本书试图以"三维度"+"双向连续体"的构建思路，突破现有的"一维度"+"内容-技术"二元对立模式，实现 ISP 类型化方式之改进。宏观上应以互联网整体阶段性特征为立足点观察 ISP 的社会功能，确立其角色的分层构造；微观上则彻底抛弃了两分法、四分法等僵化的类型化方式，采用信息加工深度、利益驱动强度和社会关系干预程度为三大区分维度来描述任何一个 ISP 的技术特色和功能构造，并以此为基础确定其所应承担的法定义务及相应的法律责任。

（三）ISP 法律责任的体系化建构

ISP 对互联网的广泛深入参与，决定了其法律责任绝不仅仅限于知识产权领域，而必然是涉及多重法律关系、多元法律领域的责任体系。ISP 法律责任体系应当包括以侵权责任和合同责任为核心的民事责任、以 ISP 网络安全共同治理、市场准入、信息安全保护等为核心的行政法律责任和刑事法律责任，还应当包括 ISP 作为网络商主体,在网络纠纷解决等方面所应承担的社会责任。在上述研究基础上,确立集中立法与个别调整相互支撑的多层次化 ISP 责任体系。

五、基本观点

(一) 网络服务提供者是网络世界的结构性平衡力量

网络服务提供者并不仅仅是网络服务的技术服务者,而且已经构成了网络世界的重要建构力量。他们既是几乎所有网络技术和服务的联结者,又是网络内生性秩序的主要承担者和建构者,明确其在网络社会中的角色构成及其主要角色规范,是网络社会结构研究的重要内容,同时也是公共权力构建网络社会刚性外生性规范的前提和基础。网络世界秩序的重构本质上是合法性认同、对抗性认同与规划性认同之间的张力与平衡,而如何科学有效地发挥 ISP 在网络世界中的独特角色功能,是达成这一平衡的关键性因素。

(二) "三维度"+"双向连续体"的 ISP 类型化思路

ISP 凭借自身的技术优势成了网络社会的技术构建者、规范宰制者和社会认同形塑者。对 ISP 法律地位的认识经历了单纯的技术支持者、基于技术特征的二元化到重视其构建性主体地位的流变,却始终未能摆脱本质论研究范式造成的认识局限。本书试图以"三维度"+"双向连续体"的构建思路,突破现有的"一维度"+"内容-技术"二元对立模式,实现 ISP 类型化方式之改进。采用功能主义的研究进路,以信息加工深度、利益驱动强度和社会关系干预程度为三大区分维度,重构 ISP 的法律地位,有助于明确 ISP 的法律规制思路。网络社会的技术规范、"软法"规范和刚性规范共同构成了维护 ISP 法律地位稳定性的规范保障。ISP 对互联网的广泛深入参与,决定了其法律责任绝不仅仅限于知识产权领域,而必然是涉及多重法律关系、多元法律领域的责任体系。

(三) 三维度基础上 ISP 民事责任体系重构

以侵权责任和合同责任为核心,探讨了 ISP 民事责任设计中的主要争议。以有限的技术中立为基本价值立场,坚持侵权法上的自己责任和损失补偿等基本原则,提出以"信息加工深度"区分侵权形态和责任形态,以"社会关系干预度"来判断过错形态及干预措施的合理性标准,以"利益驱动强度"

来推定行为动机和赔偿范围，尝试对 ISP 侵权责任的理论框架进行重构，并以此为指导对各具体领域的 ISP 侵权规范进行相应的改进。试图建立一个先进、科学、有效的 ISP 侵权责任体系，为互联网法律世界贡献有独创性的中国声音。

通过梳理网络合同发展的脉络，笔者以"信息加工深度""社会关系干预度"和"经济利益驱动强度"为主要标准，将 ISP 作为主体参与缔结的网络合同划分为"网络交流型合同""网络确认型合同"和"网络组织型合同"。提出通过全面设定 ISP 在限制合同相对人权利、限制自身义务或法律责任、单方修改合同及管辖权确立等过程中的法律责任，能够更好地实现"网络确认型合同"的规范化、合法化。作为"网络组织型合同"的整体资源组织者，IPP 不但应当对每一个具体合同承担一般的合同责任，同时应当对该"合同网络"的整体目标实现承担整体性责任；而 IPP 特殊的经济收益模式决定了在判断其提供的是有偿服务还是无偿服务，以及确定其违约责任之赔偿范围时，应当结合其经济利益获得的具体途径，予以综合考量。

（四）统分结合的 ISP 行政责任体系重构

在政府职能由"监管型政府"向"服务型政府"转变的基础上，重构 ISP 行政责任的总体性原则。提出区分不同的 ISP 技术类型，设定不同的"事前审查""事中监管"和"事后报告"义务。其一，在横向思路上选择集中反国家对 ISP 单纯行政监管的市场准入法律责任之设计进行集中讨论，提出 ISP 准入责任制度的设计的立法理念应当由"管制"转向"引导"，采用"统分结合"相对集中的立法模式，以"社会关系干预度"和"风险领域"相结合的方式，确立多层次准入方式，基于 ISP "信息加工深度"设计准入义务规则，以准入方式为主、"利益驱动强度"为补充形成 ISP 准入条件被违反所导致的责任体系。其二，纵向上选择能够代表 ISP 与公共监管机构"协同共治"的个人数据（信息）保护问题，综合借鉴欧盟和美国个人信息利用授权方案的优越之处，在我国现行法律规范的基础上，建立以"重要性"为基础的风险评估模式，在初始收集的授权阶段以三维度四层次的类型化授权强化 ISP 对个人信息的安全性保护；开放 ISP 在"情景一致"基础上的再利用，并要求对超越原"情景"的再利用行为进行风险评估，实现分层次区别对待。

（五）类型化基础上的 ISP 刑事责任体系重构

在归纳现行刑法对 ISP 可能涉及的网络犯罪之罪名进行归纳的基础上，

集中探讨了 ISP 刑事责任构建应当遵循的一般准则;并选择了最具代表性和争议性的两类 ISP 犯罪行为,进行了刑事责任设计的集中讨论。其一,就 ISP 在技术帮助行为中的刑事责任问题,笔者以三个司法实践中的典型案例为切入点,深入探讨了"技术中立"和"技术无罪"原则的三层次理解,并以 ISP 的"信息加工深度"为类型化基础,确立了 ISP 在帮助犯罪行为中的不同责任形态;以 ISP 的"社会关系牵涉度"作为区分 ISP"帮助犯"与"正犯"之分水岭;以"经济利益驱动强度"作为影响对 ISP 行为主观状态和刑事责任方式判断的重要因素。其二,以"快播涉嫌传播淫秽物品牟利案"为切入点,研究了 ISP 在不作为犯罪活动中的一般角色特征,并以此为基础讨论 ISP 刑事责任背后的价值衡量、角色界定等深层问题。认为 ISP 不作为犯罪应当以"行政违法性"为前提,但应当保留刑事司法机关对该违法性的独立判断权利,以免"行政程序前置"在具体案件中不当地阻碍刑事救济的实现;主张将"不作为"违反之义务限定于法律规范的明确规定,并明确限定 ISP "明知"犯罪行为存在之条件,避免不必要的刑事责任扩大化倾向;认为应当为紧急情况下当事人(受害人)发动刑事救济程序留有制度出口。其三,作为 ISP 刑事责任派生之程序问题,笔者对现行涉及 ISP 的网络犯罪案件的刑事司法管辖权进行了讨论。认为 ISP 服务器所在地作为网络犯罪管辖连接点缺乏全面合理性,应当坚持现行刑事诉讼法确定的犯罪行为地为主要联结点,并辅之以犯罪结果发生地和被告人居所地,建立一个分层次的网络犯罪案件管辖体系。

(六)以权利演化为目标的网络自主纠纷解决机制

ISP 作为网络社会纠纷的直接接触者,可以凭借自身的技术优势,在各种类型的网络权利冲突化解过程中担当重要角色,在解决纠纷维护社会和谐的同时,促进网络权利的自我发展和演化。以国内外典型的网络自主纠纷解决机制(Online Dispute Resolution,ODR)为例,详细分析讨论 ISP 内部性自主调解机制、内部性投诉处理机制、外部性智能纠纷解决机制和外部性调解(仲裁)机制的运作方式和特征。通过上述机制,ISP 在履行自身社会责任的同时,为国家司法节约资源和成本,在积累纠纷处理结果的过程中,形成网络权利空间的新配置方案,推动网络法律进步和互联网生态发展。

全面、科学地确定 ISP 应有的法律责任,是平衡互联网世界各方利益、实现信息化产业发展与公共福利共赢以及推动互联网健康发展的重要课题,同时也是网络强国的战略设想实施过程中不可缺失的重要环节。本研究的总体目标在于建立一种新的理论构型，以法律责任的体系性构建为出发点和基石，对网络服务提供商（ISP）这一网络信息产业的支柱性特殊主体的法律地位和权利义务体系进行整体性反思和系统性重构，以期建立 ISP 法律规制的明确、自觉立场，形成有我国特色的网络信息产业法律制度，从而推动 ISP 主导的信息产业发展和法律规则的完善，为数据强国的国家战略实现提供法律制度保障，建构 ISP 法律规制的"中国思路"。

六、研究方法

第一，调研基础上的定性分析与定量分析相结合。依托裁判文书网和学术期刊网对网络广泛热议和进入司法程序的网络权利争议进行筛选和归类，以选取文本关键词的形式，借助统计软件对这些案例进行归类和分析，以期证实：不同类型的 ISP 在法律实践中的角色存在差异，其法律责任体系所面对的外部环境既有共性也有差异。

第二，采用法学与社会学交叉研究的方式，突破法教义学研究的限制。从结构功能主义研究进路入手，结合现代系统论、控制论中闭环负反馈的思想开展研究其基本进路：将 ISP 责任体系视为一个系统；确定该系统的内部组成要素和外部环境之间的关系，与闭环控制系统相对比，分析系统的结构和功能；根据特定的功能需求改善系统结构方式，提高系统的自适应能力，以保障特定法律目标的实现。

第三，规范实证、社会实证和理论研究相结合。全面研究了我国和世界各主要代表国家的互联网相关立法规范，辅之以国内形成判决的互联网代表性案件，双向展开 ISP 法律责任设计的基本理论和具体制度研究。力求实现 ISP 法律责任之理论构型——法律规范——司法实践的内在一致和互为支撑。

七、主要创新点

第一，新理论模型的创设。超越单纯规范意义上对 ISP 具体法律责任的设计和改进，寻求理论模型构造基础上的法律责任体系建构。本研究深入探讨了 ISP 在网络世界中的社会角色，并确立了作为整体的 ISP 在法律体系中的地位。以此为基础对 ISP 法律责任体系进行全面重构，沟通了理论认识与规范设计，形成体系化研究。

第二，ISP 类型化方式的突破。以"三维度"+"双向连续体"的构建思路，突破现有的"一维度"+"内容-技术"二元对立模式，实现 ISP 类型化方式之改进。突破了现有的"技术-内容"对立的 ISP 类型化框架，重构了以信息加工深度、利益驱动强度和社会关系干预程度为三大区分维度的 ISP 法律责任设计框架。该框架不但能够克服现有二元化分类方式无法有效区分所有网络服务方式的缺陷，还能够对未来可能出现的新的服务方式具有较好的预期适用性。

第三，ISP 具体法律责任规则之重构。提出 ISP 不仅应当在侵权、版权和网络犯罪等领域承担应有的法律责任，其责任体系还应扩展至互联网共同治理、信息安全保护等重要领域；而在网络纠纷解决、确定网络案件管辖以及互联网新型权利演化生成等众多领域，ISP 的独特能力和社会责任也同样不容忽视。

第二节 基本概念之界定

一、网络服务提供者

《信息网络传播权保护条例》等现行有效的规范性法律文件中，将为互联网信息传播提供联网设备、技术服务、内容服务等各种网络服务的主体笼统地称之为"网络服务提供者"；学术研究领域有数千篇文献以"网络服务提供者"为研究主题。然而有趣的是，遍阅包括司法解释在内的所有规范性法律文件，竟无一对这个普遍使用的概念做出精确的定义。

（一）"网络服务提供商"与"网络服务提供者"

"网络服务提供者"在较早期（2000 年之前）的文献中多称之为"网络服务提供商"，它并非直接来源于互联网技术领域，而是一个纯粹的法律概念。[1] 从现有资料来看，"网络服务提供商"来自对"Internet Service Provider（ISP）"的直接翻译。国内最早使用这一概念的文献出现于 1999 年，始于对

---

［1］ 兰晓为、彭小坤：《"网络服务提供者"之微观解析》，载《科技与法律》2009 年第 5 期，第 21~25 页。

国外新型信息服务技术的引介[1],这也从一个侧面印证了"网络服务提供商"一词的外来性。在此文献中,作者将"网络服务提供商"与网络运营商和设备制造商并称,可见,最初意义上的"网络服务提供商"并不包括网络基础设施和基础互联等"服务"的提供者,仅仅指在现有的互联网环境下提供信息传递、存储、搜索、交换等上层技术服务的主体。2000年之后的文献,大多不再采用"服务提供商"这一概念,转而使用"服务提供者"的表述,国内现行有效的规范性文件也都采用"网络服务提供者"的表达。从现有文献来看,以上两种表述在概念指涉上并无根本差别。"Provider"一词本身并无"商"之含义,早期之所以将其译为"网络服务提供商",更多是基于网络服务提供者多为互联网企业,其初始服务活动也多为经营性商业行为。但随着网络服务的多样化,无偿的网络服务行为日益普遍,研究者认识到"服务商"之表述实际上限缩了网络服务提供者的内涵,因而绝大多数作品重新回归到了"网络服务提供者"的表述上来。笔者认为,"网络服务提供者"更准确地表达了"Internet Service Provider"的原始含义,用语更加中性,对未来网络服务的发展也具有更大的包容性。因此本研究中的研究对象,皆称之为"网络服务提供者"。

(二)"网络服务提供者"的外延

1. 理论争议

关于"网络服务提供者"之定义,学界讨论之声不绝于耳,但始终未形成一致性认识。综观学术界对这一概念的使用,可以分为三个不同的层次:

(1)广义说。广义的ISP泛指一切提供网络服务的个人和组织,包括网络内容提供商,网络技术服务提供者、上载信息的网络用户以及其他参与网络服务的个人和组织。[2]此种将网络用户和网络关键性基础设施等纯粹硬件设备的提供者均纳入了ISP范畴,根本上混淆了网络社会中的不同主体,又将网络物理层提供者(如关键性基础设施拥有者)和软件层的服务提供者相混淆,失之于过宽。笔者认为ISP的范围应当限定于:在构成互联网的物理

---

[1]《15家领先技术公司将制定标准把基于Internet的服务带给网络化住宅——开放性服务网关技术规范将把巨大的商业机遇带给Internet服务提供商、网络运营商和设备制造商》,载《现代计算机》1999年第3期,第93~94页。

[2] 刘颖、黄琼:《论〈侵权责任法〉中网络服务提供者的责任》,载《暨南学报(哲学社会科学版)》2010年第3期,第53页。

硬件层、信号传输层和应用层三个层次中,处于应用层且直接为网络用户提供内容或各类技术服务的组织或者个人。

(2) 狭义说。狭义的 ISP 概念来源于美国《数字千年版权法》,该法案规定:网络服务提供者(ISP)是指为用户指定的终端提供数字在线通讯连接、用户所选择材料的传输或传送,且对发送或接收的材料内容不做任何修改的法律主体。[1]与之相对的是提供网络内容或对网络内容进行实质性加工和筛选的法律主体,称之为网络内容服务提供者(ICP)。就狭义说而言,ISP 和 ICP 共同承担了网络服务工作,而两者的本质区别在于是否为互联网提供了新的信息以及是否对网络信息数据进行了实质性的加工和改造。ISP 仅提供技术性的传输、存储、检索等服务,不涉及提供网络内容;而 ICP 则直接提供网络内容,必须为自己提供的侵犯他人权利的内容承担直接侵权责任。

此种分类思路基于 ISP 的技术类型,是笔者认为当下所有分类总体思维方式中较为合理的一种,也是现行国内规范主要借鉴的思路。但此种类型化是互联网发展初期的状态下的历史成果,其局限主要是在于:其一,单维度性,此种分类仅基于"是否提供了网络信息内容"一个维度;其二,在此一维度上,还仅仅是二元对立的类型化方式,即依据"内容"和"技术"的对立,二分为"ICP - ISP"。现有的网络技术发展,使 ISP 技术复杂性程度远超出了这种"一维度"+"二元对立"的框架。近期在学界持续热议的"快播案"中,法庭将一个从未自行向互联网提供任何信息内容的 ISP 认定为"信息内容提供者(ICP)"[2],最终认定为实行正犯,事实上就是这种类型化框架束缚之下的无奈之举:为了获得合理的裁判结果,不得不扭曲技术类型认定的逻辑,将一个本应置于多维度的裁量,强行压缩于一个单一维度的结果。因此,笔者认为,合理的 ISP 界定,应当在吸收此种思路的合理性成果的基础上,予以多维度化、多类型化改进。

(3) 最狭义说。在狭义说的基础之上,还有学者认为网络服务提供者可以分为以下四种:其一,网络服务提供者(ISP),其主要提供接入、缓存、主机存放等服务,而不提供信息服务;其二,网络内容提供者(ICP),它们只提供信息服务;其三,网络接入服务者(IAP),其服务内容包括连线服务、

---

[1] DMCA, art 512 (k).
[2] 详细案情见本书第六章第二节。

IP地址分配、电子布告板等,此类服务在我国由电信公司提供;其四,在线服务提供者(OSP),它们的主要服务类型包括数据库、检索、查询、论坛服务等。[1] 此种说法,是将狭义说中的ISP再细分为三类,其类型化的基本依据仍然是"技术-内容"的二元对立。此种分类实际上已经意识到了技术型ISP内部还应有若干子类型,但不足之处在于:除ICP外,此种分类在提供技术服务的网络服务者内部,ISP、IAP和OSP的区分标准不明确,因而只能采用逐项列举的方法。笔者认为这种逐项列举,在技术高速变革的时代,是最"笨"的办法,无法适应调整对象的变化。例如,当下大量存在的视频聚合平台,采用的深度链接技术(检索链接技术的升级版),往往也同时有后台缓存,按照上述分类,笔者不确定应该将其认定为ISP还是ICP;若待我们修法以实现新的列举,修法完成之日,很可能此种技术已经淘汰不用了。

2. 法律规范中的使用状况

我国现行法律规范最早于2000年左右开始出现对"网络服务提供者"的专门性规定(详见表1-1)。其后的所有相关规范虽广泛采用了"网络服务提供者"的概念,但并未有对其进行专门性的界定,而是采取具体规则对其所涉及的网络服务进行具体描述或列举的方式。通过下表所列的信息,至少可以获得以下推论:

(1) 现行法律规范普遍采用的是"网络服务提供者"或"互联网服务提供者"概念,而非"网络服务提供商"。下表所涉及的具体法律规范中,有"不以营利为目的的网络服务提供者"和"以营利为目的的网络服务提供者"之区分表述,可知现行法律规范中所用之"网络服务提供者"概念较之"网络服务提供商"要更广泛,即包括提供经营性服务的"商"主体,也包括不以营利为目的而提供网络服务的主体。

(2) "网络运营者"是"网络服务提供者"的上位概念。网络所有者、管理者与"网络服务提供者"共同构成了网络运营者。据此,可以反向推断为:互联网基础设备和物理架构的提供和管理者不属于"网络服务提供者",而是与其并称的概念。"网络服务提供者"仅限于在网络基础架构之上,提供信息、接入、存储、搜索等具体应用性服务的主体,关键性基础设施等网络

---

[1] 鲁春雅:《网络服务提供者侵权责任的类型化解读》,载《政治与法律》2011年第4期,第118页。

物理构架的组成部分的拥有和管理者,不属于"网络服务提供者"。

(3)"网络服务提供者"至少包括但不限于:网络接入服务、互联网数据中心服务,互联网信息服务和互联网上网服务提供者;网络存储、搜索、链接、传输等技术服务的提供者;电子认证、商品交易、视频播放等网络平台的提供者。上述各类主体之间是何种逻辑关系,现行法律规范未予明确。

(4)"互联网信息服务提供者"就是《数字千年版权法》所指之"网络内容提供者",即ICP。"互联网信息服务提供者"是"网络服务提供者"概念之下的一个子类别,系指直接为互联网提供信息内容的网络服务提供者。

(5)对除ICP之外的其他"网络服务提供者"未有明确的分类,也未有专门性的称谓,而是按照特定规范的具体调整目标采取逐一列举方式进行描述。描述的方式也不统一,主要逻辑有二:其一,按照不同网络服务的技术性质列举,如接入服务、存储服务、检索服务等;其二,按照提供服务的具体内容列举,如电子认证服务、结算服务、电子商务平台服务、互联网直播服务等。

表1-1 我国现行法律规范中对"网络服务提供者"概念的使用及界定

法律文件名称	采用概念即其定义(如果有)[1]	规范层次	生效时间
《中华人民共和国侵权责任法》	网络服务提供者	法律	2010.07.01
《中华人民共和国电子签名法》	电子认证服务提供者	法律	2015.04.24
《中华人民共和国刑法修正案(九)》	*网络服务提供者 *为他人犯罪提供互联网接入、服务器托管、网络存储、通讯传输等技术支持,或者提供广告推广、支付结算等帮助,情节严重的……	法律	2015.11.01
《中华人民共和国网络安全法》	网络运营者,是指网络的所有者、管理者和网络服务提供者	法律	2017.06.01

---

[1] 本表格中所列明的定义皆为该法律规范中的明文表述;该规范未给出明确定义,则只列出其使用的概念。

续表

法律文件名称	采用概念即其定义（如果有）	规范层次	生效时间
《中华人民共和国电子商务法》	电子商务平台经营者，是指在电子商务中为交易双方或者多方提供网络经营场所、交易撮合、信息发布等服务，供交易双方或者多方独立开展交易活动的法人或者非法人组织	法律	2019.01.01
《互联网信息服务管理办法》	互联网信息服务，是指通过互联网向上网用户提供信息的服务活动	行政法规	2000.09.25
《信息网络传播权保护条例》	*网络服务提供者 *提供信息存储空间或者提供搜索、链接服务的网络服务提供者 *网络服务提供者根据服务对象的指令提供网络自动接入服务 *网络服务提供者为提高网络传输效率，自动存储从其他网络服务提供者获得的作品、表演、录音录像制品，根据技术安排自动向服务对象提供 *网络服务提供者为服务对象提供搜索或者链接服务	行政法规	2006.07.01
《互联网著作权行政保护办法》	本办法适用于互联网信息服务活动中根据互联网内容提供者的指令，通过互联网自动提供作品、录音录像制品等内容的上载、存储、链接或搜索等功能，且对存储或传输的内容不进行任何编辑、修改或选择的行为	部门规章	2005.05.30
《互联网站管理工作细则》	*互联网信息服务提供者（ICP） *互联网接入服务提供者 *IP地址备案单位 *域名注册管理机构 *域名注册服务机构	规范性文件	2005.12.01
《互联网安全保护技术措施规定》	本规定所称互联网服务提供者，是指向用户提供互联网接入服务、互联网数据中心服务、互联网信息服务和互联网上网服务的单位	部门规章	2006.03.01
《规范互联网信息服务市场秩序若干规定》	互联网信息服务提供者	部门规章	2012.03.15

第一章 研究设计

续表

法律文件名称	采用概念即其定义（如果有）	规范层次	生效时间
《网络交易管理办法》	网络商品交易有关服务，是指为网络商品交易提供第三方交易平台、宣传推广、信用评价、支付结算、物流、快递、网络接入、服务器托管、虚拟空间租用、网站网页设计制作等营利性服务	部门规章	2014.03.15
《互联网信息搜索服务管理规定》	互联网信息搜索服务，是指运用计算机技术从互联网上搜集、处理各类信息供用户检索的服务	规范性文件	2016.08.01
《移动互联网应用程序信息服务管理规定》	互联网应用商店，是指通过互联网提供应用软件浏览、搜索、下载或开发工具和产品发布服务的平台	规范性文件	2016.08.01
《互联网直播服务管理规定》	互联网直播服务提供者，是指提供互联网直播平台服务的主体	规范性文件	2016.12.01

（三）本研究对"网络服务提供者"的界定

综合上文所述学界对涉及 ISP 法律问题的研究中所采用的定义以及现行有效的法律规范对"网络服务提供者"概念的使用和定义，可以将已有 ISP 相关概念逻辑关系表达为如图 1-2 所示。

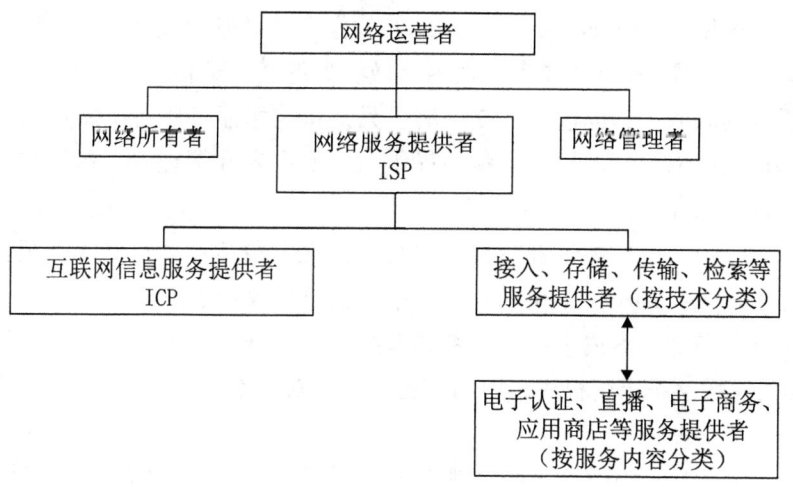

图 1-2　ISP 已有相关概念之逻辑关系

— 047 —

本书认为形成对 ISP 科学合理的界定必须回答以下几个关键性问题：

问题 1："网络服务提供者"之概念在外延上究竟该采取广义、狭义还是最狭义说？

问题 2："网络服务提供者"概念内部子概念的确定应当遵循何种逻辑：技术分类逻辑还是服务内容分类逻辑？选择的理由为何？

问题 3：由美国《数字千年版权法》创制的"内容提供者-技术提供者"二元逻辑框架是否应当保留？如果予以保留，是否还有改进的必要和改进余地？

笔者认为，对上述问题的回答应当遵循以下原则：其一，尽可能忠实于概念文字本身所应容纳的内涵；其二，最大限度地尊重已有法律规范对概念的既有使用方式，遵循最小更改原则以保护法律的稳定性；其三，最大可能地兼容当下 ISP 服务类型并为未来新的网络服务方式提供可能性空间。笔者基于以上原则对上述问题进行回答，提出本研究对"网络服务提供者"概念的基本界定：

1. 网络服务提供者的概念

网络服务提供者（ISP），是指在互联网应用层[1]面向各类网络用户提供信息内容或技术服务的主体。本研究采取"网络服务提供者"作为概念的中文表达；采用"Internet Service Providers"作为其对应的英文表达；英文简称为 ISP。对"网络服务提供者"的内涵做狭义理解，即 ISP 包括为互联网提供信息服务的服务者，也包括不提供信息只提供技术服务的各类服务者，但不包括构成互联网的基础物理设备的提供者、所有者和管理者。本研究采用狭义概念的理由如下：

（1）"网络服务提供者"文字本身的涵义就包括各种类型网络服务的提供者，"Internet Service Providers"与中文概念的文字含义一一对应，无论从中文，还是英文的表述来看，仅将其理解为提供技术服务的网络服务提供者（如美国《数字千年版权法》中的用法）都是对其本身文字含义的不当限缩。

---

[1] 按照百度百科的解释，互联网协议可以分为：物理层、数据链路层、网络层、传输层和应用层。应用层的主要功能是为各种应用软件提供支持。《网络分层》，载 https://baike.baidu.com/item/网络分层/659207，最后访问时间：2019 年 8 月 30 日。

(2)现行有效的法律规范体系事实上是在这个意义上使用"网络服务提供者"这一概念的,选择狭义说能更好地与现行规范保持一致。

(3)本研究的根本目标在于建立一个可以对各种类型的网络服务提供者法律责任设计均有建设意义的理论构型,对研究对象作狭义理解是实现研究目标的必然要求。

2."网络服务提供者"各下位子概念

"网络服务提供者"下位子概念的确定应当按照 ISP 本身的技术性特征进行分类更为合理。其理由如下:

(1)现行法律规范已经明确采用"互联网信息服务提供者"来作为"网络服务提供者"的下位概念[1],用以指称为互联网及网络用户直接提供信息内容服务的主体,并明确其英文缩写为 ICP[2]。如果对 ICP 的概念使用与现行法律保持一致,则作为其对称的其他下位概念必须在分类标准上与 ICP 的划分依据保持一致。而 ICP 的划分标准显然参照了美国《数字千年版权法》的做法,即按照网络服务提供者是直接为用户提供信息内容还是仅提供不涉及内容的技术服务为标准,形成"内容-技术"的二元划分。因此,以 ISP 提供服务的技术特点为依据,将其分为"互联网信息服务提供者"和"互联网技术服务提供者"两大类,更符合现行规范已经设定的逻辑。

(2)网络认证服务、网络直播服务、电子商务服务、应用商店服务等按照。具体服务内容进行的分类,虽然看上去更具现实生活的针对性,但其缺陷明显:其一,与 ICP 在逻辑上无法构成对称,而是存在交叉。例如,网络直播服务平台所提供的服务,既有可能是仅仅为终端用户的直播行为提供存储、检索、播放等技术服务,也有可能是直接或部分参与直播的内容制作,或者是介于两者之间的对用户直播内容的排序或推荐等。其中直接或部分参与直播的内容制作的直播服务平台,在该情景下实际上扮演的就是 ICP 的角色。其二,每一种具体的服务内容(特别是各类平台所提供的服务内容)通常并不单一,而是多种不同类型的技术或内容服务复合而成的。例如,网络商品交易平台提供的服务就可以分解为:商品信息存储服务、信息检索服务、

---

[1]参见中华人民共和国信息产业部 2005 年 10 月 25 日发布的《互联网站管理工作细则》第 1 条和中华人民共和国国务院 2011 年 1 月 8 日公布的《互联网信息服务管理办法》(2011 修订)第 2 条。
[2]参见中华人民共和国信息产业部 2005 年 10 月 25 日发布的《互联网站管理工作细则》第 1 条。

信息传输服务（为买卖双方提供交流渠道）、信息分析和商品推荐服务等更小的技术类型化单位。也就是说，依 ISP 技术特点类型化的结果，可以通过排列组合有效地描述各种不同的具体服务内容，但反之却不然。因此，以 ISP 提供服务的技术特点为依据，将其分为"互联网信息服务提供者"和"互联网技术服务提供者"两大类，更符合概念的一般类型化逻辑和本领域法律规范的实际功能需求。

3. ISP 的类型化框架

现有的"内容提供者-技术提供者"二元逻辑框架可以予以保留，但有改进和修正的必要。

（1）明确以 ISP 提供服务的技术特点为依据，将其分为"互联网信息服务提供者"和"互联网技术服务提供者"两大类。互联网信息服务提供者（ICP）是指为互联网或网络用户提供信息内容服务的 ISP；互联网技术服务提供者（ITP）是指不提供信息内容，也不对用户提供的信息内容进实质性改变，仅仅为网络用户提供技术服务的 ISP。

（2）ICP 与 ITP 的关系不是简单的"二元分立"，而是共同构成一个"双向连续体"（如图 1-3 所示）。笔者认为 ITP 和 ICP 代表了 ISP 的两种最典型的服务方式，但两者之间的关系并不是非此即彼的截然二分，而是代表了 ISP 对网络信息加工深度的不同两极。该"双向连续体"可做如下描述：

第一，如果我们以下图中的横轴代表 ISP 对网络信息加工的程度，越趋近于横轴左方的 ISP，其服务方式对信息的加工程度越低，也就是更为典型的 ITP，其极端形态就是既不提供任何信息，也不对任何信息进行加工处理的网络服务提供者。相反，越趋近于横轴的右方，ISP 对信息的干预或加工程度就越高，其极限状态就是直接提供由自身原创的信息内容的 ICP。

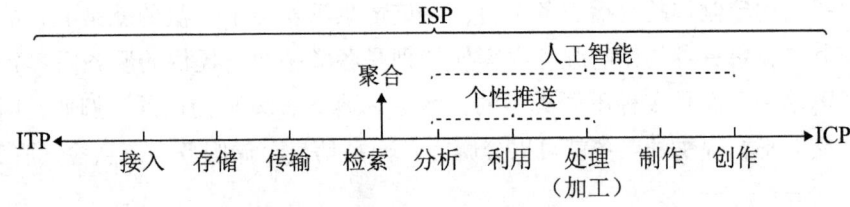

图 1-3　ITP-ICP 构成的"双向连续体"

第二，通过图 1-3 中的不完全归纳已经不难看出，现行已知的各种网络服务方式，在信息加工程度上并非简单的"加工/非加工"的对立，而是逐步加深的渐变过程：接入服务的提供者仅仅帮助网络用户将信息设备接入互联网，即不提供任何信息，更不对任何信息进行任何处理，是当下经常涉及的最为"纯粹"的网络技术服务提供者；网络存储服务的提供者虽然也不对其存储的信息进行任何改变，只为信息提供者提供特定的网络存储空间，但与接入服务相比，存储服务与信息的"关涉度"稍有提高；网络传输服务是将信息从一个网络节点传至另一节点，其中涉及对所传信息的编码和解码过程，因而对所传信息的影响更进一步，但如无意外仍然不会改变信息内容本身；网络检索服务是根据用户的需要，通过技术比对方式在海量的网络信息中找到用户指定的内容，虽未做改变，但检索过程已经包含了对信息的取舍，因此其信息加工程度进一步加深。以上四种类型的网络服务提供者，是较早的研究文献和法律规范中公认的较为典型的 ITP，因其"技术性"特征，成为间接侵权和帮助犯罪的主要讨论对象。

随着网络技术的迅猛发展，ISP 对网络信息的技术处理早已超越了存储、传输、检索等简单物理性处理，而进入了通过各种算法对其信息内容进行分析、利用和加工处理的深层技术服务阶段。从技术层面观察，算法对信息内容的分析和利用行为仍为改变信息本身，但在已有信息的基础上找到了新的相互关系（分析）并基于这些关系作出了相应判断（利用），实际上是获得了信息增量，其信息影响程度与前述四种不可同日而语。如果基于上述分析和判断做出了相应的技术行为（例如自动推送用户可能感兴趣的商品或视听资料），则是对网络信息做出了实质性的影响，角色重心转向了 ICP。

如果特定 ISP 的服务方式是对已有的网络信息进行筛选、剪辑、重新排列组合为新的信息内容，则成为新的信息内容的制作者，是较为典型的 ICP；如果直接向互联网提供原创性信息则成为当然的最为典型的 ICP。

第三，之所以称其为"双向连续体"，是因为笔者认为 ISP 绝不仅仅包含上文列举的各类信息加工程度逐渐加深的网络服务提供者，图中横轴上的每一个点都可以代表特定类型的网络服务，虽然当下可能尚未被我们认知，但会随着技术革命的发展不断被发现或发明。笔者认为近年来的技术发展现实已经初步证实了这一理论假设，例如，基于爬虫技术网络聚合服务方式的出现,是近一两年侵权法讨论的热点和难点,事实上它的技术实质是信息干预度加深的检索,爬虫技术能直接提取搜索范围内用户指令寻找的信息,并通过自身网页直接予以呈现,而不需要像一般搜索技术那样,呈现资源由用户选择进入哪一目标网页。深入追究,聚合服务提供者仍未对其呈现给用户的信息做出实质加工,但其较一般检索服务提供者而言,信息干预程度显然更深,也因此理应较前者承担更严格的责任。再如,智能算法在内的人工智能,实际上也是近年技术发展深入和细化的产物,如果说大数据算法和个性推荐还只是对信息的简单增量的话,人工智能写诗、作画等"准创作行为"的性质和法律责任,必然成为未来 ICP 法律研究领域的重要热点。笔者认为,类似的新型网络服务方式会层出不穷,不断填补图中横轴上的各个技术象征点,不断丰富我们对 ISP 服务方式的理解。

第四,"双向连续体"的提出,绝不仅仅是为了提供一种异想天开的模型,根本的落脚点在于为 ISP 法律责任的设计提供技术伦理基础。以上分析至少能够说明,在网络技术服务发展初期,ICP/ITP 的二元划分是合理的甚至是必然的,是服务类型分化不足的必然结果。但网络技术服务方式的不断涌现,要求我们不能将认识永远停留于上述二元划分层面,而应该寻找更为科学的理论构型,既能够兼容现有的法律规范现实,又能为飞速发展的 ISP 服务新方式提供合乎逻辑的制度空间。基于上述认识,笔者认为:应当以"维度-程度"[1]的思维方式取代现有的"内容-技术"二元对立,对 ISP 法律责任进行新的认识框架下的全面重构。

综上所述,通过对现行生效的规范性法律文件及研究性文献中对"网络服务提供者"概念的适用方式的全面归纳和检讨,笔者明确提出:作为本书研究对象的 ISP 是指在互联网应用层面向各类网络用户提供信息内容或技术服务的个人或组织。ISP 包括 ICP 和 ITP 两个下位子概念,前者是指为互联网或网络用户提供信息内容服务的 ISP,后者指不提供信息内容,也不对用户提供的信息内容进实质性改变,仅仅为网络用户提供技术服务的 ISP。但 ICP 与 ITP 的关系不是简单的"二元分立",而是构成一个"双向连续体",该认识从技术根源上决定了应当以"维度-程度"的思维方式取代现有的"内容-技

---

[1] 具体的维度和程度构造及其与 ISP 法律责任设计的总体关系,详见本书的第三章。

术"二元对立,对 ISP 法律责任进行新的认识框架下的全面重构。

必须说明的是,上述"双向连续体"之界定方式也,也仅仅是在"信息加工深度"这一个维度上说明笔者对 ISP 的界定与传统类型化方式之间的区别。事实上,笔者认为只有这一个维度的理解还不足以构成 ISP 行为及法律责任认定的全部依据,在此最基本维度上还应考察特定 ISP 之特定行为的"社会关系十预度"和"利益驱动强度"才能获得较为准确的认定。为避免重复,关于另外两"维度"的论证,详见本研究之第三章。

二、法律责任

法律责任是法学基本范畴之一,也是现实法律运行操作中必须予以充分把握和高度重视的概念。[1]"责任"一词在英文中至少存在四个层面的涵义:其一,"duty"译为"义务、职责、责任";其二,"responsibility"译成"责任责任感、负担、职务、任务、能力、可靠性";其三,"culpability"译为"应受处罚、有罪行为";其四,"liability"译为"责任、义务、负担、不利、缺点、债务、负债、赔偿责任"。[2]

关于法律责任的基本内涵,学界长期以来存在以下不同的看法:其一,处罚论,认为法律责任就是对违反法定义务的"处罚"或"惩罚"[3];其二,后果论,即把法律责任看作一个人必须承受他的行为给自己带来的不利后果[4];其三,责任论,认为法律责任专指违法者实施违法行为所必须承担的责任[5];其四,义务论,分为新旧二论:旧义务论把法律责任解释为某一特殊义务;新义务论又称为第二性义务论,把义务看作由于违反第一性法定义务而招致的第二性义务[6];其五,手段论,认为法律责任是对违反法律上的义务关系或侵犯法定权利的违法行为所作的否定性评价和谴责,是依法强

---

[1] 刘作翔、龚向和:《法律责任的概念分析》,载《法学》1997 年第 10 期,第 7 页。
[2] 《英汉法律词典》编写组:《英汉法律词典》,法律出版社 1985 年版,第 221、276、274、490 页。转引自刘作翔、龚向和:《法律责任的概念分析》,载《法学》1997 年第 10 期,第 7 页。
[3] 王辉:《论法律责任的困境与经济法责任的超越》,载《甘肃政法学院学报》2011 年第 2 期,第 72 页。
[4] 沈宗灵主编:《法理学》,北京大学出版社 2000 年版,第 505 页。
[5] 冷有志主编:《法律责任》,湖北人民出版社 1989 年版,第 1 页。
[6] 张文显:《法哲学范畴研究》(修订版),中国政法大学出版社 2001 年版,第 119~122 页。

制违法者承担法定不利后果,恢复被破坏的社会关系及社会秩序的手段[1]。

本研究中对ISP法律责任概念的探讨,将基于已有研究文献对一般法律责任概念的研究成果,全面讨论ISP法律责任概念的理论构造,在此基础上以法律责任的性质为线索确立ISP法律责任的体系构成,最后针对ISP这一主体社会角色的特殊性,在讨论各具体先行义务合理性的基础上,形成ISP各项具体责任规则的设计。

(一) 本研究中法律责任的概念构造

国内的法学研究文献中,张文显先生最早于20世纪90年代提出了较为完整、科学的法律责任理论,即"法律责任是由于侵犯法定权利或违反法定义务而引起的、由专门国家机关认定并归结于法律关系的有责主体的、带有直接强制性的义务,亦即由于违反第一性法定义务而招致的第二性义务"[2]。强调ISP法律责任是一种应然的负担,从形式上讲,法律责任意味着基于理性对特定行为的价值评价;实体而言,法律责任意味着法律主体基于意志自由做出的抉择;而上述两者结合,外化表现为主体的行为选择。基于上述三要素而做出的损害行为,才具有惩罚的正当性。[3]近年来,学界对法律责任这一法学基本概念的研究从未止步,也形成了相当多有代表性的理论成果,为开展具体法律责任的研究提供了坚实的基础和丰富的资源。余军和朱新力两位学者将法律责任简洁地概括为"由不法行为引起的制裁之规范效果"[4],笔者认为该界定与张文显先生的定义在本质上是互通的,共同强调了以下基本共识:其一,法律责任是法定的前提被违反,所导致的第二性义务;其二,责任不同于第一性义务(一般法律义务),其本质是国家强制实现的不利后果,即制裁;其三,认为法律责任概念本身蕴含着三个不同层面的构造,即任何一个理想的概念构造,应当包含价值要素、规范要素和社会事实要素三个方面。[5]立足"法律责任是不法行为引起的强制性规范后果"之定义,本研究在讨论ISP法律责任问题时,将主要涉及以下几个层面的思考:

---

[1] 赵震江、付子堂:《现代法理学》,北京大学出版社1999年版,第481页。
[2] 张文显:《法律责任论纲》,载《吉林大学社会科学学报》1991年第1期,第8页。
[3] 叶传星:《法律责任的哲学根据》,载《法制与社会发展》1998年第6期,第1页。
[4] 余军、朱新力:《法律责任概念的形式构造》,载《法学研究》2010年第4期,第159页。
[5] 余军、朱新力:《法律责任概念的形式构造》,载《法学研究》2010年第4期,第159~171页。

1. 法律责任的价值基础

法律责任的价值要素主要解决的是法律责任的正当性问题，它是法律责任存在的根本依据和合理性根源。[1] 如果我们将法律责任概念中的"不法行为"理解为法律体系对特定行为的否定性评价[2]，价值基础就是做出上述"不法"之评价的根本依据，该依据不能简单地被理解为法律规范所设定的权利和第一性义务，而是包括上述权利和义务在内的整个法律体系所表达或蕴含的总体立场和基本态度。

人类法律责任的价值基础是随着社会的发展而发展变化的。从社会学角度来看，这一发展变化的根本动力来源于人类的个体意识和社会整合需求在社会漫长发展过程中的此消彼长。其一，最初法律责任的出现是法律从原始社会规范中分化出来的结果。由于人类早期对内心世界的认识不足，个体的自我意识薄弱，法律的根本任务在于维护社会整体不容侵犯的"集体意识"从而实现社会的"机械团结"[3]，因而最早的法律责任是直接由客观损害结果决定的结果责任。[4] 其二，现代社会的法律责任则是基于人类对意志自由的充分认识和社会合作的必然需求而形成的过错责任为主导。一方面个人意志自由为法律责任的主观归因提供了哲学基础，即拥有理性的人对自身的行为选择是自觉且有控制能力的，因此，应当为由于自己的过错（可谴责性的主观选择）而做出的侵害他人利益的行为负法律责任[5]；另一方面，现代社会分工的高度分化，使社会团结方式转变为广泛合作基础上的"有机团结"[6]，因此法律责任的总体价值也体现出矫正正义基础上的互惠性和等利害交换[7]。对于那些公然破坏或蔑视等利害原则的有过错者，法律责任代表

---

[1] 余军：《法律责任概念的双元价值构造》，载《浙江学刊》2005 年第 1 期，第 174~177 页。

[2] 余军、朱新力：《法律责任概念的形式构造》，载《法学研究》2010 年第 4 期，第 159~171 页。

[3] [法] 埃米尔·涂尔干：《社会分工论》，渠东译，生活·读书·新知三联书店 2000 年版，第 77~99 页。

[4] 郑智航：《从互惠性到宽容性：法律责任构造逻辑的嬗变》，载《山东大学学报（哲学社会科学版）》2018 年第 2 期，第 82~89 页。

[5] 佘俊臣：《社会团结与个人自由的平衡——论法律责任的哲学基础及道德支持》，载《湘潭工学院学报（社会科学版）》2001 年第 4 期，第 59~62 页。

[6] [法] 埃米尔·涂尔干：《社会分工论》，渠东译，生活·读书·新知三联书店 2000 年版，第 77~99 页。

[7] 郑智航：《从互惠性到宽容性：法律责任构造逻辑的嬗变》，载《山东大学学报（哲学社会科学版）》2018 年第 2 期，第 82~89 页。

了一种社会共同积累的愤怒或谴责。其三，后现代社会法律的责任价值基础演化建立在风险社会和主体性隐退的发展趋势上。社会规模和分工复杂性的不断增加，使后现代社会中的行为主体，很难全面认识更无法掌控自身行为带来的风险；而广泛存在的社会风险带来的损失真实且巨大。因而法律责任的根本价值从谴责过错转化为分担巨大的社会风险和尽可能的损失弥补。因而在现代社会的过错责任基础之上，后现代的无过错责任和公平责任呈现出不断增长的趋势。

ISP 作为一种典型的现代科技产物，其法律责任的价值基础也是以过错责任为主导的。已有法律规范对其责任的规定均是以 ISP"知道"或者"应当知道"自己的特定行为会产生损害后果的主观过错形态为前提来确定其法律责任。2020 年 5 月 28 日公布的《中华人民共和国民法典》第七编"侵权责任"也将 ISP 侵权列为一般侵权行为，适用过错责任原则。[1] 但笔者认为网络技术的高速发展及网络信息的高速流转，共同决定了网络社会必然是最为典型的"后现代社会"：大量主体的行为于瞬息间做出，但却很难预知自己的行为将会产生何种结果（有时候甚至在行为之后相当长一段时间内，行为主体都很难知晓自己行为产生的影响，更遑论预知）。但网络的高速度和匿名性又决定了特定行为的影响强度和影响范围会在极短时间内达到前互联网时代难以想象的程度，任何行为都可能蕴含着巨大的潜在风险。即便在有过错的前提下，要求单个的、处于信息孤岛的网络用户去承担这种巨大风险是缺乏价值合理性的。ISP 作为网络世界的重要关联结点，且技术优势和风险抵抗能力都远远强于个体的网络终端用户，为实现网络社会的秩序和安全，在未来越来越多的承担公平责任，将是不可避免的趋势。

2. 法律责任形式构造

法律责任与道德责任、社会责任等的最大不同，在于它是由国家强制力保证实现的，具有刚性约束力，因而法律责任的确认也必须有严整的规范逻辑作为保证。法律责任的规范要素关注的是，在何种规范前提下才能确认特定主体应承担特定的责任。张文显先生认为这一前提是"侵犯法定权利或违反法定义务"。余军老师也认为产生法律责任有两种具体的情形：一种是法律

---

[1] 杨立新：《民法典侵权责任编草案规定的网络侵权责任规则检视》，载《法学论坛》2019 年第 3 期，第 89~100 页。

设定了"权利-义务"的情形下，义务被违反；另一种是法律设定了"特权-无权利"的情形下，不配合权利主体的行为。可见，法律责任的产生必须有法律规范确定的一个应然的"合法"状态作为前提，当这一前提被事实上破坏，才会产生法律责任的后果。从这个意义上看，法律责任产生的一般逻辑在于：法律确定特定主体享有特定权利；为保证该权利的实现而设定若干义务（义务主体的应然行为模式可能是积极行为，也可能是消极的不作为）；对上述义务的违反才会产生法律责任。也就是说，没有先行义务的违反，不能构成法律责任，如法律研究中常使用的"举证责任"一词，只是特定历史环境下选择了"责任"之称谓，其规范本质是"举证义务"，而非责任。

与调整传统社会关系的法律规范相比，互联网法律尚处于高速发展的新兴阶段，因而其法律责任的逻辑构造尚未达到其他领域法律规范的成熟和严整程度。就 ISP 相关的法律责任而言，三大主体（网络用户、ISP 和网络监管权力主体）的基本权利已有雏形，但并未完全明确；相关的义务设定则更为潦草，权利与义务之间的逻辑关系交代的并不清楚。大量第一性义务缺失，使得本研究不得不在讨论法律责任的同时，以相当多的篇幅解决 ISP 第一性义务问题。

值得说明的是，本研究最后的"社会责任"部分，是为了促进 ISP 更好地发挥其应有的角色作用而作的社会化研究。该章中的"社会责任"并非在法律责任的范畴之内，而是与之并列的一个扩展性研究。之所以采用"社会责任"的表述，是出于对现行《中华人民共和国公司法》中"企业社会责任"之表述的尊重。诚如张文显教授所言，"责任"一词有两层语义：一曰关系责任，一曰方式责任。前者为一方主体基于与他方主体的某种关系而负有的责任，这种责任实际上就是义务；后者为负有关系责任（即义务）的主体不履行其关系责任所应承担的否定性后果。[1] 对 ISP 民事责任、行政责任、刑事责任的讨论，均基于第二层次的"责任"概念；而对 ISP "社会责任"的研究，则基于第一层次的"责任"概念。ISP 社会责任的本质是根据自己的技术控制能力、影响力或者承诺，主动承担的与之影响力和声誉相应的道

---

[1] 张文显主编：《法理学》，法律出版社 1997 年版，第 143 页。

德义务[1]。而笔者认为，ISP 最重要的"社会责任"在于凭借自身的技术优势，搭建自主的纠纷解决机制系统，通过相关权利冲突解决方案的不断积累，实现对新的权利可能性空间的重新划分，为网络权利的演化奠定实践基础。

3. 法律责任的社会效果

法律责任的价值要素解决的是确立法律责任的哲学或伦理学立场；规范要素要解决的是在何种形式逻辑之下，可以将特定法律责任归于特定主体；而社会效果要素则要解决的是法律责任设计能否具有经验意义上的可行性，以及是否能够确实有效地达成其社会目标。对法律责任应当存在与否的价值判断、具体的责任形式和归责原则的设计，都要依托于经验现实层面的可行性。尤其是在网络信息领域，技术手段不断革新，信息传输转瞬千里，行为的隐蔽性和主体的匿名性更是家常便饭。在此特殊环境下，法律责任设计的可行性就显得尤为重要。具体到 ISP 相关的法律责任，其可行性既要考虑不同的网络服务技术形态，使其法律责任的判断方式能够有效结合其技术特征，在时间和资源有限的司法实践中，确实能够真实地反映其"不法行为"状态及主观过错程度；其责任承担方式既不超越 ISP 所能承受的范围，同时也能最大限度保护用户个人权利和公共利益。

同时，社会效果还意味着法律责任的设计总体上能否完成其立法的社会目标。就 ISP 法律责任的设计而言，就是要在尽可能节约社会成本的前提下，实现三重社会目标：其一，实现网络虚拟社会和现实社会有效衔接和双重社会的稳定有序；其二，促进网络技术服务的不断革新和 ISP 主导的信息产业的繁荣有序发展；其三，确实保护网络用户的合法权利、公共利益和国家利益。

综上所述，本研究将立足于"法律责任是不法行为引起的强制性规范后果"的责任定义，从法律责任的价值要素、规范要素和社会效果三个层面，结合前文所述的"三大维度"类型化逻辑，去综合考量 ISP 具体法律责任的设计，从而达到使 ISP 法律责任体系进一步科学化、完整化、特色化的研究目标。

---

[1] 甘培忠、郭秀华：《公司社会责任的法律价值与实施机制》，载《社会科学战线》2010 年第 1 期，第 191~120 页。

（二）ISP 法律责任的体系

本研究中，笔者将按照法律责任的性质对 ISP 法律责任进行总体分类（如图 1-4 所示）。在对 ISP 社会角色和技术特征进行深入讨论的前提下，建构 ISP 类型化的总体方案；以此为基础建立 ISP 法律责任设计的基本准则，进而分章节讨论 ISP 不同性质的具体法律责任：

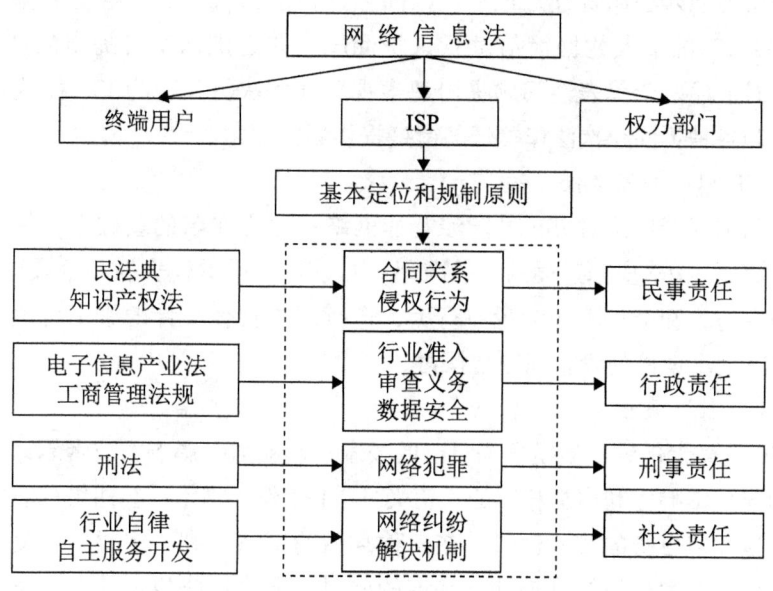

图 1-4　ISP 法律责任体系图

1. ISP 民事法律责任

以侵权责任和合同责任为核心，探讨 ISP 民事责任设计中的主要争议。其一，在 ISP 侵权责任的研究中，通过对我国现行规范的全面归纳，重点解决 ISP 侵权责任之设定尚未形成统一的理论构型；现有的 ISP 类型化方式及技术列举式规则设计也难以适应技术革新的迅猛发展；在 ISP 责任（特别是间接侵权责任）的归责原则、过错认定等方面广泛争议等问题。其二，在 ISP 合同责任的研究中，提出网络合同由一种快捷高效的意思表示和合同缔结方式，转变为一种复杂社会合作和社会资源再整合方式。通过梳理网络合同发展的脉络，以"信息加工深度""社会关系干预度"和"经济利益驱动强度"为主要标准，将 ISP 作为主体参与缔结的网络合同划分为"网络交流型合同"

"网络确认型合同"和"网络组织型合同"。重点研究"网络确认型合同"和"网络组织型合同"中 ISP 所需承担的特殊合同责任。

2. ISP 行政法律责任

在政府职能由"监管型政府"向"服务型政府"转变的基础上，重构 ISP 行政责任的总体性原则。在横向思路上选择集中反映国家对 ISP 单纯行政监管的市场准入法律责任之设计；纵向上选择能够代表 ISP 与公共监管机构"协同共治"的个人数据（信息）保护问题，并尝试以笔者提出的"维度"思维，对上述两个代表性问题提出观察视角和解决方案，为 ISP 行政责任设计框架和各种不同层次法律责任的衔接提供新的探索。

3. ISP 刑事法律责任

在归纳现行刑法对 ISP 可能涉及的网络犯罪之罪名的基础上，集中探讨 ISP 刑事责任构建应当遵循的一般准则；并选择了最具代表性和争议性的 ISP 帮助犯罪行为和 ISP 不作为犯罪行为，进行刑事责任设计的集中讨论，兼顾对涉 ISP 刑事案件的管辖问题之探讨。

4. ISP 社会责任

ISP 社会责任的本质是根据自己的技术控制能力、影响力或者承诺，主动承担的与之影响力和声誉相应的道德义务。ISP 作为网络社会纠纷的直接接触者，可以凭借自身的技术优势，在各种类型的网络权利冲突化解过程中担当重要角色，在解决纠纷维护社会和谐的同时，促进网络权利的自我发展和演化。以国内外典型的网络自主纠纷解决机制（ODR）为例，详细分析讨论 ISP 内部性自主调解机制、内部性投诉处理机制、外部性智能纠纷解决机制和外部性调解（仲裁）机制的运作方式和特征。通过上述机制，ISP 在履行自身社会责任的同时，为国家司法节约资源和成本，在积累纠纷处理结果的过程中，形成网络权利空间的新配置方案，推动网络法律进步和互联网生态发展。

第二章 网络社会中的 ISP 角色构造[*]

网络技术的飞速发展和深度社会化,使互联网逐步突破了信息交流传播媒介和生活工作技术工具的初始功能,不断型构人类社会基本关系形态、重塑思维方式并制约社会主体的行为选择。[1]在网络社会活跃的多重主体中,网络服务提供者(ISP)是最为强大的网络社会结构性构建力量,他们是网络技术和服务的联结者,也是现实社会与互联网互动发展的中间介质和网络空间的重要数字化组织形式(digital formation),同时是网络内生秩序的主要承担者和建构者。

学术界和立法机构逐步意识到了互联网的全面规制不得不重视并依赖 ISP 这一重要的力量。[2]网络法律研究逐步摆脱分散的、局部性、具体法律问题探讨,开始关注互联网法律规则的整体性框架构建,并明确将网络服务提供者与关键信息基础设施、网络信息并列为未来网络法律体系调整的三大对象。[3] 2016 年 11 月 7 日公布的《中华人民共和国网络安全法》虽未就网络服务提供者设置专门章节,但针对 ISP 设定的义务性规范贯穿了网络运行安全、网络信息安全、网络监测预警与应急处置和法律责任等几乎所有关键性内容。

然而,现有的网络法律乃至网络社会综合治理等相关领域研究中,对 ISP 的关注并不深入,主要表现在:其一,为数不多的专门性研究分散于网络共

---

[*] 本章部分内容及核心观点,已经以阶段性成果的形式公开发表。参见邹晓玫:《网络社会认同之建构——兼论网络服务提供商的角色定位》,载《理论月刊》2016 年第 8 期,第 157~162 页。

[1] 王建主编:《网络法的域外经验与中国路径》,中国法制出版社 2014 年版,第 32 页。

[2] 杨国斌、何建宇:《中国互联网与公民社会——共进的动力机制与数字化组织形式》,载《法律和社会科学》2010 年第 1 期,第 1~19 页。

[3] 周汉华:《论互联网法》,载《中国法学》2015 年第 3 期,第 20 页。

同犯罪、网络民事侵权、网络知识产权争议和不正当竞争等具体领域中的 ISP 责任设计，缺乏对 ISP 社会角色的整体性探讨，致使具体法律责任的建构缺乏共同的理论基础和基本概念共识。其二，ISP 的服务提供方式不断推陈出新，而现有研究和绝大多数局部立法仍然采用的是简陋的"技术-内容"分立认识框架。这一调整框架在一些复杂性个案中已经捉襟见肘，更遑论以适度的前瞻性应对即将到来的大数据和云时代。其三，现有的研究和立法过分纠缠于 ISP 的技术属性，而忽视了其技术服务行为的社会功能，使网络法律这一刚性社会规范偏离了其调控重心。

本书试图突破上述传统研究框架的束缚，将 ISP 的角色探讨扩张至社会功能视域之下，通过确定 ISP 在网络社会中的总体角色定位，探索基于社会功能对 ISP 进行分类的可能性。基于 ISP 在网络社会中的角色构成探讨其内生性角色规范，以此作为公共权力构建 ISP 网络法律——这一刚性外生性规范的前提和基础。

一、网络社会及其结构性特征

网络社会（Cyber Society 或 Internet Society）是通过计算机互联搭建起的一个虚拟空间，人们在这一空间中的行为方式体现出了有别于现实社会的独特性，这些特性不仅包括学者们描绘的虚拟性、技术性、隐匿性、流变性、间接性[1]等特点，还集中体现了网络化社会（Network Society）[2]不同于以往的新的资源流动和权力支配方式，即在网络世界，社会资本更强烈地依存于个体与个体的关系中，所有的社会关系和社会结构促进了网络社会资本的形成；个体建立网络社会关系是有目的的，并且在该关系能够为他们提供利益的前提下才得以维持。[3]

（一）网络社会

学术界在两种不同的含义上使用"网络社会"一词，其一，是一种有别

---

[1] 李一：《网络行为：一个网络社会学概念的简要分析》，载《兰州大学学报》2006 年第 5 期，第 50~51 页。

[2] 上海交通大学舆情研究实验室：《网络社会治理研究综述》，载谢耘耕、陈虹主编：《新媒体与社会》（第 11 辑），社会科学文献出版社 2014 年版，第 92 页。

[3] 简兆权、伍卓深：《企业研发服务供求关系研究——基于社会网络理论的视角》，载《科学学与科学技术管理》2010 年第 3 期，第 146~150 页。

于传统的新型社会形态。Network（网络）来源于社会学经典理论研究，最早由社会学家齐美尔于1908年提出，系指"个体间的社会关系构成的相对稳定的体系，是一群人之间的一组独特联系"[1]。"Network Society"一词，于1991年由荷兰学者简·范戴克（Jan van Dijk）在其 *The Network Society* 一书中提出[2]；1996年曼纽尔·卡斯特（Manuel Castells）在其《网络社会的崛起》一书中对网络社会所做的系统论述引发了国内对于该问题的研究热情。Network Society所指称的并不是一个特定的物理空间或人类生活的某一具体时代，而是基于信息平台上的人类交往实践活动的共同体，是信息技术引发的一种新的社会形态。它展现出不同于以往的新的资源流动和权力支配方式，以"社会形态胜于社会行动的优越性"[3]为其结构性特征。

网络社会的第二种含义是指"基于互联网技术的发展而产生的网络空间中人们的互动关系发生的社会形式"[4]，即 Cyber Society 或 Internet Society。强调在计算机和移动信息设备搭建起的互联网空间中，人类行为表现出的有别于现实空间的特殊属性。虽然对于互联网世界中的网络社会之本质特征为何仍然存在着争议——有学者认为网络社会是现实社会的延伸，其本质上与现实社会并无根本性区别，主体在网络世界中的行为也只是"一种特殊的社会行动"[5]；也有学者认为网络社会是"从现实社会生活中分化出来的比特世界与原子世界分离与统一的新的现实社会"[6]——但就网络社会最根本的特性是虚拟性这一观点，基本能够在不同研究领域达成初步共识。

国内的研究文献中多有将两者通约的使用方式，但笔者认为上述两个语汇不能混同，是相互独立而又存在内在关联的两个概念：其一，Network Society描述的是信息化时代社会整体表现出的结构性特点，互联网构成的虚

---

[1] 李梦楠、贾振全：《社会网络理论的发展及研究进展评述》，载《中国管理信息化》2014年第3期，第133页。

[2] 上海交通大学舆情研究实验室：《网络社会治理研究综述》，载谢耘耕、陈虹主编：《新媒体与社会》（第11辑），社会科学文献出版社2014年版。

[3] [美]曼纽尔·卡斯特：《网络社会的崛起》，夏铸九等译，社会科学文献出版社2003年版，第569页。

[4] 祁宝生：《网络公共参与的社会功能分析——"药家鑫事件"的个案分析》，东北师范大学2012年硕士学位论文。

[5] 冯鹏志：《网络行动的规定与特征——网络社会学的分析起点》，载《学术界》2001年第2期，第78页。

[6] 卢安宁：《关于网络社会学研究的几点思考》，载《前沿》2008年第6期，第154页。

拟世界只是体现其特性的一个典型场域，而不是其全部指涉；其二，Cyber Society 是计算机网络搭建起的一个虚拟空间，人们在这一空间中的行为方式体现出了有别于现实社会的独特性，这些特性包括却不限于主体间关系的网络化，还涉及了学者们描绘的虚拟性、技术性、隐匿性、流变性、间接性[1]等特点。本书的研究立足于网络服务商在 Cyber Society 这一物理空间范围内的行为展开对其角色特点的阐述，但同时承认这些角色特性是以整个互联网世界中的 Network Society 特性为基础得以形成和发展的。

（二）网络社会的结构性特征

1. "双层空间"中的"现实镜像"

网络社会与现实社会共同构成了互联网时代人类生存的"双层空间"，两者之间并非截然分立的，而是"彼此交织、相互塑造、虚实同构"。[2]

（1）网络社会并非"虚拟"，而是现实社会的"真实镜像"。网络空间是计算机物理互联基础上，由信息交换协议搭建起来的信息汇集和交换场域，因而被称为"虚拟空间"。然而虚拟空间中的行为主体（尽管具有相对匿名性）、社会关系、交往基础[3]及其对社会利益产生的影响都是现实且真实的，因而以"虚拟空间"为主要存在场域的"网络社会"并不是"虚拟社会"，而是现实社会的延伸和真实存在的"镜像"[4]：现实社会的需求和利益在网络社会中以匿名的方式汇集并被集中表达；现实社会的资源和信息在网络社会高速交换或聚合；网络社会中的行为会对社会主体的网络虚拟关系及现实社会关系产生真实的影响。

（2）网络社会的根本结构性特征在于时空压缩和社会组织架构的扁平化。网络社会是现实社会的"真实镜像"，并不意味着网络社会只是现实社会的翻版或者在虚拟空间中的简单重复。网络社会在"投射"现实和影响现实的过程中表现出了高度特征化的组织结构。如果说农业社会的社会组织机理是高度相似的社会单元的松散联结，工业社会是通过合同等中介机制使高度异质

---

〔1〕 李一：《网络行为：一个网络社会学概念的简要分析》，载《兰州大学学报》2006 年第 5 期，第 50~51 页。

〔2〕 马长山：《智慧社会治理的五大挑战》，载《学习时报》2019 年 7 月 19 日，第 8 版。

〔3〕 郝其宏：《网络社会与现实社会的逻辑关系及治理取向》，载《天津行政学院学报》2019 年第 4 期，第 3~11 页。

〔4〕 王俐、周向红：《结构主义视阈下的互联网平台经济治理困境研究——以网约车为例》，载《江苏社会科学》2019 年第 4 期，第 76~85 页。

化的各社会单元实现最广泛意义上的合作，那么网络社会最根本的特征就是：通过信息的高速交互，超越中介机制，使受限于不同时间和空间的社会资源实现直接对接和整合。从横向的社会组织架构来看，表现出时空压缩的"去中介化"[1]特征，从而达到"最短时间内的最广泛空间"[2]之社会整合。

从社会组织的纵向架构来看，互联网使接入其中的任何结点之间都能够平等地进行直接信息交流，原有的依靠严格的科层制度实现社会资源整合和动员的基础被瓦解。物质层面来看，现实社会中上一社会层级对下一层级的支配性在网络社会中被瓦解；心理层面来看，社会个体在网络社会中可以跳脱地域和生活场景的局限在更广泛的人群中寻求价值认同和归属感。以上两者相互作用，使网络社会中大量的水平信息沟通取代了层级众多的垂直信息沟通，因而整个网络社会的组织架构呈现出垂直方向上的"扁平化"[3]趋势。

2. "创造性破坏"[4]的新秩序建构

网络社会的结构性特征决定了网络社会中的秩序既不可能是现实社会秩序的简单延伸，也并非对现实秩序的简单反映，而是通过网络信息技术，对资本、信息、时间、空间、人员等资源的"再组织""再结构"[5]过程。

(1) "再组织"的本质是"创造性破坏"。网络技术对社会资源"再组织"过程本身会生成不同于现实社会中相关传统社会关系的新型秩序，新的内生性秩序是网络社会独特的内在结构特性所决定的，对网络社会中的行为和社会关系有先天的适应性，因而对传统秩序是一种颠覆性"破坏"。然而这种"破坏"并非以瓦解现实社会秩序为目标，而是形成和维护网络社会的新型社会关系的必然要求，因而是一种"创造性破坏"。具体表现为：彻底打破现实工业社会"时间-事项"序列的资源整合方式，使大量事项可以在同一时

---

[1] 张兆曙：《互联网的社会向度与网络社会的核心逻辑——兼论社会学如何理解互联网》，载《学术研究》2018年第3期，第51~58页。

[2] 张兆曙：《互联网的社会向度与网络社会的核心逻辑——兼论社会学如何理解互联网》，载《学术研究》2018年第3期，第51~58页。

[3] 郝其宏：《网络社会与现实社会的逻辑关系及治理取向》，载《天津行政学院学报》2019年第4期，第3~11页。

[4] 马长山：《互联网时代的双向构建秩序》，载《政法论坛》2018年第1期，第131~137页。

[5] 张兆曙：《互联网的社会向度与网络社会的核心逻辑——兼论社会学如何理解互联网》，载《学术研究》2018年第3期，第51~58页。

间并行开展,实现传统秩序中不可能实现的大幅度"进程压缩"[1];网络空间中的行为及其效果有明显的"空间跳脱"效应[2],即主体的特定行为在网络技术塑造的特殊环境下,行为方式及其影响力不再受限于特定的物理空间范围;个体私权和网络平台的"准监管权"[3]崛起,对网络社会的秩序建构起到更加积极的"反向规制"和"塑造"作用,使以往国家为主导的"官僚制"治理向多元力量参与的"合作式"[4]秩序建构转化。

(2)"再组织"的资源争夺焦点是数据信息。网络社会的独特性除了对现实社会的资源进行再组织之外,更重要的是催生了一种足以改变未来社会生产方式的新型战略资源:数据信息。在工业社会,以财产为表征的资本的占有量,决定了特定主体对社会资源的支配能力;而网络社会中,信息占有的数量和质量决定了特定主体在网络社会关系中的地位和行为基础[5],具体表现为:数据信息的占有量标志着特定主体对各种类型社会资源控制和组织的潜在能力;数据信息的质量决定了特定主体对网络行为了解和掌握的精确程度;数据交互的频繁程度标志着特定主体在网络社会中行为活跃程度。以上三个层面的数据信息资源并非彼此孤立,而是相互密切联系的。庞大的数据占有量,意味着通过算法进行数据挖掘的基础雄厚,能够通过大数据获得更为准确的行为描述和预测,从而获得高质量的信息;高速频繁的信息交互本身,即可产生大量的数据记录,增加数据规模。因此,网络社会的资源争夺,焦点在于尽一切可能获得更多、更高质量的数据信息。

(3)双重社会秩序之间的冲突及其解决路径。网络信息时代"双层同构"的社会结构特征,决定了网络社会"创造性破坏"的秩序构建,必然与传统的现实社会秩序发生冲突。面对这种冲突,以法学为代表的人文社会科

---

[1] [美]曼纽尔·卡斯特:《网络社会的崛起》,夏铸九等译,社会科学文献出版社2003年版,第403页。

[2] 郝其宏:《网络社会与现实社会的逻辑关系及治理取向》,载《天津行政学院学报》2019年第4期,第3~11页。

[3] 马长山:《智能互联网时代的法律变革》,载《社会科学文摘》2018年第10期,第62~64页。

[4] 王俐、周向红:《结构主义视阈下的互联网平台经济治理困境研究——以网约车为例》,载《江苏社会科学》2019年第4期,第76~85页。

[5] 郝其宏:《网络社会与现实社会的逻辑关系及治理取向》,载《天津行政学院学报》2019年第4期,第3~11页。

学界提出了三种不同的解决路径[1]：其一，扩展主义。即将网络社会视为现实社会的从属部分或自然延伸，并不认为网络社会具有区别于现实社会的本质特殊性。因此，主张将现实社会的制度设计和规则规范直接延伸至网络社会。其二，并行主义。认为网络社会是独立于现实社会的一个特殊存在，因而应当对其秩序和规范进行专门的单独设计，与现实社会规则并行不悖。其三，革新主义。认为网络社会与现实社会既有连续性，也有"颠覆性"[2]的区别。因此，既要正视网络社会本质性的深刻变化所带来的"革命性"变革，也要尊重网络社会基础、社会行为和社会秩序与现实社会的连续性，积极进行理论模式和制度设计的探索和创新，在不另起炉灶的前提下对现有的秩序设定和制度设计进行"转型升级"。[3]笔者认为，上述三种路径中的革新主义，更为准确地把握了网络社会的结构性特征，也更符合法学维护社会基本秩序的学科使命，稳中求进的应对思路在实践意义上也具有更强的可操作性。因而，本书对网络社会中 ISP 法律责任研究的探讨，总体上坚持这一"革新主义"立场。

二、网络社会中的核心建构力量

网络世界中活跃的各种力量是网络行为发动者和网络社会结构性特征的负载者，对网络社会行动者的研究是网络社会学的重要论题。然而现有的研究文献几乎无一例外地将研究视角限定为网络中活动的个体，即网络终端用户，而对其他网络世界中的重要力量视而不见。笔者认为网络社会中至少应当包含下列三大类型的建构力量：

（一）网络终端用户

网络终端用户是指通过计算机或其他移动终端接入互联网并使用其中信息的自然人。在 Web2.0 环境下，他们既是互联网海量信息的消费者，同时也是信息的传递者和生产者。数以亿计的终端用户是网络社会中最为活跃的显

---

〔1〕 马长山：《智能互联网时代的中国法学自主性》，载《中国社会科学评价》2018 年第 4 期，第 10~19 页。

〔2〕 马长山：《智能互联网时代的中国法学自主性》，载《中国社会科学评价》2018 年第 4 期，第 10~19 页。

〔3〕 马长山：《智能互联网时代的中国法学自主性》，载《中国社会科学评价》2018 年第 4 期，第 10~19 页。

性主体。其主体性特征表现为：其一，终端用户以互联网信息平台的虚拟"自我"，寻求"本我"人格的发泄和外露，并以此来实现与"超我"的调剂与平衡。[1] 其二，终端用户往往以虚拟的多维身份，表达对传统身份的确定、单一和僵化的挑战，并寻求以自身的创造性解构已有文化和权力结构。其三，以网络主体身份的虚拟、平等和多维，寻求对现实社会中意义和独特性丧失、主体异化等心灵缺憾的补偿。其四，作为网络世界中活跃的个体，数量庞大的终端用户是网络世界合法性认同、抗拒性认同和规划性认同的核心载体。

（二）网络服务提供者

他们是网络得以正常运转、网络经济得以蓬勃兴旺的中坚力量。ISP 是网络社会的潜层主体，网络技术的主要承担者和网络社会结构的重要建构者，却因一般采用非匿名的方式参与各项网络行为而被区别于网络终端用户，进而忽略了其作为网络社会主体的重要性和独特性。其主体特征表现为：其一，以非匿名的拟制人方式参与网络行为。如果说网络终端用户的最大特征是匿名性和网络参与的功能性倾向，ISP 最大的特点则是网络行为的非匿名和建构性倾向。非匿名性特征是由 ISP 的营利性商业属性决定的；而建构性倾向是由其技术属性和商业属性共同决定的。其二，网络技术优势者。网络世界从根本上说是由不同类型的 ISP 相互合作而共同创造的，同时他们还在不断生产和再生产当下的网络世界和网络秩序。而从事上述创造所凭借的是网络技术创新。其三，网络社会结构和网络行为规范的重要建构者。每一次网络技术的革新都意味着新的网络服务方式的产生，而新的服务方式则无不意味着新的网络交互方式的诞生。ISP 提供新的服务方式的同时，也同时确立了该服务方式下基本的信息交换规范和社区的基本伦理。

（三）网络监管权力机关

网络的自创性功能决定了其初始的规范是以自治为基础的，然而网络活动的"无标识"状态也必然导致网络社会的无序化。[2] 网络的自生性规范具

---

[1] 卢山冰、黄孟芳：《网络主体的理性解读》，载《自然辩证法通讯》2003 年第 4 期，第 13 页。文中所述"自我""本我"和"超我"来源于弗洛伊德的人格理论，他认为人格可以分为"超我（superego）""自我（ego）"和"本我（id）"三重性。参见高宣扬编著：《弗洛伊德传》，作家出版社 1986 年版，第 115 页。

[2] 蔡文之：《自律与法治的结合和统一——论网络空间的监管原则》，载《社会科学》2004 年第 1 期，第 73 页。

有自律性、非强制等特点，不足以对抗种种基于权利滥用而产生的网络乱象，因而公共权力机关对网络行为的介入和监管就成了世界性的认识共识和实践发展方向，而对网络社会行为的有效监管必须基于对以下特性的认识和把握：其一，网络技术性与社会属性的平衡。网络世界是由信息技术在传统的法律体系之外开辟出的新的行为空间，它无疑是现实社会的延伸，但这一延伸领域中相当数量的行为却溢出于已有的法律规范体系调控之外。对网络世界的权力监管必须基于对其社会关系特点的深入审视以及对其技术性特征的充分尊重。其二，权利与限制权利的平衡。承上言，网络世界中的大量的权利诉求是以应然权利而非法定权利的形态存在的，权利诉求的来源多样且边界模糊，权利滥用便难以避免。对网络行为的权力监管仍然必须回答如何"妥善处理好个人权利与限制个人的社会权利之间的矛盾"这一由美国网景公司副总裁兼法律总顾问卡兹（R. R. Katz）提出的权利共享的"首要准则"。[1]其三，网络合法性认同的主要追求者。在网络终端用户寻求自由最大化的对抗性认同与ISP追逐商业利益的技术优势之间，网络监管权力机关必须为自身规范性认同建立合法性基础。其关键在于处理好两个层次的问题：一是网络空间的权力监管尺度与现行宪法框架下权力行为界限的一致性；二是网络权力监管尺度与网络世界的原生性规范之间的协调。

三、网络社会中的ISP：技术、规范和认同的三重建构者

尽管对于网络社会是否构成一个区别于现实社会的独立存在仍然存有争议，网络世界的行为却实实在在对人们的生活产生着影响。而在网络社会活跃的多重主体中，网络服务提供者的角色非常独特，他们既是几乎所有网络技术和服务的联结者，同时是网络内生秩序的主要承担者和建构者，明确其在网络社会中的角色构成及其主要角色规范，是网络社会结构研究的重要内容，同时也是公共权力构建网络社会刚性外生性规范的前提和基础。在社会资本疏密不同的网络世界中，ISP恰恰处于"结构洞"的位置，是连接网络中无任何关系的两个行动者的关键性第三者。[2]依托不断的技术创新，ISP

---

〔1〕[美]卡兹：《20世纪末的法律、法庭与法律实践》，树理、刘进译，载《现代外国哲学社会科学文摘》1999年第4期，第4页。

〔2〕陈远、刘欣宇：《基于社会网络分析的意见领袖识别研究》，载《情报科学》2015年第4期，第14页。

在网络社会中集三重建构角色于一身。

（一）基于技术优势的新型权威

费孝通先生以结构功能主义视角观察中国社会时，提出了人类社会存在四种不同的权威类型：一是基于社会冲突而发生的暴横权力，建立在剥削关系之上；二是从社会合作中发生的同意权力，其基础是社会授权；三是社会继替中产生的长老权力，其基础是社会传统；四是有别于前三者的时势权力。时势权力是指当旧有的社会结构不能应对新的社会需求致使结构性社会变迁发生时，"文化英雄"不断探索新的道路并组织社会实验，基于人们的信任和跟随而产生的一种新型权力。其权威来源于解决社会新问题的实际能力。[1] 网络社会是一个完全由硬件设备和技术协议人为构建的独特社会场域，这一特性决定了暴横权力、同意权力和长老权力都难以获得存在基础，网络权威必然是由意见领袖和技术权威共同构成的时势权力。

1. 网络物理空间的技术构建

网络世界从根本上说是由不同类型的 ISP 相互合作而共同创造的，同时他们还在不断生产和再生产网络世界和网络秩序。从生成角度来看，最早的局域网是 ISP 通过基础网络协议将部分终端计算机联系起来，为部分特定的用户提供便捷信息传递的系统。Web1.0 时代，提供网络接入、存储和内容服务的 ISP 协同努力，使互联网实现了对不特定终端用户的公开和全网范围的信息共享，但其信息发布的单向度性决定了门户网站对信息的垄断性控制，而数量庞大的终端用户仅处于信息"受众"地位。Web2.0 网络技术革新使信息交互成为可能，任何一个网络终端用户都可以为互联网提供新的信息内容。ISP 的网络服务方式进入了"平台战略"时代[2]，ISP 依靠自身技术优势为终端用户搭建商品、服务和信息交流等综合中介服务平台，其独特的社会作用引起了法律世界的瞩目。ISP 的每一次技术革新都意味着新的服务方式诞生，而新的服务方式不断推动网络社会的空间范围延展和交互层次加深。ISP 对网络物理空间的建构规模和方式，根本上决定了网络社会一切行为和规范的结构和基础框架。

---

[1] 费孝通：《乡土中国》，北京大学出版社 2012 年版，第 125~130 页。

[2] 张江莉：《互联网平台竞争与反垄断规制——以 3Q 反垄断诉讼为视角》，载《中外法学》2015 年第 1 期，第 264~279 页。

2. 技术型意见领袖

网络最不可思议的力量在于最大限度地将人类的思想从物理的时间、地域和物质限制中解放出来。网络中高速流动的海量信息直接指向的是人的精神而非外在的物质世界。[1] 网络的传播特点决定了信息必须通过意见领袖的中介和加工才能对一般网民产生影响。[2] 技术型意见领袖是指依托技术优势，管控网络平台、交流社区等信息交换管道，通过管理或发布信息实现对网民影响的传播中介者。[3] 区别于专家型、草根型和身份型的网络意见领袖，ISP 所代表的技术型意见领袖处于网络"结构洞"位置，是连接网络中无任何关系的两个行动者的关键性第三者。[4] 较其他网络主体，ISP 的技术优势使其能够获得较其他网络主体更多的信息，并能够对信息进行有效识别、控制甚至交易，可以通过建立或阻断其他网民之间的信息联系实现对网络信息流动的管控，从而影响网络意见的形成。

（二）基于技术优势形成的规范宰制

ISP 提供新的服务方式的同时，也确立了该服务方式下基本的信息交换规范和网络社区的基本伦理。技术创新建立的信息交流结构和以此为基础形成的网络行为规范，使 ISP 具有了对网络行为宰制的先天优势。网络世界作为一个全新的法律调整对象，其外生性规则的建立，必然是以网络社会内生性规则为基础的。甚至在外生性规则缺失的情形下，司法活动很大程度上就是按照网络内生性规则来进行纠纷解决的。[5] 从这个角度上说，ISP 服务的技术结构和商业模式很大程度上决定了网络法律规范的内容及其结构特征。

规范（Nomos）是特定社会群体发展过程中自发形成的内在价值标准和行

---

[1] Anna Mancini, *Philosophy of Law for the Virtual World*, Buenos Books America, 2011, pp. 3-19.

[2] 宋石男：《互联网与公共领域构建——以 Web2.0 时代的网络意见领袖为例》，载《四川大学学报（哲学社会科学版）》2010 年第 3 期，第 70~71 页。

[3] 方付建：《论网络意见领袖的发展走向及其引导策略》，载《湖北行政学院学报》2013 年第 1 期，第 32~33 页。

[4] 陈远、刘欣宇：《基于社会网络分析的意见领袖识别研究》，载《情报科学》2015 年第 4 期，第 14 页。

[5] 最高人民法院民事审判庭第三庭副庭长王闯在清华大学法学院主办的"第一届明理网络法治论坛"上发言时明确指出，最高人民法院在处理网络知识产权的司法保护问题时"注重规则的包容性，尊重市场的自生性规则"。据其介绍，最高人民法院在审理互联网业内影响很大的"扣扣保镖案"时，实际上是以互联网行业规范作了重要的审判依据。以上注释内容为笔者按照王闯法官在论坛现场的发言记录整理而成，记录时间为 2016 年 12 月 9 日。

为准则，它生成于群体成员间的互动，被群体成员普遍遵守，并对个体行为有形塑作用。[1] 网络社会作为一个原生性虚拟空间，其内生性规范处于初步形成过程中，而外生性规范几乎是一片空白。在此情形下，ISP 在网络技术方面的独特优势，能够轻易转化为得天独厚的网络规范优势，从而对其他尚处于萌芽状态的规范形成宰制（Domination）。[2] ISP 作为虚拟社区构建者、网络技术优势者和商业经营者三重主体，其服务行为同时形塑着网络技术性规范、虚拟社区习惯和商业服务协议三重行为规范，三者的共同目标是保障 ISP 的网络虚拟世界行为能对现实社会的行为及社会关系产生真实的合法性影响，同时也使 ISP 形成了对网络社会众多主体及其行为的规范宰制。

1. 网络技术规范

网络技术规范决定我们可以和"谁"沟通、"如何"沟通以及"何种"信息可以被获得或传输。[3] 有别于一般的技术规范通过调整人与自然的关系来间接作用于社会关系，网络技术规范直接型构了网络社会中的交流模式，同时确立了在该技术模式之下的网络社区基本结构。因而，网络技术规范具有更强烈的社会属性。网络社会中的 ISP 必须遵守在先的网络主体基于技术创新而奠定的网络技术规范，同时也可以通过新技术和新应用的开发，确立新的技术规范。在 ISP 的世界里，以下行为具有合法性：其一，基于技术创新而获得其他 ISP 不具有的新型网络技术，并以此获得网络服务的商业优势；其二，在现有的技术基础上，创造新的技术应用模式或商业运营模式，并以此获得同业竞争优势；其三，ISP 对上述技术优势基础上合法获得的网络信息有优先利用权。

2. 网络社区内部规范

社会法学的创始人埃利希（Ehrlich）指出，社会团体内部自发生成的秩序是包括国家法律在内的所有其他社会规范的根本来源。[4] 网络社会特有的扁平化和去中心化社会结构，加之网络终端用户的匿名性，使网络社区的内

---

[1] 夏玉珍：《中国社会规范转型及其重建研究》，华中师范大学 2004 年博士学位论文，第 15 页。

[2] 胡锐军：《政治冲突的符号系统及其甄别和宰制》，载《探索》2011 年第 4 期，第 64~69 页。

[3] 郑友德、伍春艳：《从信息网络社会规范体系的重构看法律规范的变迁》，载《科学·经济·社会》2000 年第 3 期，第 34 页。

[4] [奥地利] 尤根·埃利希：《法律社会学基本原理》，叶名怡、袁震译，江西教育出版社 2014 年版，第 20 页。

生性规范具有更突出的作用，可以说初始状态的网络社会是完全依靠内部产生的柔性规范来维持基本秩序的。ISP 必须遵循的网络社区内部规范主要包括两种类型：其一，通过与网络终端用户的服务协议确定的基本权利义务，以用户注册协议、网络社区公约等为代表；其二，网络交流过程中形成的不成文习惯规范。它们是网络社会的"民间法"，是网络行为经验的直接提炼，也为外生的刚性规范的生成奠定了基础。

3. 刚性外部规范

网络人际互动实际上是通过 ISP 提供的技术服务而实现的一种间接的、虚拟的互动。由于互动双方无法直接目睹自身行为的后果，即使出现"失范行为"也难以充分感知，即使感知也会降低负疚感和罪恶感。[1] 因此，必须在上述两种规范之外，建立以国家法律为代表的外部性刚性规范，以克服网络内生性规范难以克服的失范倾向。ISP 必须遵守的外部刚性规范主要包括：其一，不得以自身技术优势侵害终端用户及其他 ISP 的合法权益；其二，在网络资源优势允许的范围内协助网络监管机构建构网络社会秩序；其三，当自身的过失行为直接或间接导致他人或公共利益损害时，承担相应的责任。

（三）网络社会认同的分层形塑

网络社会是一个人为营造出的特殊行为场域，它并非纯粹的技术存在，而是具有强烈的社会文化属性。[2] 网络世界秩序的形成本质上是合法性认同、对抗性认同与规划性认同之间的张力与平衡，而如何科学有效地发挥 ISP 在网络世界中的独特角色功能，是达成这一平衡的关键性因素。[3]

1. 网络社会与社会认同

社会认同理论旨在考察社会主体对其所处群体的身份的认识，如何影响该个体的社会认知、社会态度和社会行动。[4] 社会认同理论最早由塔菲尔（Tajfel）于1978年提出，他将社会认同定义为"个体认识到他属于特定的社

---

[1] 朱廷劭、李昂：《网络社会的行为规范》，载《科学与社会》2013年第4期，第25页。

[2] 李一：《网络社会治理的目标取向和行动原则》，载《浙江社会科学》2014年第12期，第87~93页。

[3] 邹晓玫：《网络社会认同之建构——兼论网络服务提供商的角色定位》，载《理论月刊》2016年第8期，第157~162页。

[4] 韩静：《社会认同理论研究综述》，载《山西煤炭管理干部学院学报》2009年第1期，第56页。

会群体，同时也认识到作为群体成员带给他的情感和价值意义"[1]，社会认同由此成为社会学、心理学、人类学等众多学科高度关注的研究领域。在社会学论域中，认同被描绘为包括群体特性和群体意识的集体现象，个体认识、行为与社会规范的一致性，以及个体对自我特性的统一性和一致性认可。[2]社会心理学领域中，将社会认同视为一种个体"为追求积极的自我评价而做出的努力"，并认为社会认同与工具理性、群体愤怒一起构成了影响社会群体行动的三大要素。[3]社会认同理论的发展经历从哲学上的思辨探讨，到对社会个体和群体心理状态和行为选择策略的描绘，再到对社会整体的精神状态和价值取向的衡量与判断，走过了一条深入渐进的理论历程。[4]社会认同理论当下在多学科领域受到重视，说明社会的日益分化与多元，加剧了社会主体对共同意义和社会整合的强烈需求。

互联网的兴起无疑强化了上述社会分化与社会整合之间的矛盾，因而越来越多的学者采用社会认同理论对网络行为选择进行研究。网络世界是由在场的传统场域、在场的网络场域和不在场的网络场域交织而成的复杂社会空间[5]。由于网络社会交往的缺场性、空间的流动性和时间的去线性等特征[6]，网络社会关系呈现出主体现实身份的潜隐性、虚拟身份的多元化，而基于网络信息优势而产生的网络权力则表现为非实体化和去中心化特征。[7]

2. 网络社会认同的结构

网络社会正处在一个逐渐成熟并高速发展变化的过程中。因而厘清网络认同的构成及其生成方式，对于促进网络秩序的形成有重要的意义。

---

[1] H. Tajfel , *Differentiation between Social Groups: Studies in the Social Psychology of Intergroup Relations*, London: Academic Press, 1978, p. 103.

[2] 管健：《社会认同复杂性与认同管理策略探析》，载《南京师大学报（社会科学版）》2011年第2期，第96页。

[3] 陈浩、薛婷、乐国安：《工具理性、社会认同与群体愤怒——集体行动的社会心理学研究》，载《心理科学进展》2012年第1期，第127~136页。

[4] 姚德薇：《论社会认同研究的多学科流变及其启示》，载《学术界》2010年第8期，第104页。

[5] 刘少杰：《网络化时代社会认同的深刻变迁》，载《中国人民大学学报》2014年第5期，第62~70页。

[6] 邓志强：《网络时代社会认同的时空转换——基于时空社会学的分析视角》，载《人文杂志》2014年第8期，第126~127页。

[7] 邓志强：《网络时代青年的社会认同困境及应对策略》，载《中国青年研究》2014年第2期，第67~68页。

（1）个体认同与社会认同的同步生长。从认同的构建范围来看，网络社会处于个体认同与社会认同的同步生长期。认同理论的创始人在1986年首次区分了个体认同（personal identity）和社会认同（social identity）。个体认同是个体对自身独特性的意识，个体在时空上藉以确认自己是同一个人而不是他人。社会认同则是个体对自己处于一定社会群体、社会范畴的意识，由此社会认同是个体意识到进而强化自己在一定社会范畴上与其他一部分人同一或类似，而与另一部分人存在差异。[1] 不同于传统现实社会中个体身份、交往范围和交往规范的相对稳定和固化，网络信息技术创建了全新的"流动的空间"（space of flows）和"无时间的时间"（timeless time）[2]，为个体的自我认同提供了新的环境；而Web2.0环境下的交互性和即时性信息交流，为个体寻求社会认同提供了跨越时空的可能性。网络技术的迅捷和多变，决定了网络世界的个体认同和社会认同都处在高速变化的形成过程中。每一个网络个体在与高度多样化的网络社群进行交流的过程中，不断更新和发展对自我认同的建构，同时又基于这个不断发展变化着的自我认识，用更多样化的方式在更为广阔的网络空间中寻求与其他相似性个体达成社会认同。从而使网络社会的个人认同与社会认同形成了一个往返流转、同步生长的动态结构。

（2）三种认同的相互交织形塑。美国学者曼纽尔·卡斯特（Manuel Castells）最早注意到了网络世界中认同的力量。他将社会认同区分三种类型：其一，合法性认同（legitimizing identity），指由社会支配性制度所引入，以扩展和合理化他们对社会行动者的支配；合法化认同产生了市民社会。其二，抗拒性认同（resistance identity），指那些被支配性逻辑所贬低的行动者之间形成的认同，他们藉以彼此联合并对抗既有支配性逻辑的认同。抗拒性认同造就了区别于"社会"的"共同体"（community）。其三，规划性认同（project identity），指社会行动者基于任何能到手的文化材料，建构一种新的、重新定义其社会地位并以此寻求全面社会转型的认同。规划性认同建构的过程，产生了区别于物理意义上的"个体"的"主体"，主体才是"被赋予了个人生活

---

[1] H. Tafel, J. C. Turner, "The Social Identity Theory of Intergroup Behavior", *Psychology of Intergroup Relations*, Chicago: Nelson Hall, 1986, pp. 7–24.

[2] [美]曼纽尔·卡斯特：《认同的力量》（第2版），曹荣湘译，社会科学文献出版社2006年版，第1页。

经验的全部领域以意义"的集体社会行动者。[1] 在卡斯特看来，网络社会的崛起意味着市民社会所代表的合法性认同走向衰落，而网络主体的规划性认同必然产生自共同体的抗拒性认同。[2]

　　卡斯特对网络认同的研究为网络社会的结构性研究提供了新的视角，其理论也为国内的诸多论者吸收或发展。[3] 但该理论也存在将市民社会与网络社会中的认同方式简单割裂的问题。网络社会无非是现实社会的延伸，与后者一样同时存在着合法性认同、对抗性认同和规划性认同。与传统的现实社会一样，网络社会中的每一个个体的社会认同都包含有合法性认同、抗拒性认同和规划性认同三个方面：其一，虽然当下网络社会中国家正式规范的数量极为有限，但网络世界并非完全缺乏合法性认同的基础，ISP 在提供网络服务时设定的服务协议、特定网络社群自发生成的规范和准则都在发挥着确立网络空间基本秩序的作用，基于这些网络内生性规范而形成的认同，本质上是合法性认同的雏形。其二，网络社会中的抗拒性认同只是相对特定网络社群之"他者"的对抗，并不必然指向官方立场或正式规范。网络社会的对抗性认同与现实社会中构成共同体的认同基础并没有本质差异，只是以数字化和多样化的形态更充分地呈现出来了。其三，网络主体的自我意义建构和对新的社会形态的追求过程，却并不必然导致对抗性认同，也可能构成合法性认同的基础。如果国家立法和政策确立的正式规范与个体认同过程中藉以自我建构的规范有较强的一致性，网络行为者的规划性认同可直接为合法性认同提供基础；如果两者存在不可调和的冲突，网络行为个体则很可能基于彼此的相似性认识形成抗拒正式规范的抗拒性认同。由此可见，网络世界的社会认同是由三种不同的认同形态交织形塑而成的，只不过由于网络社会正处于生成的过程中，其中的正式规范性制度尚未完全形成，因此合法性认同基础薄弱，才凸显出抗拒性认同的强大。若仅仅因此将对抗性认同标示为网络社会的认同特征，是不够谨慎且短视的。

---

〔1〕［美］曼纽尔·卡斯特：《认同的力量》（第 2 版），曹荣湘译，社会科学文献出版社 2006 年版，第 6~9 页。

〔2〕［美］曼纽尔·卡斯特：《认同的力量》（第 2 版），曹荣湘译，社会科学文献出版社 2006 年版，第 10 页。

〔3〕刘少杰：《网络化时代社会认同的深刻变迁》，载《中国人民大学学报》2014 年第 5 期，第 62~70 页；邓志强：《网络时代社会认同的时空转换——基于时空社会学的分析视角》，载《人文杂志》2014 年第 8 期，第 126~127 页。

网络社会认同与现实社会认同在构成要素上的统一性,并不是要否认网络社会认同存在特殊性。恰恰相反,这种特殊性是明显的,明显的表现于网络世界中社会认同的变异状态:其一,寻求社会认同的目的变化。区别于传统社会认同理论所强调的个体基于角色和角色设定而对归属感和积极社会评价的追求,网络社会中"认同是人们意义与经验的来源"[1]。由于身体缺席的交往在网络社会交往中占据主导性地位,而缺席交往中难以形成人身信任和现实的社会利益连带,因而网络社会的信息传播必须以基于价值和情感而形成的认同为基础。没有认同,则没有经验和信息的传递。其二,规划性认同建构具有更加强烈的主观性。网络认同形成的基础决定了网络社会认同不可能是现实的客观生活情境和身份规定了的客观性认同,而必然是一种积极的建构性认同,即网络主体在信息交往中形成了对自身的自觉性认识,并与那些有相似处境和相同价值取向的个体形成共识、结成群体。[2]其三,合法性认同在虚拟与现实之间存在张力。现实的社会合法性认同依赖于明确的社会身份、固化的角色、相对稳定的社会规范和共同塑造,有较强的客观性、外在性。而网络世界中,身份的虚拟和多元,弱化了角色的限定性;网络交往的瞬时性和身体缺场,导致了网络社会规范的松散化和多变性。网络世界中主体可能释放和发掘出更多地在现实生活中难以表现出的价值和意义,当这些网络世界的合法性认同与现实世界发生冲突时,必然会影响主体的自我认识和行为选择。

ISP通过不断提供新的技术手段,帮助网络主体全方位地展示和修正自我认知,实现网络社会自我认同和社会认同的深度沟通;ISP为了实现自身的商业目的,必须在网络终端用户的多样化需求和网络社会的基本秩序之间寻求平衡,因而不断创设新途径以建设网络社区的合法性认同;通过管控信息输入和引导脚本解读方式等途径,ISP可以有效消解和控制对抗性认同的形成。可见,ISP是网络社会认同的多层次建构力量。

---

[1] [美]曼纽尔·卡斯特:《认同的力量》(第2版),曹荣湘译,社会科学文献出版社2006年版,第5~6页。

[2] 刘少杰:《网络化时代的社会结构变迁》,载《学术月刊》2012年第10期,第20页。

四、网络服务提供者之角色层次与构造[1]

自 ISP 产生以来，对其角色的认知经历了网络设施提供者、网络信息发布者、网络技术提供者、网络平台搭建者等一系列流变。这些认识确实也体现了某一阶段或某一类型的 ISP 的角色特点，但随着网络技术的不断更新和 ISP 服务方式的复杂化，ISP 的总体角色早已超越了以上的任何一种单一向度，成了网络社会的新型权威和技术型意见领袖。ISP 在网络社会中的新型权威和意见领袖地位来源于其独特的技术属性，技术特点不同也决定了不同类型的 ISP 在网络社会中角色功能存在差别，正视这些差别是实现对 ISP 有效保护和规制的前提和基础。当下学界就不同类型 ISP 应采用不同规制原则这一基本思路达成了共识，但如何界定网络服务提供者及其分类标准如何，尚难以形成统一。已有的代表性类型化方法往往都只重视了 ISP 的技术特点，而忽视了其技术模式的社会功能。

（一）"技术-内容"的简单分立难以应对网络发展趋势

目前学界采用比较多的 ISP 类型化方法有以下几种：其一，按照是否直接提供网络信息区分为两类：一类不创造新的信息，只为网络信息提供各种技术支持，即狭义的 ISP；一类直接提供网络信息内容，即 ICP。[2] 其二，依据信息服务对象不同，分为为自己信息提供服务的 ISP 和为他人信息提供服务的 ISP。前者基于对信息的实质了解和控制，承担侵权法意义上的直接责任，而后者根据其技术服务的方式不同，只承担间接侵权责任并在特定情形下有免责抗辩权。[3] 其三，依据具体服务方式的不同，将网络服务提供者分为四类：只提供网络接入、缓存、主体存放等服务，不提供信息服务的狭义 ISP；只提供信息服务的 ICP；提供网络连线、IP 地址分配、电子公告牌等网

---

〔1〕 本部分内容及核心观点，已经以阶段性成果的形式公开发表。参见邹晓玫：《网络服务提供者之角色构造研究》，载《中南大学学报（社会科学版）》2017 年第 3 期，第 63~69 页。

〔2〕 此种分类最早来源于美国《数字千年版权法》，我国《侵权责任法》在侵权责任设计上以这一分类规范基础，但并没有明确网络服务提供者是包括所有为互联网技术和内容提供服务的 ISP，还是仅限于提供技术服务的 ISP。且《民法典》和相关司法解释等规范性法律文件中，网络服务提供者一词的概念使用存在不一致。参见刘颖、黄琼：《论〈侵权责任法〉中网络服务提供者的责任》，载《暨南学报（哲学社会科学版）》2010 年第 3 期，第 53 页。

〔3〕 鲁春雅：《网络服务提供者侵权责任的类型化解读》，载《政治与法律》2011 年第 4 期，第 117~120 页。

络接入服务的 IAP；提供数据库、检索、查询、论坛等网络在线服务的 IOP。[1]

以上对网络服务提供者的分类方式都意识到了应当以 ISP 的技术性特点作为其分类的依据，并以此为基础来确定对不同类型 ISP 的不同规制方式，但上述分类共同的缺陷在于：其一，分类理念基于网络服务的"技术-内容"简单对立，没有意识到网络技术本身已经超越"消极中立的第三方"，突破单纯的"信息通道"工具属性，正在不断成为网络社会空间及其内生秩序的主要承担者和建构者；其二，以上分类方式均基于当下的主流网络技术，对高速发展的网络技术走向缺乏前瞻性，无法应对即将到来的大数据、云计算和物联网时代；其三，关注 ISP 技术属性而忽视了其社会特性，对同类网络技术服务的社会功能差异重视不足，而 ISP "角色"的本质是技术属性造就的社会功能独特性。

（二）ISP 整体角色功能：网络社会认同的建构者

对网络服务提供者这一网络社会的重要力量进行有效的规制是每一个网络高速发展的国家必须面对的问题，而这一问题的讨论必须以明确 ISP 在网络社会中的角色定位为基础。笔者试图以社会学领域中的社会认同理论为切入点，深入讨论 ISP 在网络秩序和网络社会认同形成过程中的独特作用，以此作为探讨 ISP 法律责任和社会责任设计的新的视角和出发点。

1. 网络个体自我认同与社会认同的沟通力量

网络主体对更大量信息、更迅捷的交流的追求，催生了专门提供各种网络技术服务的 ISP，ISP 通过自身在终端用户中的使用率和影响力来获得商业利益。ISP 与网络终端用户间的关系决定了 ISP 会积极地寻找新的服务方式、开发新的技术手段，来不断扩展终端用户的信息获得和交流范围，在此过程中为终端用户在网络社会中的自我认同构建提供现实社会不可能具有的跨时空特性，使网络主体的自我认同表现出以下特性：其一，网络主体可以同时在不同的网络场域中存在，同时扮演不同的"自我"；这些网络"自我"与其现实社会中的"自我"交叠甚至冲突，使网络社会的主体自我认同具有更复杂的结构。其二，ISP 提供的服务创造了广泛而多样的交流形态，为网络主

---

[1] 张新宝主编：《互联网上的侵权问题研究》，中国人民大学出版社 2003 年版，第 31 页。

体的自我认同提供了前所未有的多元的参照系统,使得这种认同具有强烈的不稳定性和不确定性,任何网络空间他者的生活方式和价值选择都可能影响主体对自我意义的理解。其三,在 Web2.0 环境下,网络 ISP 所提供的交互性信息交流方式,使得网络主体不仅能够接受大量的来自他人的信息,还可以通过网络进行自我创建和自我展现。任何一种新的网络服务方式,都可以说是人类心智的扩大和延伸,我们思考什么,以及我们如何思考,都可能表现为新的财富、服务、物质与精神的产出。[1] 这些借助网络自媒体构建的"虚拟自我",一方面必然与特定主体的现实自我有一定的相关性,另一方面也可能表现出与后者强烈的反差甚至对立。可见,ISP 提供的网络服务在广泛扩展网络主体的信息来源和交流半径的过程中,既丰富了其自我认同的构建资源和展示方式,同时也对其已有的现实世界的自我认同构成了强烈的冲击和动摇。

2. 合法性认同建构的技术力量

既然包括国家法律在内的所有社会规则根本上都来源于社会团体内部的秩序[2],则任何社会由正式规则确立的合法性认同也必然以社会团体的内生性认同为基础。ISP 的网络服务模式从根本上决定了特定网络用户之间的交流和信息分享模式,因而成了沟通网络社群内生性认同与合法性认同之间的重要技术力量。如果说古典实证主义社会学的创始人涂尔干(Émile Durkheim)的贡献在于发现了现代社会"个体越来越独立却越来越彼此依赖"的重要命题[3],关于网络社会的根本性观察很可能在于:为何互联网使世界日益紧密联结为一体的同时,人们却日益难以彼此认同?为何社会行为者占有越来越多的信息资源的同时,自我却在不断瓦解?[4] 虽然两者表现形式存在差异,但其背后的根本矛盾却是一致的:社会行动者必须在特定的社会场域中寻求个体性和社会性之间的大体平衡。

网络社会中,终端用户为了满足自身的多样化需求,本能地追求个体性

---

[1] [美]曼纽尔·卡斯特:《网络社会的崛起》,夏铸九等译,社会科学文献出版社 2001 年版,第 37 页。

[2] [奥地利]尤根·埃利希:《法律社会学基本原理》,叶名怡、袁震译,江西教育出版社 2014 年版,第 103 页。

[3] [法]埃米尔·涂尔干:《社会分工论》,渠东译,生活·读书·新知三联书店 2013 年版,第 109 页。

[4] [美]曼纽尔·卡斯特:《网络社会的崛起》,夏铸九等译,社会科学文献出版社 2001 年版,第 27 页。

自由的最大化，要求尽可能少地收到社会性规范的束缚，甚至不惜以群体对抗性认同的方式来寻求局部的自由最大化。承担网络监管职责的国家权力机关，出于维护网络秩序和维持网络社会与现实社会秩序和价值的大体一致的需要，必定立足于社会利益的需求来进行正式制度设计，并致力于确立网络世界的合法性认同。而 ISP 基于自身的商业经营目的，必须充分满足终端用户的个体性需求，同时为了能够以官方权力能够接受的非匿名方式从事网络服务活动，又必须将网络服务平台中的信息交流活动控制在不至于伤害社会根本秩序的范围之内。ISP 要在这两种力量之间寻求平衡和生存之道，唯一可以依靠的就是自身的网络技术优势。因而，ISP 是以网络技术优势为依托，参与网络合法性认同建构的一种特别力量。

3. 对抗性认同的消解和控制力量

从形成机制来看，网络的对抗性认同是基于共同的对立面而在网民中形成的一个虚拟的"想象共同体"，在我国通常以对主流媒体和强势群体的不信任为对抗形成的基础。[1] 其形成过程有两个关键性环节：其一，一个含有对抗性结构的脚本的输入；其二，网络主体对输入脚本的解读方式。而 ISP 在上述两个关键环节中可以充当重要的控制或化解力量。

（1）控制含有对抗性话语结构的脚本输入。语言学的研究指明，能够直接引起对抗性认同的表述通常具有特定的话语结构，即通过"强者"与"弱者"、"穷人"与"富人"、"当权者"与"老百姓"等概念建构二元对立结构的叙事模式，从而表达自身对某些具体事件的情绪性看法或主观价值取舍。[2] 如果上述脚本表达的是客观事实，则属于公民言论自由的范畴，但如果是基于某种目的或诉求而做出的歪曲、杜撰甚至是编造，ISP 可以通过特定的技术方式予以控制：通过自身的服务协议，约定自身的网络服务用户对自身言论负责，不得发表侵犯他人权利或危害社会秩序的言论，限制话语建构脚本的任意性；在国家法律和自身用户协议允许的范围内，以"通知-删除"等方式，对存在上述严重结构问题的脚本进行删除或屏蔽；可以提供内容的

---

[1] 陈龙：《对立认同与新媒体空间的对抗性话语再生产》，载《新闻与传播研究》2014 年第 11 期，第 70 页。

[2] 陈龙：《对立认同与新媒体空间的对抗性话语再生产》，载《新闻与传播研究》2014 年第 11 期，第 70 页。

服务商，还可以主动进行脚本发布，从根本上减少对抗性脚本的输入。

（2）引导脚本的解读方式化解对抗性。如果网络主体对一个含有对抗性结构的脚本做有限性解读，即认同脚本输入者对事实的界定及其解释框架[1]，则会直接形成对抗性认同。如果网络主体对一个本身体现了合法性认同的脚本做出对抗性解读，即对脚本的解释框架做整体性否定进而代之以替代性的解释框架[2]，也可能直接导致对抗性认同的形成。最理想的状态则是网络主体对任何输入的脚本——不论其是否含有对抗性话语结构——都能做出相对理智客观的协商性解读，即在基本接受和理解的基础上做出自己的理解和修正。仅提供网络技术服务的 ISP 很难引导网络用户的解读方式，但提供内容的 B 类 ISP 则可以通过对自身发布内容的编辑、排列和取舍等方式，对其网络服务用户进行一定程度的解读方式引导。但笔者认为，对网络 ISP 的这种引导性要求，应当以不超越其网络技术性特点和不违背其服务协议所确定的网络服务宗旨为限度。

（三）ISP 角色功能之分层构造

网络技术每一次技术革新都是对人们的生活方式、交往方式、甚至思维方式的重构。在互联网发展的不同阶段，ISP 在网络社会中的技术参与方式及其社会功能都不尽相同。无论是网络社区的内生规范、互联网用户协议还是国家对网络世界的刚性立法，最终要调整的都是基于互联网技术而产生的新的网络行为以及在此基础上形成的人与人之间的社会关系。因而，要实现对 ISP 的科学类型化，必须以互联网发展的动态过程和整体阶段性特征为观察背景，实现对 ISP 社会功能的有效层次化区分，而这一区分必须在重视 ISP 的技术特征的同时，以其在具体场域中实现的社会功能为根本立足点。

1. 单向网络技术中的 ISP：信息发布者和技术支持者

Web1.0 时代，计算机虽然实现了网络互联，但用户之间无法进行互动，网络只是一个向更广泛空间范围发布和传递信息的工具。这一阶段的 ISP 主要提供的是网络硬件和软件的接入服务，或者为自己和其他用户在网络上发

---

〔1〕尹连根：《微博空间与参与性受众——基于对深圳"5·26"飙车案网民评论的框架分析》，载《上海交通大学学报（哲学社会科学版）》2014年第2期，第79页。

〔2〕Hall Stuart, Encoding, "Decoding", *The Cultural Studies Reader*, London and New York：Routledge, p. 517.

布信息，其特性是单纯的工具性和简单的商业属性。对此类 ISP 的法律规制可以采用简单的传统立法延伸模式，比照一般的产品和服务提供者设计其权利、义务和责任即可，至多需要附加一些适用于互联网技术开发的专业技术性规范。

2. 网络交互技术中的 ISP：信息搬运者和消极中立的观察者

Web2.0 使互联网具备了交互功能，大量的即时性信息交流成为可能。在原有角色基础上，出现了大量 ISP 为网络用户提供即时信息发布和即时信息传递。此阶段 ISP 的表层角色是迅捷的信息搬运工；因其交互信息的规模庞大，ISP 实际上已经具备了大数据收集和筛选、分析的潜在能力，只不过因为其商业利益主要来源于用户信息的搬运速度和规模，因此 ISP 对用户信息的真实性、合法性和可利用性等实质要素不予关注，也往往通过用户协议免除自身的实质审查责任，对海量的交互信息保持消极中立的观察态度，至多是信息的被动收集和保存者角色。此阶段 ISP 在技术上力求只对终端用户提供的信息做不同类型的忠实传递和呈现，因而对其法律责任的设计应当围绕严格的技术中立原则展开：其一，ISP 对其搬运的信息内容不负有一般性审查义务，仅对其提供的技术服务质量负责。其二，为兼顾终端用户利益和社会公共利益，ISP 应当对其明知或被告知违反法律的信息内容采取技术措施，予以屏蔽或删除。当下各国普遍采用的"避风港"规则即是对这一规制思路的典型体现。其三，要求 ISP 严守技术中立，不得对自身收集和控制的信息进行不当利用，避免潜在的信息安全风险。

3. 网络空间技术中的 ISP：网络平台建构者和大数据采集者

网络平台是指在互联网上，逐渐远离桌面操作系统，从而避免了终端用户计算机系统的限制，实现高度交互性的应用平台。[1] 网络平台的广泛出现使脱离于特定终端用户、独立存在于网络中的虚拟空间成为可能，而网络空间和网络社会的逐渐生成，造就了现实社会和网络社会同时存在的新型"双层社会"结构。[2] 此阶段的 ISP 已经超越了数据搬运者的角色，成了搭建网络平台的核心技术力量。因构建的网络空间独立于终端计算机，网络 ISP 能够合法地收集到海量的数据，成为大数据和云计算的数据基础。此阶段的 ISP

---

〔1〕 王建主编：《网络法的域外经验与中国路径》，中国法制出版社 2014 年版，第 32 页。
〔2〕 王建主编：《网络法的域外经验与中国路径》，中国法制出版社 2014 年版，第 32 页。

有独立于终端用户的利益，同时具有网络社区结构建构能力和网络行为影响力，其基础是网络平台的规模和用户保有量。由于此阶段的 ISP 提供服务和商业利益的获取主要依靠的是网络空间中的虚拟社会关系构建，其技术模式、商业利益和社会干预高度融合，因此其规制应当放弃严格的技术中立，转而从其商业意图、技术行为和社会后果三者之间的一致性上来确定其行为合法性：其一，考察 ISP 技术行为是否与其用户协议及行业规范设定的服务宗旨和服务意图相一致，由此来确定是否存在对技术和信息的滥用；其二，考察 ISP 技术行为及其社会后果之间的关联性和可控性，由此来确定 ISP 应负担何种范围上的注意义务和社会责任；其三，综合考察 ISP 的商业意图、技术行为和社会后果三者的一致性，以确定 ISP 对特定的法益损害是否存在有意的放任或可防范的过失。

4. 网络云技术中的 ISP：信息处理、利用者和行为预测者

云技术是指采用应用程序虚拟化技术的软件平台，集软件搜索、下载、使用、管理、备份等多种功能为一体，各种功能在独立的虚拟化环境中运行，达到绿色使用软件的目的。在云技术的支持下，互联网最终将发展为一台超级计算机，实现全网数据的互联和共享。ISP 将是搭建这一最终云端的主要技术力量，而全网互联的超级云将不再是单纯的数据存储和传输机器，而能够基于其所占有的海量信息实现信息再处理、利用甚至是对特定主体行为的预测。此阶段的 ISP 不但有独立于终端用户的利益，甚至可能"反客为主"——基于商业目的侵略性利用云端信息，有能力操纵现实主体的行为和生活。此阶段 ISP 法律规制的重点在于防范信息利用的安全风险：其一，确保信息采集的知情权和合法性；其二，明确已采集信息的存储、传输、加工、使用的主体和方式；其三，限定基于大数据的精准定向技术之使用范围；其四，设定诱导性网络服务的限度。

以上对于 ISP 的阶段性类型化及其法律规制重点的分析，是为了突出互联网发展不同技术模式之下，ISP 表现出的整体性宏观角色特征，并不排斥微观上某一时点，多种类型的 ISP 同时并存。例如，当下互联网发展处于网络空间时代，因此采用网络平台技术的 ISP 最为典型地体现了此阶段的互联网整体性特征，但并不排除当下同时存在单纯从事网络技术接入、网络内容发布或信息交互角色的 ISP，事实上也已经有部分 ISP 开始从事网络云服务，甚

至有些 ISP 同时提供以上各类综合的网络服务。不论某一特定 ISP 的具体服务如何复杂，最终均可分解为以上四大基本角色类型或某几类型的相互组合。因此，以上述基本角色类型来观察和研究 ISP，能够为当下和未来相当长一段时期的 ISP 类型化及其法律规制提供较为可靠的基础。

五、小结

综上所述，网络服务提供者在网络社会中的角色已经超越了单纯的技术服务提供者，逐步转化为网络社会内生秩序的主要承担者和建构者，并凭借自身的技术优势成为网络世界的新型权威。对 ISP 的法律规制如果仍然停留在现有的"技术-内容"调整框架内，势必无法应对不断更新的网络服务方式带来的全新挑战。以 ISP 的社会功能作为新的着眼点来观察和确定特定 ISP 的具体角色构造，进而明确不同角色构造的 ISP 在法律调整方面的关注重点，有助于确立 ISP 为主要建构力量的网络社会内生性规范，从而为网络世界的法律规制及 ISP 法律责任的设计提供一般性理论基础和新的分析框架。

第三章　网络服务提供者之法律地位研究

通过上一章的讨论我们已经可以明确，信息技术的深度社会化发展使网络服务提供者（ISP）由默默无闻的幕后技术支持者，转化为网络社会中举足轻重的结构性构建力量。ISP 凭借自身的技术优势成了网络社会的技术构建者、规范宰制者和社会认同形塑者。他们是网络世界和现实世界的技术联结者，同时是网络内生秩序的主要承担者和现实社会关系的新型建构者。

学界对 ISP 法律地位的认识，经历了单纯技术支持者、基于技术特征的二元化到重视其独特建构性主体地位的流变。但自始至终未能超越规范主义的本质论研究范式，完全忽视了 ISP 在网络社会中的社会功能的差异和变化，因而无法有效地回应网络服务方式的日新月异，更难以为 ISP 的法律规制提供坚实的理论基础。本章试图采用社会科学研究的功能主义进路，以信息加工深度、利益驱动强度和社会关系干预程度为三大区分维度，重构 ISP 的法律地位，深入探讨不同类型 ISP 技术模式所导致的社会功能差异，并以此为基础确定其法律地位和规制模式。

一、ISP 法律地位的认识演化

从互联网广泛进入大众生活开始，ISP 的法律地位就引起了学术界的关注。2004 年已出现专门针对网络交易中 ISP 法律地位的学术探讨。[1] 但由于互联网发展的不同阶段，ISP 在网络社会中的技术参与方式及其社会功能都不尽相同，因而对其法律地位的认识经历了一个逐步深化的过程。

---

[1] 潘霞蓉、贺振遥：《网络交易中 ISP 的法律地位初探》，载《郑州航空工业管理学院学报（社会科学版）》2004 年第 2 期，第 77~79 页。

(一) 单纯技术支持者

前 Web1.0 时代，ISP 主要为互联网的初步生成提供网络连线、IP 地址分配等网络接入服务，或者为网络终端用户提供数据库、检索、查询等纯技术在线服务。[1] 此阶段的 ISP 通常既不为互联网提供任何内容，也不干预任何网络终端用户的行为选择，只是简单而忠实地将用户的信息由网络的一个节点搬运到另一个节点，再完整呈现出来。法律界对此阶段 ISP 的认识并未有别于现实世界的其他技术服务主体，直接将规制技术服务的法律延伸适用于 ISP。技术中立原则是这一认识模式下的基本规制思路。原始的技术中立原则并不局限于对网络空间的规制，它强调将技术视为一种纯粹的手段，一种正确的可证实的因果命题，认为技术只是为其使用者目的服务的工具，技术自身并不含有任何技术目的，也不含有任何价值判断。[2] 网络技术中立原则最早由美国 1934 年《电信法》予以确立，要求将网络视为一种公共基础设施，网络技术只对数据的传输负责，而不过问传输的是什么数据，是谁的数据；更不能对所传输数据加以区别对待，不能赋予特定数据以优先权。[3]

(二) 基于技术特征的二元化

Web1.0 时代，计算机虽然实现了不特定终端用户间的广泛互联，但用户之间无法进行互动，网络只是一个向更广泛空间范围发布和传递信息的工具。此阶段的 ISP 不但可以为用户传递数据，还出现了专门向不特定终端用户公开发布数据内容的 ICP。因此，法律世界认识到有必要根据 ISP 的技术特征对其实现类型化规制，其基本理念是网络服务的"技术–内容"分立，即提供内容的 ICP 要对自身发布的信息内容合法性负责，如果该内容侵犯他人权利，则 ICP 负直接侵权责任（严重时可能是刑事责任）；仅提供技术支持而不直接提供网络内容的 ISP 依据自身的技术特点不同，承担不同程度的间接责任（直接责任由信息的发布者承担）。在 ISP 明知其服务对象有侵犯他人权利的行为却仍然提供帮助的情况下，ISP 与侵权行为人承担共同侵权责任；如果 ISP 负有"采取合理、有效的侵权预防措施"的注意义务而未能履行，则应

---

[1] 张新宝主编：《互联网上的侵权问题研究》，中国人民大学出版社 2003 年版，第 31 页。

[2] 郭冲辰、陈凡、樊春华：《论技术的价值形态与价值负荷》，载《自然辩证法研究》2002 年第 5 期，第 37~57 页。

[3] 燕道成：《"网络中立"：干预性的中立》，载《当代传播》2012 年第 4 期，第 5 页。

以"过失"承担连带责任。[1]

(三) 具有建构能力的独特主体

Web2.0 使互联网具备了交互功能,大量的即时性信息交流成为可能。ISP 在网络社会的角色由信息搬运者和消极中立的观察者向网络平台的建构者和大数据采集者转化。ISP 在远离终端用户桌面操作系统的网络空间搭建高度交互性的应用界面[2],借助网络接口技术将海量的终端用户联结起来,通过提供一系列产品或服务,实现双边或多边客户群的相互沟通。这种被称为"网络平台"(Internet Platform) 的中间网络信息系统表现出有别于单一网络服务的综合性和复杂交互性,迅速成为网络发展的中坚力量,同时也成为网络世界矛盾纠纷和利益冲突的中心[3],因此也是法律规制的关注重心。法学研究者们逐渐意识到以网络平台、云技术和大数据为代表的网络技术服务,带来的绝不仅仅是数据使用方式的改变,而是人类生产生活方式和社会关系的深刻变革。ISP 势必成为法治中国建设过程中多层次、多领域共享共建模式中不可或缺的独立主体[4],应当与关键性基础设施和网络信息一起,被视为信息网络法律集中调整的三大核心对象[5]。

可见,法律世界对 ISP 法律地位的认识经历了一个逐步深化的过程,日益清醒地意识到 ISP 在网络社会中独特的建构性地位。但到目前为止,上述对 ISP 法律地位的认识仍然停留在概念主义法学的本质论研究范式之下。该范式强调法学方法论的任务是:将既存的事务以教条形式排定在由规则组成的架构下,由预先以规则排序的体系的特定位置,通过推论而导出特定的法律效果。[6] 上述研究立场导致当下对 ISP 法律地位的研究存在以下难以克服的困境:其一,囿于现有的法律概念体系和法律关系框架,只能跟跄追随网

---

[1] 冯术杰:《论网络服务提供者间接侵权责任的过错形态》,载《中国法学》2016 年第 4 期,第 179~197 页。

[2] 上海交通大学舆情研究实验室:《网络社会治理研究综述》,载谢耘耕、陈虹主编:《新媒体与社会》(第 11 辑),社会科学文献出版社 2014 年版,第 92 页。

[3] 周汉华:《论互联网法》,载《中国法学》2015 年第 3 期,第 23 页。

[4] 马长山:《法治中国建设的"共建共享"路径与策略》,载《中国法学》2016 年第 6 期,第 5~22 页。

[5] 周汉华:《论互联网法》,载《中国法学》2015 年第 3 期,第 23 页。

[6] 许可:《网络虚拟财产物权定位的证立——一个后果论的进路》,载《政法论坛》2016 年第 5 期,第 47~56 页。

络技术革新的脚步,对高速发展的网络技术走向缺乏前瞻性设计,无法应对即将到来的大数据、云计算和物联网时代;其二,没有意识到网络技术本身已经突破单纯的"信息通道"工具属性,正在不断成为网络社会空间及其内生秩序的主要承担者和建构者,即使有所觉察也缺乏有效的分析框架予以应对;其三,完全忽视了 ISP 技术行为的社会属性,对 ISP 技术行为的构成复杂性和社会功能差异重视不足。上述缺陷导致现有对 ISP 法律地位的理解和相应规则设计流于简单粗糙,难以改变法律世界面对日新月异的网络科技浪潮时"头痛医头、脚痛医脚"的被动局面。

二、功能主义视角下的 ISP 法律地位重构

功能主义研究视角的引入,有助于克服上述本质论研究范式所带来的诸多问题。功能主义研究范式发轫于社会科学领域的实证主义传统,由帕森斯(Talcott Parsons)首倡,至默顿(Robert King Merton)予以全面发展[1],在社会科学研究中影响深远。法学领域的功能主义研究立足于对法律实证主义本质论的批判,否认法律是一种自洽的实体,要求通过目标理解法律,以法律的社会效果判断他们的合理性。[2]本书试图采用功能主义视角研究 ISP 的法律地位,以实现以下基本思路的转换:其一,不再纠缠于特定 ISP 究竟应当定性为何种法律主体,而是以其在网络社会中实际的功能为出发点,探索其法律义务和责任原则。其二,不认为任何一个绝对统一的标准足以实现对 ISP 的类型化,而是立足于 ISP 的社会功能,设计一组有延展性的分析维度,使任意特定 ISP 皆可被定位于各维度的某一交叉节点,从而足以确定该 ISP 在法律世界中应当担负的法律义务和法律责任。其三,不以 ISP 的技术属性作为确定其法律地位的唯一标准,承认同一技术类型的 ISP 可能具有不同的社会功能属性。

---

[1] 文军主编:《西方社会学理论:经典传统与当代转向》,上海人民出版社 2006 年版,第 123~135 页。

[2] 郑智航:《比较法中功能主义进路的历史演进——一种学术史的考察》,载《比较法研究》2016 年第 3 期,第 1~14 页。

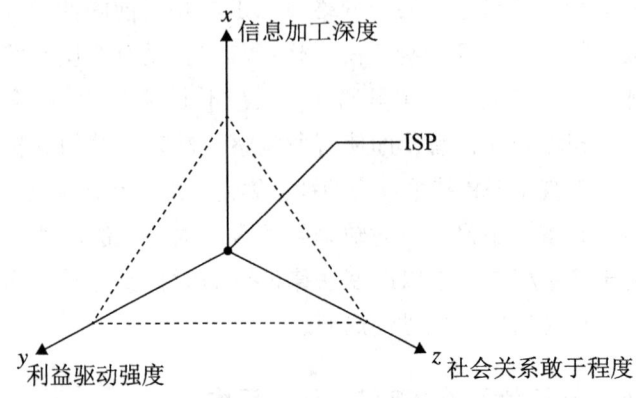

图 3-1　ISP 法律责任构建三大基本维度

（一）信息加工深度

网络信息加工深度是指特定 ISP 对网络世界中流动的海量信息内容的实际控制、加工和利用程度。信息时代人们生产、生活、管理等一切活动，均以信息或数据的形式被记载和利用，信息真正成为战略性资源，成为推动社会发展的决定性力量。[1] 不同类型的 ISP 的技术特征，很大程度上取决于其对网络信息的加工方式。现行法律规范和大多数的理论研究，仅仅依据 ISP 是否直接提供了网络信息，将其分为技术服务提供者（ITP）和内容服务提供者（ICP）两类。事实上，不同网络技术服务对信息的加工层次远比"技术-内容"的分立要丰富得多。根据 ISP 对网络信息的控制、利用方式和改造程度不同，可以将 ISP 区分为以下层次并科以不同的法律义务：

1. 信息无涉型

此类 ISP 担负的主要角色是通过硬件或软件设备的联结，搭建起网络信息传递的物理渠道，既不提供任何数字信息，也不对自身提供的信息通道中流动的信息享有控制权。包括网络服务器租赁商、网络接入服务提供者等均属于此类 ISP。它们仅对所提供设备或服务的产品质量承担过错责任。

2. 非干预性处理型

此类 ISP 服务模式表现为对他人提供的网络信息进行存储、传输、显示等镜像式处理，其行为特征在于对已存在信息不加任何更改地转移和再现。

---

[1]　周汉华：《论互联网法》，载《中国法学》2015 年第 3 期，第 23 页。

比之信息无涉性 ISP，此类 ISP 与网络信息的关涉度有所加强，但只是信息的忠实搬运者，仅对其所运送信息的完整性和忠实性负责。其注意义务应当限于不得以用户指定的方式之外的其他手段使用该信息，一般不应要求其对所处理信息负实质审查责任。但鉴于此类 ISP 通常有强大的数据跟踪、调用等潜在能力，可以要求其在接到有权国家机关（如人民法院或信息产业监督管理机构）的指令时，采取措施协助维护网络秩序和安全，例如采取措施拦截特定网络信息、监控或阻断非法账户或提供特定信息作为证据。

3. 干预性利用型

在网络平台和大数据环境下，ISP 掌控的大规模数据可能完全来自用户的自愿提供，但对这些数据的有目的性利用却可能给 ISP 带来巨大的利益。如果 ISP 主动对非由自身提供的网络信息进行内容改变、选择性使用或针对特定主体有目的推送，则应当认为该 ISP 对网络信息进行了干预性利用，必须证明其利用行为本身具有合法性，并为其利用行为的社会效果承担责任：其一，其信息收集行为必须有法定或约定的合法性基础；其二，其信息利用方式需由提供信息的用户知情并认可；其三，其信息利用行为不得损害信息提供者或第三方的合法权益。

4. 信息内容提供型

如果 ISP 的服务并不基于他人上传至互联网的信息，而是直接向网络世界提供新的信息内容，则应当对自身发布的信息负有全面的实质审查义务并承担直接侵权责任。一旦侵害他人权利，不得以技术中立为理由要求免责。如果特定 ISP 同时提供上述多种信息加工程度不同的网络服务，则应具体考察导致损害的行为属于哪一种信息加工深度，并以此作为确定其责任形式的主要依据。

（二）社会关系干预程度

从结构功能主义社会学的立场出发，任何社会系统的外在功能表现均取决于该系统的内在结构性特征。网络社会的结构则是由网络虚拟世界中的人与人之间的关系网络（Network）型构而成的。网络社会关系和现实社会关系相互连通、相互作用，造就了当代社会生活的"双层空间，虚实同构"。[1]

---

[1] 此表述为笔者参加上海交通大学凯原法学院主办的"第二届中国法社会学年会"（2017 年）时，马长山教授在大会主报告中提出的观点。笔者根据主讲人的口述记录而成，记录时间为 2017 年 9 月 15 日。

ISP作为网络虚拟世界和现实世界的联结者，对双重空间内的社会关系都有不可忽视的干预和影响能力。对社会关系的干预程度不同，也决定了对网络秩序生成和现实社会秩序维护应当承担的责任不同。

1. 非干预性服务

如果ISP提供的网络服务仅为已存在特定社会关系的主体之间进行交流和互动提供便捷的工具或渠道，不对其他社会公众开放，也未对主体之间的原有社会关系做出任何损益，则可以认为其社会功能在于实现已有社会联系的便捷化，并未对现实社会交往结构产生本质性影响。[1] 此类ISP只对自身技术服务的合法性和有效性负责。

2. 虚拟建构性服务

如果ISP不仅是为已经存在社会关系的特定主体提供便捷沟通工具，而是在开放的网络平台上针对不特定主体设定活动主题，制定交往规则，或是在用户之间原有的关系基础上增加新的网络社会关系，甚至根据大数据分析结果对用户的网络行为进行引导，这类ISP对网络用户行为和社会关系介入相当深入[2]，明确影响了相关主体在网络社会中的虚拟社会关系。此类ISP应当对其构建的新型网络秩序的合法性和安全性负责，承担较其他类型ISP更高的信息安全义务。在因其过错导致损害时，此类ISP应与直接侵权人共同承担连带责任。

3. 现实建构性服务

此类ISP提供的网络服务不仅对网络世界中的虚拟社会关系产生影响，而且将该影响延伸至现实社会，型构了现实社会关系。通常表现为基于开放空间大数据的收集、分析和利用，对社会主体未来的行为或行为可能性提供预测。此类ISP需要对其信息来源的合法性、利用方式的合法性、相关社会主体的信息安全等问题负有更为全面的注意和保护义务。

（三）利益驱动强度

任何社会主体的行为选择，都受到其内在动机的支配。不同动机支配下

―――――――――――――

〔1〕 如澳大利亚《电信法》明确规定了自然人及其雇员之间的通讯服务、法人与其雇员或与其有合作关系的其他主体之间的通讯服务、政府机构之间的通讯系统均属于非公众性服务。参见中央网络安全和信息化领导小组办公室、国家互联网信息办公室政策法规局编：《外国网络法选编》（第3辑：澳大利亚），中国法制出版社2016年版，第24~84页。

〔2〕 刘文杰：《网络服务提供者的安全保障义务》，载《中外法学》2012年第2期，第402页。

的相同外在行为，在法律世界中可能意味着不同的性质，从而导致不同的权利、义务和责任。根据 ISP 提供网络服务的主观动机不同，可以将其区分为以下层次并对应以不同的法律责任范围：

1. 公益驱动型

如果 ISP 提供服务出于实现公共利益或无偿服务于公众等目的，既不向服务对象收取服务费用，也未通过广告、宣传、产品推广等形式获取经济利益，则可认为其属于公益驱动型 ISP。此类 ISP 通常只对自身故意行为导致的侵害负赔偿责任，且赔偿范围仅限于自身过错所导致的直接损失。政府机构开发的公共服务网站、完全致力于社会慈善的网络服务以及民间互助性论坛都属于此类 ISP。

2. 直接利益驱动型

如果 ISP 提供服务采取直接向服务对象收取费用的方式，则可认为是直接利益驱动型服务。此类 ISP 应当按照服务协议或双方约定的范围和内容承担经济赔偿责任，在无明确约定情况下，承担合同法意义上的合理赔偿责任；造成第三人损害的，承担侵权法上的全面赔偿责任。

3. 间接利益驱动型

如果 ISP 向用户提供服务并不收取任何费用，但通过广告、品牌宣传、产品推广、市场占有等方式获取了间接利益，也应当认为其服务存在利益驱动。此类 ISP 如果侵犯了他人的权利，应当按照实际造成的损失负赔偿责任。

4. 复杂利益驱动型

值得注意的是，与提供单一性网络服务的 ISP 不同，提供网络平台服务的 ISP 营利方式具有隐蔽性，不能简单依据其是否就某一行为直接获利来判断其是否有利益获得。绝大多数的网络平台采用允许终端用户免费使用其网络空间和技术服务的方式来形成其稳定的客户群。因此，从 ISP 与任意终端用户的服务协议来看，其服务均属无偿提供。此类 ISP 的主要利益也不在于服务费或广告收益，而在于平台用户保有量所创造的品牌影响力和增值服务。因此，网络平台关联的任何一类用户群的行为变化都会直接或间接地影响网络平台的利益取得。[1] 对于此类 ISP，认为其提供的是公益性服务显然是不合适的，其赔偿责任范围应当按照其造成损害的客观社会后果予以综合判定。

  上述三大维度均对 ISP 法律责任的构成有重要影响，但笔者认为三者的影响方式和作用强度不是简单的并列，而是层次化递进，且在不同的具体问题域中，呈现出相互交叉的动态关联状态。笔者认为，总体而言上述三大维度对 ISP 责任设计的影响力强度呈依次递减关系：其一，"信息加工深度"从根本上决定了特定 ISP 在网络社会中的基本角色和服务方式，因此，该维度对 ISP 所有法律责任的构造和判断均有不可忽视的影响力甚至是决定性，在 ISP 任何一种责任的讨论中几乎必然涉及。其二，"信息加工深度"侧重于对 ISP 客观技术特性的描述，"社会关系干预度"则是在明确特定 ISP 技术服务特性基础上，针对其对相关主体之间社会关系的影响程度的考量。法律体系归根结底是以调整主体之间的社会关系为目标的。因此对 ISP 责任设计，要考虑其对主体间社会关系的干预程度。但此维度的考察并不一定直接影响所有 ISP 所有责任的设计，对采用智能算法、偏好推送等积极干预行为的 ISP 的影响更为集中。笔者认为，随着大数据利用和算法升级，这一维度的影响力会不断上升。其三，"经济利益驱动强度"相对于上述两维度的影响力又稍微减弱。对于相当一部分 ISP 的法律责任而言，是否获得以及如何获得经济利益，并不影响法律责任的形成；但不可忽视的是，在另外一些 ISP 法律责任的构成中，经济利益存在与否是重要的评价因素。例如，在 ISP 合同责任中，ISP 进行的是有偿还是无偿服务，决定了其应当负何种注意义务；在 ISP 特定罪名的犯罪构成中，经济利益的存在是必备的构成要件（如"快播"案涉及的"传播淫秽物品牟利罪"）；在多种类型的 ISP 法律责任认定过程中，ISP 的经济利益驱动强度是判断其主观状态的重要因素；在大量涉及经济赔偿的责任形式中，ISP 获益方式是确定其赔偿范围和数额的重要考量因素。因此，笔者在讨论 ISP 不同性质的法律责任的过程中，分别讨论了三大维度的不同具体影响。

---

[1] 例如，在腾讯公司诉 360 的"3Q 大战"中，360 公司开发的软件只是以技术方式屏蔽掉了腾讯 QQ 平台的附加服务，并没有直接影响 QQ 即时通讯系统的正常运转，但这一技术措施，却严重影响了 QQ 的用户规模和客户保有量，使其变成了一只"裸企鹅"，从而严重影响了 QQ 作为一个网络平台的盈利方式的实现，因而构成了不正当竞争。参见张江莉：《互联网平台竞争与反垄断规制——以 3Q 反垄断诉讼为视角》，载《中外法学》2015 年第 1 期，第 264~279 页。

三、ISP 法律地位之保障原则

社会规范是指特定群体共同创造出来的，用来约束和指导其行为、调整其相互关系，要求群体成员共同遵守的价值标准和行为准则。[1] 这些规范以命令、禁止、偏好和许可的形式来表达，同时借助于制度性价值而合法化。[2] 研究特定主体遵循的规范体系，有助于从根本上认识其与其他社会主体的区别，从而有效地确立该主体在社会中的整体地位。ISP 作为网络社会的重要构建力量，其规范体系根本上由网络社会关系决定，并集中反映网络社会关系的内容和特质；而规范体系作为联结 ISP 与其他网络主体的重要纽带，反过来为其社会功能的研究探讨提供基础和路径，对维持其社会角色和法律地位的稳定性有着重要的作用。作为支撑网络世界的三大核心力量之一[3]，ISP 法律地位的稳定性必须依赖网络社会技术规范、"软法" 规范和刚性规范的共同维护。

（一）以 "有限网络技术中立" 为核心的价值立场

作为支撑网络世界的三大核心力量之一[4]，ISP 一方面必须满足终端用户的个体性需求，另一方面又必须将网络服务平台中的信息交流活动控制在不会伤害社会根本秩序的范围之内。ISP 要在这两种力量之间寻求平衡和生存之道，唯一可以依靠的就是自身的网络技术优势。因而，ISP 以网络技术优势为依托，形成了有别于终端用户和网络监管权力机构的独特的价值规范。

网络技术中立原则最早由美国 1934 年《电信法》予以确立，要求将网络视为一种公共基础设施，网络技术只对数据的传输负责，而不过问传输的是什么数据，是谁的数据；更不能对所传输数据加以区别对待，不能赋予特定数据以优先权。[5] 在该原则之下 ISP 应当恪守以下基本价值立场：其一，ISP 应以平等方式对待网络数据传输，不得因自身的商业利益给予其中某些数据

---

[1] 邹晓玫：《法学教师职业共同体之规范体系研究》，载《未来与发展》2013 年第 11 期，第 11～19 页。
[2] 欧阳锋、徐梦秋：《科学规范论——默顿的视野》，商务印书馆 2012 年版，第 23 页。
[3] 邹晓玫：《网络社会认同之建构——兼论网络服务提供商的角色定位》，载《理论月刊》2016 年第 8 期，第 157～162 页。
[4] 邹晓玫：《网络社会认同之建构——兼论网络服务提供商的角色定位》，载《理论月刊》2016 年第 8 期，第 157～162 页。
[5] 燕道成：《"网络中立"：干预性的中立》，载《当代传播》2012 年第 4 期，第 5 页。

传输或服务以优先权;其二,网络用户可以通过协议方式自由选择某类 ISP 中的某一个为自己提供网络服务,ISP 在用户面前地位平等;其三,负有网络监督管理权的主体,应尊重网络中立属性,不得对 ISP 进行过度干预以保护特定网络利益主体。

网络中立原则体现了人类在网络世界的平等追求,因而在互联网发展初期有积极作用,但随着互联网技术现实影响的不断深化,网络社会研究者越来越认识到网络中立必须是一种"干预性的中立"[1],笔者认为 ISP 的网络技术中立必须受限于以下条件:其一,在具备技术可能性的前提下,ISP 不能以技术中立为理由,放任其网络技术对用户权益造成伤害;其二,ISP 无权以技术中立为理由,对抗监管者基于公共秩序要求而做出的法律限制。

(二)遵循技术规范鼓励科技创新

ISP 的规范保护以追求发展为宗旨,而 ISP 发展之核心在于技术创新。在"技术为王"的网络社会,ISP 搭建的互联网平台构成了网络社会各方主体信息交换和利益实现的枢纽,对网络交互的基本秩序和各方的行为方式有深刻的构建力和影响力。有别于一般的技术规范通过调整人与自然的关系来间接作用于社会关系,网络技术规范直接确定网络社会中的交流模式。因而,网络社会中的技术规范构成了其他社会规范的坚实基础,同时也是 ISP 实现技术创新的根本保障。要确认和保护 ISP 的法律地位,必须在以下限度内承认网络技术规范的有效性和优先性:其一,ISP 技术开发过程中普遍遵循的技术规范被确认为网络法律之内容,国家的刚性立法以此为基础,并不与之相违背;其二,ISP 在现有的技术基础上,创造新的技术应用模式或商业运营模式,可合法取得该服务的商业利益,并因此获得同业竞争优势;其三,ISP 对上述技术优势基础上合法获得的网络信息有优先利用权,在不违反法律禁止性规定和合同约定的前提下,可就上述信息的利用优先受益。

(三)促进"软法之治"实现共建共享

网络社会特有的扁平化和去中心化社会结构,加之网络终端用户的匿名性,使网络社区的内生性规范具有更突出的作用,可以说初始状态的网络社会是完全依靠内部产生的柔性规范来维持基本秩序的。世界各国的互联网治

---

[1] 燕道成:《"网络中立":干预性的中立》,载《当代传播》2012 年第 4 期,第 5 页。

理经验表明，强调多元利益相关方的共同责任，充分发挥网络社会多层次主体的规范建构能力，构筑多元治理格局，是网络法治的必由之路。从国内的互联网发展实践来看，以提供网络平台服务的 ISP 为主导的民间力量，为应对自身遭遇的交易问题，正在积极构筑以交易规则、行业自律规范和交易习惯等为内容的"软法"体系。以阿里巴巴争议处理规则、支付宝争议处理规则、淘宝虚假交易认定和处罚规则等为代表的 ISP "软法"规范，不但在网络社会活动中确实发挥了有效的秩序建构作用，还成了国家互联网立法的平行力量，在国家法尚未有所反应的自由"飞地"中发挥着更为积极、主动的建构性作用。[1] 要充分发挥 ISP 的"软法"优势，确认其网络社会民间法建构中的主体地位，必须承认并重视网络社会"软法之治"的有效性和必要性。

（四）确立"辅助原则"规范网络立法

辅助原则（Subsidiarity）最早由二战之前的天主教会提出，后成为世界各国处理个人、社会和国家关系的重要原则。其核心理念在于：在特定公众或组织无法自主实现某种目标时，高一层级的组织应该介入，但仅限于出于保护他们的目的；高一层级的社会组织只能处理低一层级的社会组织无法独立处理而高一层级的社会组织能够更好地完成的事务。[2] 网络社会是一个初步生成并处于高速发展变化中的虚拟世界，ISP 的网络服务模式从根本上决定了网络用户之间的交流和信息分享模式，因而是建构网络内生秩序和确立合法性认同的重要技术力量。国家立法作为社会的正式规则，其确立必然以社会团体的内生性秩序为基础。对 ISP 这样一支处于创新高峰期的技术力量，其法律设计必须以 ISP 及相关网络主体通过自主意志创设的内生性规范为优先规范，国家立法仅在 ISP 的网络行为负效应溢出于现实世界时，才应进行适度的干预，目的仅限于限制其对社会基本秩序和公众利益造成伤害。

四、小结

网络社会发展进入平台时代，ISP 成为互联网世界的主导性力量和最活跃

---

[1] 马长山：《法治中国建设的"共建共享"路径与策略》，载《中国法学》2016 年第 6 期，第 5~22 页。

[2] 熊光清：《从辅助原则看个人、社会、国家、超国家之间的关系》，载《中国人民大学学报》2012 年第 5 期，第 68~75 页。

的增长点。网络服务提供者的角色早已超越了单纯的信息搬运者，表现出技术上的复杂交互性和强烈的社会规范、社会认同建构倾向。学术界对于 ISP 法律地位的认识经历了单纯技术支持者、基于技术特征的二元化到重视其独特建构性地位的流变。规范主义的本质论研究范式忽视了 ISP 在网络社会中的功能差异和变化，功能主义的研究进路有助于突破现有的认识局限。以信息加工深度、利益驱动强度和社会关系干预程度为三大区分维度，更为有效地确定特定 ISP 的法律地位，从而为其法律规制提供科学的理论依据。网络社会的技术中立、"软法"规范和辅助原则等共同构成的规范体系能够有效地维护 ISP 法律地位的稳定性。

第四章 ISP民事责任体系研究

第一节 ISP侵权责任体系研究

自互联网法治化治理进入法学研究和司法实践视野之日起,网络服务提供者的侵权责任始终处于国际国内探讨与争议的焦点,在4495篇以网络服务提供者法律责任为主题的研究文献中,关注ISP侵权责任的研究成果就有4344篇之多,占总体研究成果的96.64%[1],这本身就说明了ISP侵权责任在理论和实践中的重要价值。而在所有ISP侵权理论的研究中,有31.47%的文献(共计1367篇)以ISP的间接侵权责任为研究对象,可见ISP间接侵权责任的设计,是其侵权责任体系的热点与难点。本节内容将主要围绕ISP侵权的理论和实践展开,对争论最为集中的间接侵权问题予以重点关注。

值得澄清的问题是:事实上"直接侵权"与"间接侵权"之分类,最初仅适用于版权侵权领域,然而理论界对ISP的侵权研究中广泛采用"间接侵权"的用法,且已经在一定程度上形成交流的共同语境。故虽然本章讨论之内容涉及ISP侵权的各个领域,并不局限于版权侵权范围,但为了行文的方便,仍然采用"直接侵权"用以指称ISP以自己的行为直接侵害了他人合法权利的情形;以"间接侵权"指称ISP作为第三方,由于自身的过错对他人的侵权行为起到帮助或其他辅助作用而应承担侵权责任的行为。

按照笔者在本研究第一章中的界定,本章中"网络服务提供者"(ISP)

---

[1] 以上数据来源于中国知网(CNKI)数据库,按照不同主题词搜索的结果计算而得,最后检索时间:2019年9月8日。

包括各种类型网络服务的提供者；以 ISP 提供服务的技术特点为依据，将其分为"互联网信息服务提供者"和"互联网技术服务提供者"两大类。互联网信息服务提供者（ICP）是指为互联网或网络用户提供信息内容服务的 ISP；互联网技术服务提供者（ITP）是指不提供信息内容，也不对用户提供的信息内容进行实质性改变，仅仅为网络用户提供技术服务的 ISP。

一、ISP 侵权的研究价值

网络服务提供者侵权责任研究的重要价值并非单纯来源于学者的学术兴趣，而是由于该制度设计处于联结网络虚拟社会与传统法律体系的关键地位，并对整个互联网产业的整体发展有举足轻重的影响力。

（一）网络社会结构和网络产业发展的枢纽

ISP 是网络社会的重要建构力量，处于联结终端用户、技术开发者和公共监管者的"结构洞"[1]位置；是互联网产业技术创新和服务模式革新的主要承担者；ISP 对其他各主体的网络行为有技术监控能力和重大影响力。ISP 侵权责任的制度设计，决定了其从事网络服务需要担负的制度成本大小，对激发或抑制 ISP 创新动力有着举足轻重的作用。可以说网络世界的任何权利的保护或任何对权利的侵害行为都必须经由一个或数个 ISP 所提供的网络服务才能实现。一方面，ISP 每一次服务技术的革新都可能对网络主体的既存权利构成新的威胁；另一方面，ISP 的技术服务被不同的行为主体处于不同的目的加以利用，可能对网络社会关系和各项权利产生不同的影响。前者使网络主体的各项权利不断面临新型直接侵权行为的挑战，后者则使网络社会潜藏着种种间接侵权的风险。正是因为 ISP 在网络社会结构中所处的这一特殊现实地位，才使得 ISP 侵权责任成为互联网立法的最初热点和持续增长点。

（二）信息时代带给法律世界的最大现实挑战

网络信息技术在各个层面给传统社会生活带来了颠覆性改变，但依托于社会生活的连续性和网络虚拟世界与现实世界的关联性，绝大多数的法

---

[1] 结构洞是指在特定社会关系结构中，联结无任何关系的两个行动者的关键性第三者。参见陈远、刘欣宇：《基于社会网络分析的意见领袖识别研究》，载《情报科学》2015 年第 4 期，第 14 页。

律规范尚可一定程度上自然延伸至互联网领域，实现或部分实现规制作用。但 ISP 的出现，使网络世界中的两个终端用户在互相匿名情形下可以建立关联、交换信息甚至开展交易。这种实质性的联系必须以特定 ISP 为关联结点方能建立，而一旦发生侵权纠纷，真正的侵权主体的现实身份难以被确定；或侵权人能够确定，但权利人向侵权人主张权利成本巨大。在此情形下，作为关联结点 ISP 便被推到前台。较之于真正的侵权人，ISP 是身份易于明确、有责任承担能力的非直接责任人，法律应当要求其承担法律责任以保护被侵权人的利益，还是排除其责任以保障 ISP 不因终端用户的行为而背负过重的制度负担，自然成为关乎公民权利保护和互联网产业发展的重要论题。ISP 的侵权责任设计，既要考虑事实层面的 ISP 技术属性和行为内容，又必须明确法律层面的价值判断、归责原则和主观状态，且要在"事实与规范之间"实现"目光的往返流转"，寻找到各方现实利益的法律平衡点。

（三）ISP 法律责任体系中承上启下的关键位置

ISP 侵权责任的确定，不仅是解决侵权法律实践问题的需要，还关系着整个 ISP 法律责任体系的构建。其一，ISP 的侵权与否，联结着各种网络新型权利的权利内容和权利边界，甚至反向塑造着上述权利的内涵和外延之界定。如果不能清晰地描述权利，则无法确定何为 ISP 之侵权行为；反之，ISP 侵权责任的判断原则及标准不能形成完整、统一和确定性的理论构造，则相关法律规范对网络社会新型权利的描绘难以定型，更难以实现有效的保护。其二，ISP 的侵权责任是其负有的法律义务的逻辑产物。法律责任是违反法定义务而产生的不利结果，若要明确 ISP 特定行为构成侵权，必须以法律规范的形式确定其第一性义务，否则其侵权的结论缺乏法律基础和判断依据。因此，ISP 侵权责任的定位和制度设计，离不开所有相关先行性义务的讨论与确立。其三，ISP 特定行为是否应当、何种条件下应当以及应当承担何种侵权责任的讨论，对 ISP 行政责任乃至刑事责任的构造都具有重要的先行意义，是后两者的重要先行条件。行政责任的存在必须有先行违法行为为条件才可能存在，而是否侵害了特定法定权利，是判断违法前提的重要内容。作为对违法行为最严厉的规制手段，刑事责任必须针对 ISP 极端严重的社会危害行为。如果对 ISP 特定行为是否构成侵权、如何认定侵权以及侵权要承担何种侵权责任尚无定论，则 ISP 刑事责任的确定要么过于草率，要么只能含糊其辞、语焉不详。立法研究和司法实践中，确实存在对 ISP 的特定中立技术服务到底是否构成侵权有争议，导致相关 ISP 刑事责任的存在与否有更大的争议。很难想象，如果 ISP 的某种行为被民事司法认为不构成侵权，而刑事司法却要将同一行为认定为犯罪，追究其刑事责任。

二、研究进展及各法域立法成就

（一）ISP 侵权责任研究的发展脉络

法学领域对 ISP 侵权责任的研究开始于 20 世界 90 年代末，随着国内外立法规范的渐次出台呈现出快速增长的趋势，在 2014 年前后达到研究高峰，至今仍处于研究热点状态。从研究成果的规模和关注内容来看，主要可以描述为以下几个阶段：其一，1997 年至 2000 年，开始出现零星研究成果，主要关注网络版权的保护。其二，2000 年至 2005 年，最高人民法院于 2000 年发布了《关于审理涉及计算机网络著作权纠纷案件适用法律若干问题的解释》并于 2004 年再次修订，引发了学界的研究兴趣。研究成果明显增多，研究对象从网络著作权向商标权[1]、电子商务[2]、不正当竞争[3]等领域扩展；开始全面引介其他国家相关立法，并出现了对 ISP 侵权一般性理论的研究和探讨。其三，2006 年至 2010 年，随着《信息网络传播权保护条例》发布实施，ISP 侵权研究进入快速增长阶段，研究主题呈现广泛和深入发展：开始对不同类型 ISP 的侵权责任展开专门性探讨，对"网络信息传播权"这一新型权利和美国《数字千年版权法案》所创设的"红旗标准"[4]和"避风港规则"[5]的关注最为集中，并出现了对 ISP 侵权具体构成要件的探讨。其四，2011 年至

---

[1] 张爱东：《网络服务提供商的法律责任认定———起网上交易引发的商标侵权案评析》，载《山东审判（山东法官培训学院学报）》2005 年第 5 期，第 115~116 页。

[2] 张虹：《网络服务提供者的民事责任问题浅析——以欧盟电子商务指令中的相关规范为中心》，载《河北法学》2005 年第 1 期，第 108~110 页。

[3] 秦燚、蒙柳、郑友德：《违反竞争法的网络广告之法律责任》，载《网络法律评论》2004 年第 2 期，第 170~181 页。

[4] 江波、张金平：《网络服务提供商的知道标准判断问题研究 重新认识"红旗标准"》，载《法律适用》2009 年第 12 期，第 52~57 页。

[5] 史学清、汪涌：《避风港还是风暴角——解读〈信息网络传播权保护条例〉第 23 条》，载《知识产权》2009 年第 2 期，第 23~29 页；李静：《澳大利亚网络服务提供商责任的认定：以 iiNet 案为例》，载《电子知识产权》2010 年第 6 期，第 80~84 页。

2014年，ISP侵权研究呈现爆发性增长，每年发表的研究成果均在400篇以上，前期各阶段关注的热点开始出现高水平研究成果。关注热点从ISP责任设定转向责任限制，从具体制度问题探讨转向整体理论建构。其五，2015年至今，研究热度稍有回落，但仍在高位运行。研究成果集中于对现有规范制度合理性的反思[1]和ISP过错形态的争论[2]；对不同类型ISP的服务模式及责任模式全面展开专门性讨论，并形成了对网络立法的整体性研究。研究深入程度和成果水平明显提高。

（二）世界各法域的代表性立法成就

从世界范围内来看，各国家和地区都很重视ISP这一互联网产业的中坚力量的法律规制，从各自的国情和网络发展战略出发，制定了各具特色的网络立法，其中对ISP间接侵权责任的设计也不尽相同：

1. 美国：从严到宽的网络立法领跑者

美国作为互联网的诞生地，互联网立法也早于世界其他国家，1995年美国发布的《NII智慧财产权白皮书》提出ISP应当对第三人通过互联网进行的著作侵权行为负责任，不论其是否知悉该侵权行为或是否采取了必要措施阻止侵权的发生。[3]该责任设计出于政策的便利性考虑，但却遭到法院判例的抵制，最终在国会投票中被否决。次年颁布的《通讯端正法案》明确了任何网络服务提供者不应当被视为他人提供的信息的公布者或发言人，确立了ISP在网络名誉侵权中的责任原则。1997年的《网络著作权责任限制法案》明确规定了在六种情形下，ISP就他人之侵权行为可以免除直接或代理侵权的民事责任[4]，成为次年颁布的《数字千年版权法》（DMCA）中ISP责任体系设计的主要内容来源。DMCA代表了美国网络侵权立法迄今为止的最高成就，其中确立的ISP一般性免责事由、四种不同类型的ISP的具体免责条件及"通

---

[1] 徐伟：《网络侵权治理中通知移除制度的局限性及其破解》，载《法学》2015年第1期，第131~141页。

[2] 杨立新：《网络平台提供者的附条件不真正连带责任与部分连带责任》，载《法律科学》2015年第1期，第166~177页。

[3] 郭杰：《美国著作权法ISP责任之演进》，载《法制与社会发展》2003年第6期，第123~126页。

[4] 这六种情形是：①非将资料载入网络者；②非制作、选择或修改该资料内容者；③未就资料的接收为决定者；④未就特定侵权行为直接获利者；⑤未就资料为赞助、支持或促销者；⑥不知或未自通知或其他信息得知该资料系侵权之物，或系法律所禁止接触者。参见DMCA第512条第（a）款。

知-删除-反向通知"的 ISP 间接侵权争议处理办法[1],直接对意大利、英国、加拿大等国的相关立法产生了影响,也是我国 2006 年颁布(2013 年修订)的《信息网络传播权保护条例》中主要参考的制度设计。2011 年 6 月,克林顿前新闻秘书迈克·麦克库里(Mike McCurry)向国会提交了《网络反盗版法案》,要求赋予权利人和独立检察官申请法院令要求 ISP 关闭特定网站和链接的权利[2],从而进一步缩减 ISP 间接侵权的免责范围,但遭到了大规模抗议,最终流产。

2. 欧盟及欧洲主要代表性国家:"三振法案"的缔造者

欧洲各国,最早对 ISP 侵权责任立法的是德国 1997 年《多媒体法》。该法案确认 ISP 对网络上传播的信息不承担法律责任,但当网络服务提供者知道违法信息的存在的时候,必须采取相应的措施,以阻止有关信息的进一步的传播。[3] 但互联网论坛的经营者原则上应当对发表在其论坛的上的内容负责任。[4] 2000 年 6 月 8 日欧盟颁布《电子商务指令》(第 2000/31/EC 号指令)明确了网络服务提供者的义务界定和责任问题。[5] 其第 12~15 条规定了提供纯粹传输服务(mere conduit)、缓存(caching)和宿主服务(hosting)这三类中介性服务的网络服务提供者的责任,对欧洲各国的网络立法起到了极大的促进作用。为落实欧盟的指令,2009 年 9 月,法国通过《促进互联网创造保护及传播法》(Hadopi 法案),该法案针对 P2P 网络服务,创设了 IAP(网络接入服务商)的特殊责任方式,被称为"'三振出局'法案",[6] 成了

---

[1] DMCA 第 512 条第(g)款规定:网络服务提供者在接到通知后,应迅速采取合理措施删除有关内容或者切断接触,并告知网络用户,否则不能享有免责。网络用户在接到网络服务提供者的通告后,可以向后者发出不侵权的"反通知",该反通知产生确切的法律后果。接到反通知后,网络服务提供者迅速向发出侵权通知的版权人或其代理人传送反通知复制件,并告知在 10 个工作日内恢复被删除或切断接触的材料。参见秦珂:《"通知-反通知"机制下网络服务提供者版权责任的法律比较——兼论图书馆的对策和相关立法问题》,载《河南图书馆学刊》2005 年第 6 期,第 4~26 页。

[2] 左玉茹:《SOPA:好莱坞与硅谷的战争——美国"网络反盗版法案"述评》,载《电子知识产权》2012 年第 2 期,第 42~45 页。

[3] 张虹:《网络服务提供者的民事责任问题浅析——以欧盟电子商务指令中的相关规范为中心》,载《河北法学》2005 年第 1 期,第 108~110 页。

[4] 柴野:《德国:互联网不是自由天地》,载《光明日报》2012 年 6 月 13 日,第 8 版。

[5] 张虹:《网络服务提供者的民事责任问题浅析——以欧盟电子商务指令中的相关规范为中心》,载《河北法学》2005 年第 1 期,第 108~110 页。

[6] 伯特兰乐·勒·让德尔、蔡雄山:《"三振出局"法案的四个挑战》,载《今日财富(中国知识产权)》2010 年第 10 期,第 14~15 页。

《数字千年版权法》之后，对世界各国立法均产生重要影响的原创性制度设计。其核心制度在于：设立专门的国家监管机构，受理涉及网络侵权的投诉，首次接到投诉时，由该机构要求 ISP 向信息发布者发送涉嫌侵权的通知；如果收到首次通知，不停止侵权行为，该主管机构会直接向信息发布者发出警告通知；接到二次通知后的一段时间内，仍不停止侵权，由主管机构向法院提出请，由法院向 ISP 发出命令，可以对该侵权用户采取断网、封闭账号等处罚。此后，英国、澳大利亚、新西兰、韩国都有类似"三振法案"的设计，只不过在制度细节上略有变更。意大利的立法在内容上与欧盟指令保持了高度一致。欧洲各国中对 ISP 间接侵权责任设计最为严格的当属俄罗斯。2013年俄罗斯《反盗版法》规定 ISP 对其网站上的所有影视作品的审查义务：所有使用电影、电视剧及音乐作品和文学作品的网站在提供信息资源之前需查明作品的来源是否合法。监管者查出违法信息，ISP 将面临巨额罚款。[1]

3. 英美法系其他代表性国家：折中的追随者

英国对 ISP 侵权责任的立法兼采了美国《数字千年版权法》和法国"三振法案"的优点，其 2010 年《数字经济法案》在学习法国"三振法案"的基础上，将其改变为"两步走"[2]；而在网络名誉侵权领域则主要学习了美国，确立了模糊化处理的"通知-删除"规则，充分体现了英国立法的独特色彩。[3] 澳大利亚和新西兰立法明显参考了法国的"三振法案"。加拿大 2012 年《版权现代化法》，则结合了美国《数字千年版权法》和英国的"两步走"方案，确立了 ISP 间接侵权的免责条件。

4. 亚洲各代表性国家的立法：后发但实力强劲

亚洲各国中，日本最先明确了国家的网络立法发展战略：2000 年《数字化日本之发端——行动纲领》鼓励 ISP 建立自愿规则体系，避免侵权；充分

---

〔1〕 魏红：《俄罗斯"重典"打击网络侵权盗版》，载《中国知识产权报》2013 年 8 月 23 日，第 10 版。

〔2〕 权利人发现侵权行为后，向 ISP 提交"著作权侵害报告"，ISP 接到适格的报告后，于 1 个月内向侵权用户发出通知，并建立"黑名单"用以记录该用户的侵权行为，并将其提供著作权人（以上是 ISP 的初始义务措施）；如果该通知未能阻止侵权行为继续发生，启动技术义务措施，经国务委员授权，由英国通信局制定进一步制裁措施，交由 ISP 执行，包括限制访问、中断链接等；著作权人向法院提起诉讼，法院作出裁定，ISP 可以将侵权用户的真实信息披露给著作权人。参见朱喆琳：《论英国〈数字经济法〉的"三振机制"及其启示》，载《西北大学学报（哲学社会科学版）》2016 年第 2 期，第 89~94 页。

〔3〕 英国的 2013 年《诽谤法》没有明确要求 ISP 接到权利人通知后，应当删除侵权内容，而是规定 ISP 应当通知信息发布人，并询问其是否愿意删除内容，不同意则将其意见通知被侵权人，被侵权人向法院提起控诉，由法院做出合适的"反应"。

借鉴域外各国经验，将网络产业发展放在全球视野下考虑；鼓励 ISP 采取技术措施防范侵权。[1] 此后在 2013 年修订的《特定电子通信服务提供商损害赔偿责任限制及发信者信息公开法》（2001 年制定）中，明确了 ISP 的侵权责任限制条件。韩国对互联网著作权的立法，基本借鉴了美国的"通知-删除"模式。新加坡是亚洲各国中对 ISP 侵权责任要求最为严格的国家：新加坡《互联网操作规则》中明确规定互联网服务提供者和内容提供商应承担自审查义务，配合政府的要求对网络内容自行审查，发现违法信息时应及时举报，且有义务协助政府屏蔽或删除非法内容。[2]

综观世界各国对 ISP 侵权责任的设计，宽严不一，制度建构各有特色，但总体可以得出以下评论：其一，各国对 ISP 侵权责任的设计，直接立足于国家的立法传统和互联网发展战略：越是互联网发展的优势国家对 ISP 责任的设计越宽松，意在鼓励和保护产业发展；传统上对社会生活国家管制严格的国家，在 ISP 侵权立法领域保持了其整体立法风格，如俄罗斯和新加坡。其二，世界各国对 ISP 直接侵权的责任认识相对一致，即应当承担责任；主要的责任限定差别和制度特色均体现于 ISP 间接侵权领域。其三，世界各国对 ISP 立法保护的权利内容很一致：均以著作权、人格权利和网络传播权为核心，说明世界各国面临的网络侵权行为具有高度相似性。其四，国家和地区之间的法律借鉴程度明显高于传统立法。ISP 侵权领域的立法，出现了跨地区、跨法系的制度借鉴，这一方面印证了互联网发展在各国具有相似性，使得法律借鉴具备实践基础；另一方面也说明此领域立法不同于传统，有可能形成后发优势，即立法较晚的国家在充分吸收其他国家经验的基础上，在制度设计上更具科学合理性，从而更为有效地促进本国互联网产业的发展。这也是本研究力图达到的目标。

三、ISP 侵权责任争议焦点及现行规范的构造缺陷

各国网络立法面对的理论及实践问题，具有一定的相似性，然而各国法律的价值立场和制度选择也并非整齐划一，而是在立法理念和制度设计上都

---

〔1〕 郑成思、薛虹：《日本：推动电子商务的〈行动纲领〉》，载《经济参考报》2000 年 11 月 22 日，第 8 版。

〔2〕 赵雯君、马宁：《新加坡网络安全法律法规与管理体制》，载《中国信息安全》2013 年第 6 期，第 70~72 页。

尽可能地服务于本国的法律传统和信息产业发展的现实需求，体现各国独立的制度特色。要建立一个符合我国当下互联网总体战略需求、体现国家产业特色并吻合现实需求的 ISP 侵权责任体系，必须厘清 ISP 侵权行为领域面对的核心挑战和现行制度规范的不足之处，寻求在整体理论框架上解决问题，建立有中国特色的 ISP 侵权责任设计思路。

综观国内对于 ISP 侵权规则的立法演进，基本依托于三大动力：其一，从网络侵权立法涉及的权利领域而言，是随着法律实践纠纷与争议产生和发展的领域自发演进的，因而是从"局部-整体-局部"的发展脉络；其二，从立法资料的来源和制度设计来看，对域外立法的借鉴和移植占据主导地位，原创性制度设计较少；其三，从立法的规范性和技术性来看，概念和要件的完善主要动因来源于已有立法在适用过程中遇到的疑难和瓶颈，再回过头来，进一步对已有规则进行解释和再界定。

在互联网发展起步之初，这种追随实践热点"亦步亦趋"的分散式规范发展起到了稳定网络权利领域基本秩序和防范、打击网络侵权的基础作用。然而，从互联网广泛普及开始，每一种新的网络服务方式出现，就会有新的网络侵权形式伴随而来。短短几十年里，随着新技术的出现，ISP 侵权责任的讨论和设计，不断展现出新的发展趋势（如表 4-1 所示），相关法律规范的构造缺陷也逐渐显露：

表 4-1　现阶段 ISP 涉及的网络侵权领域与责任设计争议焦点

权利领域	侵权形态	ISP 责任设计争议热点
著作权	直接侵权	ICP 对版权的直接侵权责任
	间接侵权	ITP 对版权的间接侵权责任
信息网络传播权	直接侵权	ITP 对他人信息网络传播权的直接侵权责任（如视频聚合平台）
	间接侵权	ITP 作为中立技术提供者对他人侵犯信息网络传播权的帮助行为之性质和责任
人格权（隐私、名誉等）	直接侵权	ICP 侵犯他人人格权的直接侵权责任
	间接侵权	ITP 作为中立技术提供者在第三方人格权侵权中的间接侵权责任

续表

权利领域	侵权形态	ISP 责任设计争议热点
数据信息权（个人信息等数据信息）	直接侵权	ISP（包括 ICP 和 ITP）在收集、利用和加工数据信息过程中对他人数据信息权利的侵权行为责任
	间接侵权	ITP 作为技术提供者对他人侵犯个人信息的行为承担间接侵权责任

(一) 多热点研究缺乏统一理论构型

网络侵权的讨论热点从网络环境下传统版权的保护不断向著作权在网络环境下的特殊形态——网络信息传播权集中；由单一的知识产权领域迅速向人格权、虚拟财产权等迅速扩展；大数据和智能化网络服务方式的出现，又使个人信息、行为数据等新型客体成为网络侵权的关注对象。从规范发展的时间脉络来看，现行法律规范对 ISP 间接侵权责任的设定，开始于网络著作权保护，继而扩展至信息网络传播权，在《侵权责任法》予以整体确认之后，才在人身权侵权领域展开。从规范立法层次和效力位阶来看，《侵权责任法》第 36 条处于规则体系的最高效力位阶，其功能是总体上确定 ISP 在网络侵权中的一般责任形式以及责任认定的基本要件，而在各项具体权利保护领域，均有具体规范对该一般性规定进行展开。从具体规则的设计来看，规范体系注意到了不同权利客体保护的特殊性。

1. 著作权侵权领域

《互联网著作权行政保护办法》规定了"通知－删除－反通知"的操作模式，即权利人发现著作权被侵害情形，有权向 ISP 发出侵权通知；ISP 接到适格通知后，应当立即采取删除或断开链接等措施；网络信息内容的发布者发现内容被删除，可以向 ISP 发出反通知；ISP 接到反通知后，即可恢复被删除内容，并不为此承担责任。2014 年《中华人民共和国著作权法（修订草案送审稿）》[以下简称《著作权法（修订草案送审稿）》]再次确认了著作权人的"通知"权利，但没有涉及反通知制度的内容。

2. 信息网络传播权领域

《信息网络传播权保护条例》确认了上述"通知－删除－反通知"的技术操作模式适用于提供网络存储、链接和搜索的网络服务提供者，并作为这些类型的 ISP 在间接侵权案件中免责的必要条件。[1]

3. 人身权侵权领域

《最高人民法院关于审理利用信息网络侵害人身权益民事纠纷案件适用法律若干问题的规定》肯定了被侵权人发现侵权事实，有权向 ISP 发出通知，要求删除或断开相关信息；也规定了 ISP 接到适格通知必须采取相应措施，并且可以此作为对信息发布者的免责抗辩。但并未规定信息发布者有"反通知"的权利。只有在人民法院审理确定该删除行为是错误的时候，才能要求 ISP 恢复相关信息。这与著作权侵权和网络信息传播权侵权领域存在明显差别。

4. 数据信息侵权领域

自 2012 年起，国家先后颁布了《信息安全技术公共及商用服务信息系统个人信息保护指南》《电信和互联网用户个人信息保护规定》《信息安全技术个人信息安全规范》《中华人民共和国网络安全法》等一系列规范性法律文件，对个人信息的利用授权进行了逐步深入的调整。2019 年 5 月 28 日网信办发布的《数据安全管理办法（征求意见稿）》明确将立法目标确定为"数据安全与发展并重，积极推进数据资源开发利用，保障数据依法有序自由流动"，增加了重要数据和个人敏感信息的备案制度；要求向第三方或境外提供个人信息时，不但应当经过信息主体的授权同意，还需要经过安全风险评估。现行的"概括授权+例外"模式已经初步具备了个人信息的类型化规制思路，以默示授权和明示授权区别对待一般个人信息和个人敏感信息。但对个人信息的类型化思路过于简单，且该模式的规范重心仍在于信息的收集和初始利用，而信息数据的再利用环节恰恰是侵权行为最高发的环节，现行法律规范对这一领域 ISP 的侵权责任尚无明确制度设计。

通过上述梳理不难看出，现行规范对于 ISP 侵权责任的设计全面覆盖了各主要侵权领域，但在各具体领域的制度却存在细微差别。这一差别是基于保护权利客体不同的必然选择，还是立法之间的技术性不统一？无论结论是哪一种，都必须立足于对 ISP 在特定法律关系中的地位和特定权利客体的基本属性之讨论，才能给予一致性制度安排。然而这种基本理论构型，无论在

---

[1] 参见《信息网络传播权保护条例》第 14~23 条。

具体领域规则还是在纲领性的《侵权责任法》中，均没有考虑或回答。

(二)"内容-技术"截然二分的类型化框架遭遇现实挑战

在互联网发展的早期，技术方式相对简单，根据 ISP 是提供网络信息内容，还是仅仅提供中立的技术服务，很容易实现 ICP 和 ITP 的截然二分。在侵权客体和侵权形态上，两者也泾渭分明：ICP 通常会在不同情形下对提供网络信息内容的其他主体构成直接侵权，在间接侵权中少见 ICP 涉及；而 ITP 通常很少对其他主体特别是 ICP 构成直接侵权，涉及最多的是作为技术的提供者和行为辅助者，间接侵犯其他网络主体的权利。但新技术方式出现，不断地挑战 ICP 和 ITP 的上述角色分野，比较典型的，例如，网络视频聚合平台的提供者和深度链接的设立者，两者从技术特征上看，皆为典型的 ITP，即仅仅提供技术服务，并不为互联网提供任何新的信息内容。按照传统的思路，此类 ISP 多因过错构成对 ICP 的间接侵权。但事实是，聚合行为和深度链接行为，均会给合法提供特定内容（主要是视频内容）的 ICP 带来巨大的流量损失和用户流失，以效果上的"后续提供行为"对后者的信息网络传播权构成直接侵犯。[1] 再如，大数据挖掘技术和智能算法的广泛应用，使不同于一般网络内容的数据信息成为新的侵权对象，ICP 和 ITP 均可能因不当的数据挖掘和利用行为，对他人数据权利构成不同方式的直接侵害。由上可见，"内容-技术"截然两分的设计框架所遭遇的挑战，绝不仅仅是笔者的臆想或是杞人忧天，而已经是不可回避的现实。对上述思维框架进行改进以资立法完善和司法权衡之需，势在必行。

(三) 技术列举和局部解决的调整方案捉襟见肘

为了在上述"内容-技术"分立的类型化框架下，解决不同技术服务方式的 ISP 在侵权中的不同责任形态和免责条件，现行法律规范基本采取的是对具体技术服务方式及其免责条件进行逐项列举和具体描述的方式。《信息网络传播权保护条例》中首次专门设定了四种不同的技术服务型 ISP（即本研究所称之 ITP）的特殊免责条件，分别是提供网络自动接入服务的 ISP、提供缓存服务的 ISP、提供网络存储服务的 ISP 和提供搜索或链接服务的 ISP。这一设计明显借鉴了美国《数字千年版权法》的规定，在类型划分和免责条件的

---

[1] 王艳芳：《论侵害信息网络传播权行为的认定标准》，载《中外法学》2017 年第 2 期，第 456~479 页。

内容上均高度相似。令人欣喜的是，看到了立法领域对于 ISP 技术类型与其侵权责任的关联，有了初步明确的认识，并以其指导立法活动，但同时也揭示出不可回避的制度问题：其一，上述分类是否基于对 ISP 技术服务方式的一般性认识？如果是，其界分标准为何？其二，如果对以上的回答是肯定的，那么上述 ISP 及其责任限制，仅仅适用于信息网络传播权的保护，还是应当一般性适用于 ISP 侵权的各个领域？如果一般适用？法律依据何在？其三，对不同类型 ISP 间接侵权的免责条件不同，确立此种不同的依据为何？其四，采用列举式方式确定的免责条件，一旦出现新的 ISP 服务方式或新的侵权形态，如何适用？

（四）侵权行为的过错判定标准和责任方式众说纷纭

1. 对 ISP 间接侵权的主观过错形态尚存在理论和实践争议

现有的规范体系已经明确了 ISP 在间接侵权中承担过错责任。虽然《侵权责任法》第 36 条规定的 ISP 侵权责任的过错形态为"知道"侵权行为的发生，其也引发了学界相当激烈的争论[1]，但随后颁布的 2012 年《最高人民法院关于审理侵害信息网络传播权民事纠纷案件适用法律若干问题的规定》中清晰地规定了 ISP 的过错包括对侵权行为的"明知"和"应知"[2]。2014 年 6 月公布的《著作权法（修订草案送审稿）》再次明确了"网络服务提供者知道或者应当知道他人利用其网络服务侵害著作权或者相关权，未及时采取必要措施的，与该侵权人承担连带责任"[3]。可见现行规范已经就 ISP 间接侵权之过错形态达成了规则体系的内部一致。但法学研究领域就"明知"和"应知"的内涵，仍然存在较为激烈的争议：其一，"明知"或"应知"是基于 ISP 对具体侵权行为的"知晓"[4]，还是基于 ISP 所提供的网络服务之商业技术模式而具备的"概括性"的"大概知道"[5]？其二，"知道"必定是基于"故意"的主观状态，而"应当知道"对应的到底是 ISP 主观上的"过失"

---

[1] 徐伟：《网络服务提供者"知道"认定新诠——兼驳网络服务提供者"应知"论》，载《法律科学》2014 年第 2 期，第 163~173 页。

[2] 参见《最高人民法院关于审理侵害信息网络传播权民事纠纷案件适用法律若干问题的规定》第 8 条。

[3] 参见《著作权法（修订草案送审稿）》第 73 条。

[4] 胡开忠：《网络服务提供商在商标侵权中的责任》，载《法学》2011 年第 2 期，第 142 页。

[5] 王迁：《发达国家网络版权司法保护的现状与趋势》，载《法律适用》2009 年第 12 期，第 60 页。

状态，还是"故意"和"过失"兼有可能[1]？其三，当"过失"作为 ISP 间接侵权的主观过错形态时，其对应的义务是 ISP 对网络信息的"审查义务"，还是基于特定的"注意义务"[2]？

2. 有关 ISP 侵权责任的责任形式的观点众多

我国《侵权责任法》第 36 条对网络服务提供者的责任明确规定为连带责任；之后的《最高人民法院关于审理侵害信息网络传播权民事纠纷案件适用法律若干问题的规定》和《著作权法（修订草案送审稿）》均再次明确了 ISP 教唆、帮助侵权以及接到权利人通知后不采取适当措施，均承担连带责任。但理论界就 ISP 间接侵权的连带责任设计始终存在争议，认为连带责任在司法实践中造成 ISP 负担过重，导致网络产业举步维艰[3]，且与传统的侵权理论框架存在矛盾之处[4]。对于合理的 ISP 间接侵权责任形态，主张众多：有学者主张网络服务提供者承担相应的补充责任是更可行的路径[5]，既兼顾权利人利益和网络用户自由，也可以使负有不同程度注意义务的网络服务提供者承担不同的责任份额[6]；也有学者认为，无论从价值选择、实践操作和域外立法经验来看，ISP 与用户的共同侵权应当界定为多数人加害行为的按份责任[7]；还有论者提出以受害人对网络服务提供者的不当得利返还请求权取代共同侵权连带责任请求权[8]。以上种种差异巨大的主张，也从一个侧面说明现行规范的"连带责任"设计，确实存在一定的理论和实践困境。

四、ISP 侵权责任之理论构型新探索

我国 ISP 侵权责任的立法实践，在 20 年左右的时间里经过了由"点"到

---

[1] 吴汉东：《论网络服务提供者的著作权侵权责任》，载《中国法学》2011 年第 2 期，第 42 页。

[2] 冯术杰：《论网络服务提供者间接侵权责任的过错形态》，载《中国法学》2016 年第 4 期，第 185 页。

[3] 邓社民：《严厉的法律 举步维艰的网络产业——对〈侵权责任法〉第 36 条的质疑》，载《时代法学》2011 年第 2 期，第 58 页。

[4] 徐伟：《网络服务提供者连带责任之质疑》，载《法学》2012 年第 5 期，第 82 页。

[5] 王晋：《不作为的网络服务提供者著作权侵权承担补充责任的提出》，载《学术探索》2016 年第 12 期，第 70 页。

[6] 张凌寒：《网络服务提供者连带责任的反思与重构》，载《河北法学》2014 年第 6 期，第 58 页。

[7] 徐伟：《网络服务提供者连带责任之质疑》，载《法学》2012 年第 5 期，第 82 页。

[8] 马新彦、姜昕：《网络服务提供者共同侵权连带责任之反思——兼论未来民法典的理性定位》，载《吉林大学社会科学学报》2016 年第 1 期，第 71 页。

"面"、逐步摸索的过程；研究领域的理论成果在规模日趋庞大的基础上开始走向成熟，但尚未形成统一的理论框架和明确的价值规范体系足以为立法实践提供总体性指导。要抓住这一宝贵机会，建立一个先进、科学、有效的 ISP 侵权责任体系，为互联网法律世界贡献有独创性的中国声音，必须探索代表"中国思考"的理论构型。

笔者认为，就 ISP 侵权责任体系而言，一个好的理论构型至少应当具备以下条件：其一，确立适用于整个 ISP 侵权责任领域的总体性原则及其适用限度；其二，能够有效地确立各种不同技术类型的 ISP 的责任设计思路，并在一段相对长的时间范围内，为可能出现的新的网络技术服务方式提供指导性的侵权责任设计思路；其三，能够最大限度地解释和容纳现有的各类 ISP 具体侵权责任规则，并为热点制度争议提供较为明确的解决方案；其四，在疑难案件中，能够为司法裁量提供一定的理论支持。

（一）ISP 侵权责任构建的基本原则

1. 有限的技术中立原则

技术中立原则至少包含以下四个层次的含义：其一，从科技哲学层面来看，技术中立原则认为技术只是为其使用者目的服务的工具，技术自身并不含有任何技术目的，也不含有任何价值判断。[1]其二，就科技立法的总体价值立场而言，技术中立要求政府和立法者在不同技术之间持"不偏不倚"的中立状态，通过市场竞争，使消费者能够以最低廉的成本获得最好的技术服务。[2]其三，就互联网发展层面而言，技术中立是指互联网的基础网络运营商，应当在数据传输的过程中，一视同仁的对待来自任何主体的任何信息内容，不得在速度、带宽和优先级等任何技术意义上有倾向和歧视。[3]其四，就版权侵权领域而言，技术中立原则最早于 1976 年"环球电影诉索尼案"[4]确立，意指如果某项技术创新存在独立的"实质性非侵权用途"，则不能认为

---

〔1〕 郭冲辰、陈凡、樊春华：《论技术的价值形态与价值负荷》，载《自然辩证法研究》2002 年第 5 期，第 37~57 页。

〔2〕 郭鹏：《关于技术中立原则及其反思》，载《技术与创新管理》2010 年第 4 期，第 503~506 页。

〔3〕 郑玉双：《破解技术中立难题——法律与科技之关系的法理学再思》，载《华东政法大学学报》2018 年第 1 期，第 85~97 页。

〔4〕 Universal City Studios Inc. v. Sony Corporation of America，在该案件中，索尼公司开发的录像机，被众多用户用于录制电视上播放的电影，并反复观看。环球电影公司诉索尼公司，认为其开发的录像机可以用作侵权行为，要求索尼公司为其录像机购买者的侵权行为承担帮助侵权责任。

其技术设计就是为了为他人的侵权行为提供帮助。如果他人利用该技术进行了侵权行为，不能当然地追究技术提供者帮助侵权责任。

技术中立原则提出以来，其适用及限制就成为互联网相关立法无法回避的重要内容。就ISP侵权责任而言，技术中立原则要求立法首先应当将ISP认定为一个技术服务提供者，其技术服务本身立足于为用户提供不致危害社会利益或他人合法权益的正当性服务，而其技术被他人利用用以侵权，是不符合ISP技术服务初衷的例外情形。但该原则也在不断地遭遇挑战和修正，特别是网络P2P技术出现以来，ISP较索尼等传统技术提供者而言，对网络信息和其用户的行为的控制能力大幅度增强，因而"技术中立"不再能够成为ISP的绝对性免责理由。越来越多的学者和司法判决强调从ISP所提供的服务的社会属性出发，要求对该原则进行限制。

笔者认为中立原则存在的根本目标在于激励技术创新，而技术的不断革新是网络信息产业存在的根本性动力之一。因而"技术中立"是ISP侵权责任设计必须坚持的重要原则，但该原则的适用应当受到合理的限制，即任何ISP不因其提供的技术服务可能被用于侵权行为而被认为应当承担侵权责任，除非有证据能够证明特定ISP对特定侵权行为及其结果有能力阻止，且因ISP的过错未能阻止。

2. 自己责任原则

自己责任是现代法律基本原则，每个人应当就其过错，在其理性能够预期或者应当预期的范围内承担责任。[1] 承担自己责任之外的其他责任形式，应当有法律的特殊规定，而该规定必须有充分的正当性论证。对一般自然人来说，其理性能够预见或应当预见的范围通常取决于其行为能力，行为能力则以年龄和主体精神状态等相对稳定和客观的自然因素为基础。

就ISP侵权责任而言，《侵权责任法》已经明确了各种类型的网络侵权，皆为一般侵权行为，以过错责任为归责原则。我国2020年颁布的《民法典》也坚持了这一定位，即不论是其他行为主体通过ISP提供的网络服务实施的侵权行为，还是ISP通过网络对他人权利构成的侵害，都属于一般侵权行为，

---

〔1〕 吴汉东：《论网络服务提供者的著作权侵权责任》，载《中国法学》2011年第2期，第46页。

适用过错责任原则；侵权行为人承担的是自己责任，而不适用替代责任。[1]

技术中立原则与ISP承担自己责任是技术标准和法律规范标准之间的内在统一，即ISP仅就其"能够预见或应当预见"且能够控制的行为及其所造成的损害承担侵权责任。这一基本定位既符合ISP的网络技术特性，也与侵权法的基本规范相一致。但较为特别的是，ISP"能够预见并控制"的范围则因其服务方式的不同而有所差别，因而其进行侵权责任的设定，应当基于不同类型ISP技术特点，在其技术可能性范围内，设计其"知道或应当知道"的主观过错判定标准以及其对侵权行为及其结果的实际控制能力。

3. 补偿为主惩罚为辅

网络侵权的特殊性在于高速度的数据传输和"一对多"的互动模式，使得侵权行为一旦发生，在转瞬之间就能对数量庞大的社会主体的利益产生巨大影响。因此，虽然侵权行为的赔偿以弥补受侵害者的实际损失为一般原则，但也有学者主张对过错导致的严重网络侵权行为课以惩罚性赔偿责任；特别是在实际的侵权行为人因网络匿名性难以被确定时，综合考虑受害人损失、侵权人收益、精神损害和因ISP导致的实际损失扩大程度，以确定ISP在间接侵权行为中的赔偿数额。[2]

笔者认为，ISP的侵权责任设计不能违背侵权法的基本原则，同时侵权赔偿的范围应当与技术中立、自己责任的原则相匹配。因此，尽管网络侵权在影响范围等方面有一定的特殊性，但也不应课以过度严格的赔偿责任，以免因网络服务的潜在成本过高，而影响网络技术服务开发的动力和热情。ISP侵权的赔偿责任应当以补偿受害者损失为基本原则，但在损失的测量上如果存在困难，可以参考ISP因侵权获得的收益作为赔偿的上限；仅在涉及重大公共利益损害时，由法律专门规定的前提下才能进行惩罚性赔偿。对ISP因严重侵权行为而获得的非法收益或经济利益的处置，笔者认为应当在ISP行政责任和刑事责任设计时，予以适当的制度安排。

（二）三维度基础上的ISP侵权责任类型化

"信息加工深度""社会关系干预度"和"利益驱动强度"是笔者在第三

---

[1] 杨立新：《民法典侵权责任编草案规定的网络侵权责任规则检视》，载《法学论坛》2019年第3期，第89~100页。

[2] 吕凯、张宇：《网络服务提供者的数据信息侵权问题研究》，载《天津大学学报（社会科学版）》2019年第5期，第412~416页。

章中提出的 ISP 类型化总体思路。上述三大维度也是分析 ISP 在特定领域具体法律责任的基本构型。但在侵权责任领域，笔者认为上述三大维度在 ISP 侵权责任的理论构型中并非并列的线性关系，而是层次化地构成了一个有机的整体。

1. 以"信息加工深度"区分侵权形态和责任形态

信息加工深度是指特定 ISP 对网络世界中流动的海量信息内容的实际控制、加工和利用程度。信息加工深度是 ISP 类型化的技术基础，也是其侵权责任设计的正当性物质基础。笔者认为，应当依据不同 ISP 的信息加工深度，来确定其基本的侵权形态。笔者在第一章中提出的 ISP 类型化之"双向连续体"之模型（如图 4-1 所示），清晰反映了 ISP 对信息加工深度的演化路径，也是 ISP 侵权形态的区分和侵权责任形态的基础依据。

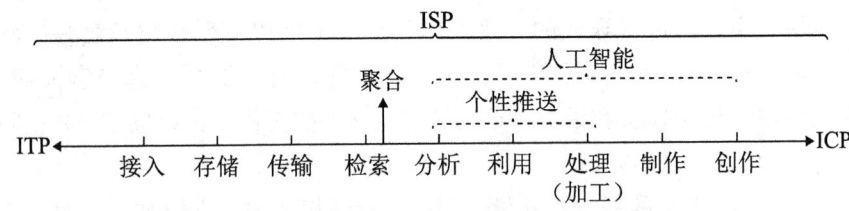

图 4-1 ISP 信息加工深度基础上的类型化

（1）以网络接入服务和服务器租赁服务为代表的"信息无涉型"ISP，是最为典型的技术提供型 ITP，他们仅仅为网络信息的传输提供软硬件通道，对其通道内传输的信息内容既不了解也无法控制甄别。此类 ISP 应严格适用双重意义上的"技术中立"原则：其一，对于因技术服务导致的对他人权利的直接侵害，即该类型的 ISP 不得对其通道内传输的信息进行优先或歧视等差别对待，否则视为直接侵权，应当承担独立的侵权责任；其二，此类 ISP 创设的信息通道可能为合法信息或非法信息所利用，作为通道提供者他们无法甄别也不能控制。因此，对其通道内传输的信息导致的侵权，此类 ISP 不负间接侵权责任。

（2）"非干预处理型"ISP 以提供网络存储、传输和一般检索服务的 ISP 为代表。此类 ISP 依不同的服务目标，对网络信息内容有一定处理，但不会改变所处理的信息内容，也不会对其加以用户指定的服务形式之外的利用。

此类 ISP 极少成为网络直接侵权的主体，但在网络第三方侵权行为中，它们是最受关注的间接侵权主体。间接侵权中的 ISP 通常因第三方的侵权行为提供技术帮助而承担侵权责任。一方面，因为此类 ISP 是技术服务提供者，是较为典型的 ITP，受到"技术中立"原则的保护，不能仅因其技术服务可能被用于侵权就认为该 ISP 存在帮助侵权的主观意图，而是要求必须有证据证明其"知道或应当知道"第三方侵权行为的存在，仍提供了技术帮助，方能追究其间接侵权责任。另一方面，由于此类 ISP 对其处理的信息有一定的控制能力，因此，如果确因其自身的过错为第三方的侵权行为提供了技术帮助，则应当与第三方共同承担侵权责任。这一点已经被《侵权责任法》第 36 条为代表的现行法律规范所确立。但笔者认为，此类 ISP 处理信息的过程，既不改变信息内容和形式，也不改变信息相关的主体之间的社会关系和法律关系，且对所处理信息和第三方侵权行为的控制能力有限，因此承担间接侵权责任的形式应当是补充责任更为合适。

（3）"干预性利用型"ISP 是兼具 ITP 和 ICP 特点的过渡性类型，其行为方式所涉及的侵权形态和责任形态也最为特别。此类 ISP 以深度链接、网络聚合平台、智能推送和大数据分析、挖掘等技术服务的提供者为典型代表，其特点是虽然仍未对其所处理的信息内容进行加工和改变，但却在对其原有的信息处理主体和信息使用方式、范围等加以了改变。因此，较之"非干预性处理型"ISP，此类 ISP 对其处理信息内容的干预程度有所加深，其侵权形态也更复杂。此类 ISP 对他人信息内容的侵权可能涉及直接侵权和间接侵权两种形态。

通常而言，技术服务型的 ITP 很难直接对他人的信息内容构成直接侵权，但此类 ISP 对其所处理信息的形式改变本身，就可能直接构成对他人信息内容相关权利的侵害。例如网络聚合平台通过 P2P 技术，在本平台的界面上直接呈现他人的视频作品，即会对他人的网络信息传播权造成直接侵权。再如，网络销售平台未经授权，通过大数据挖掘获得了特定主体的邮箱和地址信息，推送商品广告，可能构成对个人信息权利的直接侵犯。对上述行为虽然仍属于网络技术服务行为，但因为其技术方式本身，即存在改变原有的信息传播途径、方法等的目标，因此不得再主张"技术中立"原则的保护，应当要求此类 ISP 承担直接侵权责任，其责任形态是独立的自己责任。

在第三方网络侵权行为中，此类 ISP 虽然也多因提供技术帮助而构成间接侵权。但由于此类 ISP 对其所掌握的信息进行了有特定目的的处理，客观上对信息内容的关注度和控制能力都有所增强。因此，此类 ISP 对于他人侵权行为的发现能力是强于"非干预处理型"ISP 的。然而，其技术服务的目的性决定了此类 ISP 往往与其用户之间存在更强的利益一致性或关联性，如果有证据证明此类 ISP 知道他人进行侵权行为仍提供技术帮助的，应当承担间接侵权责任，但责任形态是与侵权人承担连带责任。

(4)"信息内容提供型"ISP，以数量众多的提供网络信息内容的 ICP 为代表，此类 ISP 的服务并不基于他人上传至互联网的信息，而是直接向网络世界提供新的信息内容。此类 ISP 的侵权通常均为直接侵权行为，且一旦发生侵权，不得以"技术中立"原则要求免责，承担独立的自己责任。

2. 以"社会关系干预度"来判断过错形态及干预措施的合理性标准

任何互联网法律关系的生成都必然涉及技术性和社会性双重属性。如果说"信息加工深度"描述了 ISP 对网络世界信息内容控制、改变等客观影响程度，"社会关系干预度"则标志着 ISP 对网络服务所形成的网络社会关系的影响程度。网络法律规范本质上是调整网络技术基础上形成社会关系的规范。就侵权领域而言，笔者认为特定 ISP 对网络社会主体之间社会关系的干预程度，是判定其在侵权行为（特别是间接侵权）中的过错存在与否，以及其是否采取了适当的干预措施的重要标准。按照现行法律规范，特定 ISP 在第三方的侵权行为中承担间接侵权责任的前提是：其一，知道或应当知道侵权行为的存在；其二，未能采取必要措施以避免为侵权行为提供帮助。

(1)"社会关系干预度"是判断不同类型 ISP 是否"知道或应当知道"的具体准则。其一，如果特定 ISP 提供的网络服务仅为已存在特定社会关系的主体之间进行交流和互动提供便捷的工具或渠道，而未对原有的网络社会关系作出任何改变或损益，则可认为对特定行为是否侵犯他人权利的主要注意义务应当由社会关系的原双方主体承担，ISP 仅仅在获得明确的告知和充分的侵权证据时，才能认为其知晓存在侵权行为。其二，如果特定 ISP 针对不特定主体设定活动主题，制定交往规则，或是在用户之间原有的关系基础上增加新的网络社会关系，则可认为其提供的是"虚拟建构性"网络服务，即通过网络技术，将原有的主体之间的双边关系，改变为网络环境下的三边或多边关系。因为这种 ISP 导致的积极改变，使其在该行为中的注意义务提高，ISP 在其技术性干预的范围内，对可能存在的第三方侵权行为有注意义务。例如，某视频网站如果将某视频在主页做了推荐或显著强调，则认为其应该对其是否侵权有注意和审查义务。如果该视频侵犯了知名作品版权，则可推定为视频网站"应该知道"其侵权之存在。其三，如果特定 ISP 通过技术服务方式在原本不存在关系的主体之间直接建立了新的关系，可以认为其提供了"现实建构性服务"。此种类型的 ISP 是新的社会关系的直接创设者，对自身技术行为的侵权可能性有最高的注意义务，一旦其技术行为产生了侵权结果，原则上应该认为其"知道"侵权的存在，除非有明确的相反的证据。

（2）"社会关系干预度"是判断不同类型 ISP 是否"采取了必要措施"的具体标准。"采取了必要措施"是 ISP 在"知道或应当知道"侵权行为之后的免责条件。但不同的 ISP 因其技术服务的方式和特点不同，笔者认为其"采取合理措施"的内容也应当有所不同。其一，对于提供"非干预性服务"的 ISP，合理措施意味着断开社会关系主体之间的技术通道，避免信息的进一步传播和扩散。其二，对于"虚拟建构性"ISP 而言，合理措施意味着撤销自身的技术干预性行为，使网络社会关系回到双方主体之间的原始状态，否则应该就自己的技术干预导致的侵权后果扩大之部分，承担间接侵权责任。其三，对于"现实建构性"ISP 而言，一旦产生侵权则应承担直接侵权责任，因而不存在采取合理性措施之问题。

3. 以"利益驱动强度"来推定行为动机和赔偿范围

不同利益动机支配下的相同外在行为，在法律世界中可能意味着不同的性质，从而导致不同的权利、义务和责任。就侵权领域而言，不同 ISP 获取经济利益的程度与方式，对判断其行为动机和赔偿范围有重要影响。

（1）ISP 的收益模式可以影响对其行为动机的推断。其一，提供公益性无偿服务的 ISP，仅对其用户的侵权行为负一般注意义务，除非有明确证据证明，否则不能认为公益型 ISP 知晓他人的侵权行为并提供了帮助。其二，通过技术服务获取直接经济利益的 ISP，对其服务对象的侵权行为有较高的注意义务，直接获取经济利益本身可以作为推定其有放任第三方侵权行为之故意，应当承担间接侵权责任。其三，通过技术服务获取间接经济利益或复杂利益的 ISP，不能简单地推定其有或没有放任第三方侵权行为的意图，而应当结合特定侵权行为对该 ISP 的经济利益的实际影响极其程度来加以判断。

（2）根据 ISP 获得经济利益的模式不同来确定其侵权责任的赔偿范围。其一，提供公益性无偿服务的 ISP，如果确因其网络服务行为对他人造成了侵权损害，仅按照侵权责任的一般原则，对权利人的实际损失承担赔偿责任。其二，通过技术服务获取直接经济利益的 ISP，对其服务对象的侵权行为有较高的注意义务，因而其侵权责任的赔偿范围可以由被侵权人选择是按照其实际损害还是 ISP 因侵权行为获得的实际收益进行赔偿。其三，通过技术服务获取间接经济利益或复杂利益的 ISP，因其收益模式和利益构成复杂，应当根据具体的情形，在被侵权人的实际损害和 ISP 的实际获益之间，由法院权衡判定赔偿的具体数额。

五、ISP 侵权责任具体规范重构

《中华人民共和国民法典》已经颁布，其中的第七编"侵权责任"为全面整合和吸收 20 年来互联网侵权责任的研究成果，完善立法规范提供了不可多得的历史契机。笔者认为，应该借助《民法典》的颁布，形成一个价值立场明确、内在逻辑清晰、具体制度设计科学的 ISP 侵权责任体系。

规范重构的总体思路是：坚持《民法典》第七编"侵权责任"为总领性规范以确立 ISP 侵权整体性制度设计，以各下位立法为基准分别调整著作权、网络传播权、人格权、信息权等领域具体侵权规则的"纵向总领+横向展开"的调整模式。以《民法典》第七编"侵权责任"作为"纵向总领"制度，进一步将其总领性规范加以规则细化；在各具体侵权领域，落实《民法典》第七编的整体性设计，并结合本领域侵权客体的特殊性，形成与上位法气韵贯通且兼具本领域适应性、正对性的 ISP 侵权责任规则。

（一）以《民法典》为基础进一步确立 ISP 规制基本理论架构

《民法典》第 1194 条明确了网络服务提供者利用网络侵害他人民事权益的，应当承担侵权责任；第 1195、1196 条设定了 ISP 在网络用户利用网络实施的侵权活动中的各项通知义务和应采取的措施；第 1197 条则规定了 ISP 在间接侵权中有过错的应当与用户承担连带责任。至此，《民法典》第七编明确了"网络服务提供者"的统一概念，并设定了 ISP 直接侵权和间接侵权行为的基本责任形态，为下位法律的具体设计和完善提供了规范基础。但《民法典》的上述规定并未进一步设定"网络服务提供者"下位的子概念及其使用范围；在责任原则上仍然坚持了之前《侵权责任法》的单一过错原则，且并未明确其"过错"的具体判别标准，也没有给出 ISP 的具体类型化规制方案。因此，笔者认为，《民法典》仅仅是为 ISP 侵权责任的设计提供了基本方向，更为详尽的理论框架有必要通过国家法律层面的网络侵权专门性立法予以进一步明确。

1. 明确 ISP 基本概念及其分类，统率法律规范体系内部的概念使用

明确以"网络服务提供者"（ISP）指称所有为网络用户提供各种类型网络服务的组织或个人；以"网络信息服务提供者"（ICP）指称为互联网提供信息内容的组织或个人；以"网络技术服务提供者"（ITP）指称仅为网络用户提供技术服务，不创造或提供新的网络信息的组织或个人。

2. 明确 ISP 法律责任的基本原则

以"有限的技术中立"为基本原则，确立 ISP 法律责任设计的总体价值定位；在坚持 ISP 自己责任的基础上，以 ISP 对特定侵权行为及其后果的认知及实际控制能力为观测点，判定其是否应当承担侵权责任；ISP 法律责任的承担方式以补偿侵权损害为原则，以惩罚性赔偿为例外。

3. 确立 ISP 类型化标准及各维度之间的关系

（1）明确以 ISP 对网络信息内容的干预程度作为 ISP 具体类型化的首要标准，但在 ICP-ITP 的二元类型化基础上应当进一步细分为"信息无涉型""非干预处理型""干预性利用型"和"信息内容提供型"等子类型，以此为依据确立特定 ISP 是否能够以及在何种情形下能够主张"技术中立"作为免责抗辩。如果 ISP 侵权责任成立，其技术类型也是判定其承担直接侵权责任还是间接侵权责任的重要依据。

（2）以 ISP 所提供的网络服务对原有的当事人之间的"社会关系干预度"为观察点，判定不同类型 ISP 在侵权行为中的主观过错是否存在，如果存在，应当承担何种形式的侵权责任。

（3）以 ISP 提供网络服务是否获取经济利益以及以何种方式获取经济利益，判定其侵权赔偿的方式和范围。

4. 统率各下位法的基本立法立场

要求各下位具体领域的规范设计，应当在原则、内容和制度功能上与上

述要求保持一致。如果因技术发展产生了新的服务方式，导致下位具体规则不能提供有效的调整方案，则可以直接援引《民法典》第七编的总体性规则解决特定争议。

（二）以下位法落实类型化框架和责任设计思路

1. 版权侵权和信息网络传播侵权领域

（1）明确不同技术类型的 ISP 的侵权形态。版权及信息网络权领域是 ISP 侵权高发的领域，相关法律规范也相对集中。但现有规范调整的重点在于 ITP 间接侵犯他人著作权和网络传播权的构成及免责等内容，忽视了技术性 ISP 完全有可能对他人的权利构成直接侵害，因而在应对聚合平台、深度链接等新型技术服务方式导致的侵权案件时，现有的法律规范表现出明显的滞后性。事实上，即使同为视频聚合平台，因其采用的技术方式不同，其侵权形态和法律责任基础也不尽相同。笔者认为，现有规范对四种不同类型 ITP 及其免责条件进行逐一列举的方式，在技术迭代的日新月异面前，终究难免挂一漏万的结果。应当按照上述 ISP 的"信息干预度"确立不同技术类型的 ISP 承担版权侵权的责任基本原则，使提供技术服务的 ITP 的直接侵权和间接侵权行为均能纳入调整范围。

（2）借鉴英国模式，改造现有的"通知-删除"方案。确立 ITP 技术中立地位，将侵权的实质审查权交由专门法院行使。现有的"通知-删除"模式设计，要求 ITP 在接到侵权通知之后即应采取技术措施删除或断开链接，但这个措施的采取必然隐含着一个逻辑判断，即该内容确实存在侵权或侵权的可能。然而这一专业性判断却不是 ITP 这样一个技术服务者能够做出的，即便有反向通知的制度修正，还是不能够完全避免 ITP 陷入此种逻辑困境。因此，英国的"两步走"模式更好地确立了 ITP 技术中立者的地位，即要求 ITP 仅负责在信息发布者和权利主张者之间担当信息传递的角色，通知各方彼此的诉求，一旦为双方突破了网络匿名性的限制而建立了现实联系，ITP 的技术义务即告完成。权利主张者应向法院提出诉讼或申请，由法院进行是否侵权的实质判断后，向 ITP 发布指令，要求其采取合适的技术措施。

（3）侵权责任方式。《侵权责任法》对所有的 ISP 间接侵权行为都采用了连带责任的责任形态。但笔者认为：首先，基于技术服务方式的不同，不同类型的 ITP 对第三方侵权行为的认知和控制能力是不同的；其次，由于侵权客体的不同，导致客观上同一类型的 ITP 在不同侵权领域对第三方侵权行为是否存在的判断难度是不同的，控制能力也存在差别。例如，在权利人提供初步证据告知 ITP 有第三方侵权行为存在的前提下，ITP 通过初步证据判断名誉侵权的难度较之判断版权侵权要更困难。因此，要求不同技术类型的 ITP 在侵犯不同客体的第三方侵权行为中都承担连带责任，有失妥当。在版权侵权领域，可以以间接侵权承担连带责任为原则，但如果特定 ITP 能够证明自己是"信息无涉型" ITP，或者对其控制的信息只进行"非干预性处理"，则可以承担补充责任。

2. 人身权侵权领域[1]

较之于版权侵权领域，网络人身权利的侵害具有一定的特殊性，一是很难通过一方的单方主张或证明来判断侵权事实是否存在；二是侵权内容的发布者在发布该信息时也未必能够判断自己的言论是否侵害了他人权利。在上述两个前提下，直接要求 ISP 接到通知即采取技术措施，其判断困难和制度风险较之于版权侵权领域更大。因此，笔者认为在人身权侵权领域，应借鉴法国"三振法案"的保护模式，给私权主体更多的自主解决纠纷的空间，同时给 ITP 较之版权侵权领域更为中立的地位和更宽松的间接侵权责任形态。

(1) 借鉴"三振出局"的设计，将 ITP 确立为人身侵权信息的传递者。在第三方侵害他人人身权（如名誉权）的场景下，要求 ISP 在"知道"后立即采取相关断开链接的必要措施的做法存在一定的弊端，容易造成侵害公众的表达自由的后果，使直接侵权人和 ISP 之间的利益平衡得不到保障等。因此《侵权责任法》第 36 条第 3 款在 ISP 间接侵犯名誉权中的适用需要在制度上加以改进，如在 ISP "知道"后采取第三方机构审查的方式，规避 ISP 自我审查后为规避风险滥用删除权的弊端，也平衡了直接侵权人和 ISP 之间的利益。我国可以借鉴法国"三振法案"的调整模式：设立专门的国家监管机构，专门受理涉及网络侵权的投诉，首次接到投诉时，由该机构要求 ISP 向信息发布者发送涉嫌侵权的通知；如果收到首次通知，不停止侵权，该主管机构会直接向信息发布者发出警告通知；接到二次通知后的一段时间内，仍不停

---

[1] 对于人身权侵权领域的 ISP 间接责任，笔者指导硕士研究生专文进行了研究。参见贾蒙蒙：《网络服务提供者间接侵犯名誉权的过错认定——以〈侵权责任法〉第三十六条第二款在名誉侵权案件中的适用为切入点》，天津商业大学 2019 年硕士学位论文。

止侵权，由主管机构向法院提出申请，由法院向 ISP 发出命令，可以对该侵权用户采取断网、封闭账号等处罚。

（2）对 ISP 间接侵权的主观过错形态以"明知"为限度，以正式"通知"为判断的形式依据。从我国对认定 ISP 主观状态的发展过程来看，我国立法规定和司法实践正逐渐将"应知"纳入认定 ISP 的"知道"之中。并且尽管我国立法规定和司法实践已经达成了 ISP"知道"应当包含"应知"的"共识"，但是在学界中，这一问题却一直存在着很大的分歧。如吴汉东先生对《侵权责任法》第 36 条的解释[1]，认为"知道"一词作为 ISP 主观过错的认定，毫无疑问应包括"明知"和"应知"两种状态。然而，杨立新则有不同的观点[2]，认为将"知道"解释为包括"应知"是十分不准确的，因为认为 ISP 对利用网络实施侵权行为负有"应知"的义务，就会要求其负有对海量网络信息的事前注意和审查的义务。这与实践是相矛盾的并且也是难以做到的。就名誉权等人格权侵权领域而言，要求 ISP 仅凭特定用户的主张和提供的单方证据判断是否存在对其名誉权的侵犯，较之版权领域有更大的难度（版权的归属更容易提供有法律效力的证明文件）。因此，笔者认为，在人格侵权领域最大的特点就是侵权行为和侵权结果的认定需要较多的主观判断，ISP 作为网络环境中的提供服务者，在网络用户发布消息时，其一不负有事先注意义务，二不负有裁判者的职责，对于网络用户所发布的消息是否构成侵权并不能认定也无法认定，很难认定其与直接侵权人有意思联络或行为关联，若以"应知"的方式对此进行推定，显然对 ISP 来讲是不公平的，应当以"明知"为限。

"明知"是指当事人在主观上已经意识到直接侵权行为的存在，对于"意识到"的时间节点，实践中有不同的看法，总结为提示规则和通知。提示规则是指网络用户发现网络平台上有对自己不利的信息时，通过投诉、联系 ISP 等自主的方式，提示 ISP 注意。通知规则指被侵权人发现侵权信息后通过发律师函、起诉后法院发出的通知等某种正式的具有法律效力的函件通知 ISP 所管理的平台存在相关侵权信息。实践中，提示规则和通知规则都被视为 ISP

---

[1] 吴汉东：《论网络服务提供者的著作权侵权责任》，载《中国法学》2011 年第 2 期，第 38~47 页。
[2] 杨立新：《〈侵权责任法〉规定的网络侵权责任的理解与解释》，载《国家检察官学院学报》2010 年第 2 期，第 3~10 页。

已经"明知"侵权行为的存在,此时必须立即采取措施,否则就构成过错。本书认为通知规则下,由于被侵权人的委托,侵权信息至少经过了具有法律性质的第三方机构的审核,律师函、法院通知等法律文书具有相应的法律性质,其到达 ISP 时可以初步认定或者有理由相信该网络信息存在他人合法权益的情形,可以视作 ISP 已经"明知",而非经"三振规则"由当事人直接对 ISP 作出的提示,不能作为判断"明知"的依据。

(3) 对间接侵犯人格权的 ISP 之侵权责任,应以补充责任为基本原则。ISP 责任设计的一般原则,在于责任形式和规则标准应当与其对特定信息的控制能力相一致。在人格权侵权领域,ISP 对用户行为侵权与否的判断能力较弱,因此责任形态也应当在严格程度上有所降低。连带责任对于人格权侵权领域的技术性 ISP(ITP)而言过分苛责,几乎只要发生了网络侵权的案件,ISP 稍有过失便难以脱责。笔者认为,在该领域中补充责任即可完成应有的制度功能。其一,补充责任也能避免真正侵权人逍遥法外的现象。[1] 补充责任要求只有在主要责任人难以履行责任时方由网络服务提供者予以承担。那么,对被侵权人而言,其不得不去寻求侵权行为人以实现主张的权利,只有在找不到主要侵权人的情形下才有权请求 ISP 承担责任,这将大幅度提高了找到侵权行为人的可能性。对 ISP 而言,找到侵权用户则自己很有可能不必承担责任,而非连带责任情形下,即便侵权用户找到了也很有可能因其拖延履行等行为,依然由 ISP 承担责任。在这种免除责任的动力下加上被侵权人的配合,找到实际侵权人的可能性便提高了许多。其二,若侵权人确实不具备赔偿能力,依然由补充责任作为保障;若侵权人有赔偿能力,补充责任的适用也解决了对 ISP 不公的现象。因此在被侵权人利益有效保护的问题上,补充责任是可以做到二者兼顾且不失平衡。

3. 个人信息(数据)安全领域

随着网络发展的深入,信息安全保护(包括个人信息安全和大数据安全)的重要性必然越来越凸显,很有必要进行专门立法设定 ISP 在侵犯信息安全利益时的侵权责任。鉴于信息安全保护是一个突破侵权领域且涉及方面极为广泛的论题,笔者将设专门章节(见第五章第二节)予以讨论,本章仅就所

---

[1] 宋素红:《网络服务提供者连带责任否定论》,载《国际新闻界》2013 年第 4 期,第 87~93 页。

有 ISP 均应具有的一般性数据保护义务予以讨论。

（1）告知义务。告知义务是指 ISP 在收集信息主体的信息时，应当提前将收集的内容，如何使用这些信息，使用这些信息的目的等内容告诉信息主体。只有网络个人信息需求者将这些内容告知信息主体，信息主体才能行使自己的知情权和决定权，才能为信息主体要求网络个人需求者承担责任提供法律依据。ISP 未经授权收集个人信息等数据，应当对数据主体承当侵权责任。

（2）妥善保管义务。妥善保管义务是指 ISP 在收集到信息的主体的信息之后，应该保证信息的准确和安全。妥善保管义务实际上分为两个部分，一是日常的保护；二是完整性和准确性的保护。日常保护是指 ISP 应当运用各种安全技术和程序建立完善的管理制度来保护收集来的个人信息，以免遭受未经授权的访问、使用或披露。完整和准确性保护是指 ISP 应当采取措施保证信息数据主体可随时浏览、修改自己提交的信息。如果因为 ISP 的过错，导致信息主体上述信息在合法收集之后未能获得有效的安全保管，ISP 应当对信息数据主体承担侵权责任。

（3）合理使用义务。合理使用义务是指 ISP 在使用信息主体的个人信息时要按照法定和约定的要求。这个义务包含三个内容，首先，按照法定或约定使用个人信息，必须符合法定或约定的目的，不可为其他目的使用信息主体的个人信息。其次，在未经信息主体的同意的情况下，不得向第三人提供信息主体的个人信息。这一条对网络服务提供者保护信息主体的个人信息尤为重要，因为在信息时代，获得个人信息是扩展商业市场的重要武器，但是一旦信息获取，信息主体的一般人格权或者隐私权就会被破坏。所以未经信息主体的同意，不得将其个人信息提供给第三人。最后，如果信息主体不再使用 ISP 提供的服务或者 ISP 对信息主体的个人信息的进行使用的目的已经消失时，ISP 应当将所收集的信息主体的个人信息删除。如果 ISP 未经授权使用或允许他人使用合法收集的信息数据，给信息主体造成损害的，应当承担侵权责任。

六、余论

ISP 侵权责任特别是其间接侵权责任的设计，始终是 ISP 责任体系研究的重点、热点和难点。通过对世界各法域代表性国家立法规范的梳理，发现世界各国对 ISP 间接侵权责任的设计各有特色。某种意义上讲，ISP 侵权责任的设计，代表了各国互联网立法的发展水平。当前适逢我国互联网产业和相关立法高速发展之时，借此建立有我国特色的高水平网络侵权法律制度，是不可多得的历史机遇。

通过对我国现行规范的全面归纳，发现我国 ISP 侵权责任立法已经广泛涉及著作权侵权、网络传播权侵权、人格权侵权和信息数据权利侵权等领域，但尚未形成统一的理论构型；现有的 ISP 类型化方式及技术列举式规则设计也难以适应技术革新的迅猛发展；在 ISP 责任（特别是间接侵权责任）的归责原则、过错认定等方面更是争议颇多。

针对上述问题，笔者试图以有限的技术中立为基本价值立场，坚持侵权法上的自己责任和损失补偿等基本原则，提出以"信息加工深度"区分侵权形态和责任形态，以"社会关系干预度"来判断过错形态及干预措施的合理性标准，以"利益驱动强度"来推定行为动机和赔偿范围，尝试对 ISP 侵权责任的理论框架进行重构，并以此为指导对各具体领域的 ISP 侵权规范进行相应的改进。试图建立一个先进、科学、有效的 ISP 侵权责任体系，为互联网法律世界贡献有独创性的中国声音，探索代表"中国思考"的理论构型。

必须说明的是，上述理论构型和具体规范的探讨，并非要抛弃现有的规范体系，重起炉灶，另搞一套，而是在现有的立法成就和司法实践基础上，探索一个好的理论构型以达到（或试图达到）以下目标：其一，确立适用于整个 ISP 侵权责任领域的总体性原则及其适用限度；其二，有效地确立各种不同技术类型的 ISP 的责任设计思路，并在一段相对长的时间范围内，为可能出现的新的网络技术服务方式提供指导性的侵权责任设计思路；其三，能够最大限度地解释和容纳现有的各类 ISP 具体侵权责任规则，为热点制度争议提供较为明确的解决方案；其四，在疑难案件中，能够为司法裁量提供一定的理论支持。事实上，笔者所有的理论思考和具体制度改进，都没有抛弃现有的制度的总体设计框架，而只是从新的理论构型出发对 ISP 的技术特性和相关规范进行新的观察，试图扩展现有规范体系的适应性并提升其内在的一致性，以更好地适应网络技术的高速发展和保护信息产业的繁荣。

第二节　ISP 合同责任体系研究[1]

网络技术的深入发展，使网络合同逐步由一种快捷高效的意思表示和合同缔结方式，转变为一种复杂社会合作和社会资源再整合方式。对于网络合同的涵义为何，学界尚未形成定论。较早的研究认为网络合同根据不同标准可以分为专用网络系统网络合同和 Internet 系统网络合同；基于网络的合同和经当事人双方互相协商成立的合同；直接电子商务合同和间接电子商务合同等。[2] 近年来较为一般性的看法是将网络合同界定为"基于互联网（Interact）利用万维网（World Wide Web）技术订立的 Web 合同"[3]。网络合同以数字形式记录和传递其内容，且具有以下特征：其一，合同主体涉及特定的网络服务提供者（ISP）和网络终端用户，包括双方当事人经由 ISP 提供的网络服务而达成的合同，也包括 ISP 作为一方当事人与其服务的用户所达成的合同；其二，合同的邀约、承诺、成立、变更、履行、终止等过程中，有一个以上的环节是通过互联网现实的；其三，合同以数字形式记录并保存。

一、网络合同的演化过程

网络合同从出现至今，逐步由一种快捷高效的意思表示和合同缔结方式，转变为一种复杂社会合作和社会资源再整合方式，上述转化主要经历了三个前后相继的发展过程：

第一阶段：网络产业发展之初，电子商务和即时通讯系统的率先兴起，引发了对于网络环境下电子合同概念、成立要件及其法律效力的一系列探讨。《电子商务法》的制定和《合同法》规则的延伸和局部调整，基本上较好地解决了此阶段电子合同的主要法律争议。

第二阶段：大量以用户协议为代表的点击合同出现，成为用户使用特定

---

〔1〕 本章部分内容及核心观点已经以阶段性成果形式公开发表，参见邹晓玫：《网络团购纠纷的司法管辖权构建》，载《商业研究》2013 年第 7 期，第 212~216 页。

〔2〕 卢克建、王东升：《网络合同效力及认定》，载《中山大学学报论丛》2001 年第 5 期，第 250 页。

〔3〕 夏平：《订立网络购物合同的法律问题研究》，载《湖北经济学院学报（人文社会科学版）》2016 年第 12 期，第 107 页。

网络服务的入门门槛。该协议通常以事先拟定的条款，征求用户的同意。《合同法》涉及格式条款的内容，可以部分解决此类点击合同引起的法律争议。但随着网络服务类型的多样化和 ISP 法定义务和法律责任的复杂化，上述用户协议也呈现出不断更新和内容复杂化的趋势，往往使用户的同意权流于形式，作为合同当事双方的用户与 ISP 之间的权利严重失衡。

第三阶段：网络平台的出现，使网络合同的基本功能发生了根本性改变，由单纯的特定主体之间意思表示达成的协议，转化为一种跨越地域和行业领域，重新整合社会资源的全新社会经济组织形式。网络平台（Internet Platform Provider，IPP）是特定 ISP 通过与不同主体签订的一系列合同而将多种服务形态聚合为一体的一种网络服务形式。笔者认为它不仅深刻地改变了原有的社会各组成单元之间的合作方式，也对传统的合同法律责任的设计基础提出了新的挑战：其一，特定 IPP 与不同主体达成的一系列合同共同服务于一项网络服务目的，如果由于这一系列合同中的某一个合同出现违约，从而导致最终的网络服务目的未能实现或给服务对象造成了损害，则违约责任的承担者仅限于具体合同的违约主体，还是要求 IPP 作为系列合同的整体组织者，也要为违约后果承担责任？其二，在合同责任领域，有偿合同和无偿合同主体负有不同的注意义务，在合同责任的形成机理上也有所不同。如果 IPP 组织形成的系列合同共同构成了一项完整的网络服务，IPP 其中某一具体合同中存在违约情形，该具体合同是无偿的，但 IPP 通过相关联的其他合同，确实获得了经济收益。该种情形下，IPP 对其违约行为应当按照有偿还是无偿合同承担责任？

二、三维度基础上的网络合同的类型化

互联网技术特别是网络交易平台和网络支付方式的介入，使得网络合同实际上已经将一个传统交易的各个环节深度分解，整个交易过程中涉及了更为多样性的经营主体，不同主体之间的法律关系也更为复杂。

网络合同的复杂性导致其涉及主体规模庞大且多元。在网络合同中可能涉及的主体包括：商品（或服务）的买家、卖家；网络购物平台、网络支付平台运营商、物流公司等，各主体之间互不相识、空间遥远且业务范围和组织形态高度异质化，完全依赖合同形成的网络（network）来组织和实现彼此

之间的大规模合作。同时，由于网络合同"一对多"的特殊属性使得一方当事人很可能涉及数量庞大的消费者群体（或用户），一旦产生纠纷，极易形成集团性诉讼，这是传统的买卖合同所不具备的特点。因此必须在对网络合同的这些特征进行深入分析的基础上才能展开 ISP 合同责任之讨论。

笔者认为根据"互联网"这一技术性因素在网络合同订立、履行及合同目标等各环节参与深度和实质功能的不同，依据特定 ISP 在网络合同中的"信息加工深度""社会关系干预度"和"利益驱动强度"三维度上表现出的不同特点可以将其分为三种基本类型。

（一）网络交流型合同（Offline to Offline）

合同是法律地位平等的双方当事人基于意思表示之一致，设立、变更、终止民事权利义务关系的协议。网络交流型合同是指当事人之间通过计算机、互联网等设备构成的电子管理和数据交换系统设立、变更、终止财产性民事权利和义务关系的交易协议[1]。此种网络合同只是传统合同的特殊载体，同样可以允许双方当事人进行磋商，达成意思表示的一致。在此种类型的网络合同中，互联网仅仅是双方当事人互相联络、形成合意的一种技术手段，其法律性质与传统合同没有本质性区别，仅仅是一种借助了现代通讯手段的合同签订行为。

此类网络合同的特征是，互联网和提供网络服务的 ISP 仅仅充当买卖双方的合同签订过程中的交流、信息传递的中间介质和技术服务者，网络的技术性参与并未改变该类交易活动的一般合同行为特征。

1. 信息加工深度

此类网络合同中的 ISP 仅仅是合同双方当事人之间的信息传递者或意思表示记录者（以提供电子信息传输、电子签名、远程会议系统等服务的 ISP 为典型代表）。ISP 在此类网络合同的签订过程中，既不是做出意思表示的当事人，也不提供任何合同内容，更不会对合同双方的意思表示或合同文本做出任何的改变或调整。ISP 仅仅以中立的第三方角色，为合同双方（或多方）提供技术支持，处于"信息无涉型"之地位。

2. 社会关系干预度

此种类型的网络合同没有改变合同双方当事人在传统合同中的社会关系。

---

[1] 魏士廪编著：《电子合同法理论与实务》，北京邮电大学出版社 2001 年版，第 4 页。

合同双方地位平等，在磋商基础上形成一致的意思表示，仅仅是通过ISP提供的网络服务进行数据的传输和合同文本的固定，以达到迅捷高效，减少交易成本的目标。ISP提供的网络服务在任何意义上，都没有改变合同主体之间应有的社会关系。

3. 利益驱动强度

网络交流型合同与传统的线下合同关系并无不同，提供有偿服务则按照有偿合同来承担合同责任，提供无偿服务则按照无偿合同承担相应的合同责任。

(二) 网络确认型合同（Online to Offline）

网络确认型是指合同当事人一方事先拟定的合同，另一方当事人只能表示同意或者不同意但不得进行协商的合同。此类合同一般也称为"点击合同"，"网络确认"是笔者对其技术特性的描述。点击合同是网络合同当前最为广泛和典型的表现形式，也是格式合同在大规模网络服务兴起时代的数字化形态。最早的格式合同出现在19世纪铁路运输业和保险业，因为进入垄断资本主义阶段，大型企业出现，促进了合同形式的新发展。20世纪40年代后，格式合同在商业领域盛行开来。[1] 随着计算机和网络的发展，格式合同制度发生了明显的变化。网络用户数以万计，网络公司按照传统经济的谈判模式与网络用户进行谈判以订立合同显然不可能，因此，格式合同条款成为他们的最佳选择。当我们安装一个软件或者注册一个邮箱前，会弹出软件注册服务条款，窗口的最下面会出现"授权同意并接受"的选项，在此项前打钩，并点击继续或安装按钮，就可以完成整个软件和邮箱的注册。一经勾选，我们就与网络服务提供者签订了服务合同，这个合同就是典型的网络点击合同。它采用一种完全电子化的订约形式，是由消费者与网络服务商通过软件完成交易的电子格式合同。[2] 因此，点击合同（Click Wrap Contract）就是指在电子商务中由销售商或其他经营者通过互联网发出要约，用户以其"点击"行为表示承诺从而达成意思表示一致的合同。[3] 本书所要讨论的"网络确认

---

[1] 叶知年：《初论格式合同》，载《华侨大学学报（哲学社会科学版）》1995年第2期，第49~54页。

[2] 杨端、朱宇航：《电子格式合同问题及其立法规制》，载《广西社会科学》2004年第9期，第78~81页。

[3] 刘颖、骆文怡：《论点击合同》，载《武汉大学学报（社会科学版）》2003年第3期，第278页。

型合同"是指 ISP 作为一方当事人，事先拟定合同条款并通过互联网予以发布，另一方当事人只能表示同意或者不同意但不得进行协商的合同。此类网络合同的特征表现为：

1. 信息加工深度

网络确认型合同内容是由 ISP 单方拟定并提供的，合同条款通常不允许对方当事人进行修改或调整。因而 ISP 应当对此类网络合同中的格式条款的合法性负责，如果出现条文违法或内容不清楚等情况，ISP 作为格式条款的提供者，应当承担合同或部分条款无效的不利后果。

2. 社会关系干预度

此类合同由 ISP 单方提供，另一方当事人只能选择"同意"以获得特定网络服务，或者选择"不同意"而放弃该服务。此种合同订立的方式虽然并未对合同双方主体做出根本性变更，但改变了 ISP 和用户之间的本应平等的法律地位，使合同双方当事人在合意形成过程中的地位严重失衡。ISP 在此类合同的订立过程中占据了完全的主导性地位，根据公平原则，也应当承担更为严格的法律义务，并为违反这些义务的行为承担法律责任。对于此类网络合同，最重要的法律任务是通过适当的责任设计，避免 ISP 利用自身的缔约优势过度扩张自身权利、限制自身义务和免除自身法律责任。

3. 利益驱动强度

网络确认型合同与传统的线下合同关系并无不同，提供有偿服务则按照有偿合同来承担合同责任，提供无偿服务则按照无偿合同承担相应的合同责任。

（三）网络组织型合同（Network Organization）

网络组织型合同是指合同已经不仅仅是双方达成合意而完成特定交换的协议，而是特定 ISP 借以组织大规模的社会资源，形成合同网络（network），从而实现某一特定的新型网络服务的全新经济组织方式。此类网络合同的主体，以平台型 ISP 最为典型。网络技术的深度社会化发展推动网络社会进入了平台时代。网络平台提供者（IPP）作为一种独特的网络服务提供者（ISP），其角色从技术服务提供者转化为网络社会内生秩序的主要承担者和建构者。网络平台已经成为众多网络服务中的主导性力量。

从外在表现形式上看，网络平台是在互联网上，逐渐远离桌面操作系统，从而避免了终端用户计算机系统的限制，实现高度交互性的应用界面。[1]平台本质上是一个交易空间或交换场所，既可以存在于现实空间，也可以存在于虚拟空间。互联网平台的技术模式可以描述为：借助网络接口技术将海量的终端用户联结起来，通过提供一系列产品合同或服务合同，实现双边或多边客户群相互沟通的中间网络信息系统。IPP 居于系列合同构成的合同网络的中心地位，通过系列合同所调配的资源之间的交叉互动来实现新的网络服务方式。从技术角度而言，此类"网络组织型"的合同群，均以提供特定服务的 IPP 为一方当事人，其特征表现为：

1. 信息加工深度

网络组织型合同表现出复杂交互性。在"网络交流型合同"和"网络确认型合同"中，网络服务提供者都是迅捷的信息搬运工[2]，其服务的交互性表现为简单的"终端用户-终端用户"或"网络服务提供者-终端用户"之间的互动。而以 IPP 为中心的"网络组织型合同"，则表现出多主体、多层次、多向度的复杂交互性特征。以网络交易平台为例，其服务过程中就至少存在着以下多重合同关系：IPP 与销售者之间的合同关系；IPP 与消费者的合同关系；IPP 与第三方支付机构的合同关系；消费者、销售者分别与第三方支付机构的合同关系；消费者、销售者分别与第三方物流企业的合同关系等。[3]这些合同既包含以 IPP 提供的点击合同，也包括各方主体以线上方式缔结的网络合同或线下方式缔结的传统合同。就单个具体合同而言，IPP 既有可能是一个平等的磋商者，也可能是点击合同的提供者，但不论何种情形，IPP 都是合同内容的实质参与者。且此系列合同是围绕 IPP 将要提供的网络服务而生成，各合同之间有着紧密的经济关联，因此，就系列合同的综合目标而言，是 IPP 资源组织方式的实现，IPP 对系列合同形成的合同网络之内容，均有深度的信息参与。

2. 社会关系干预度

网络组织型合同全面打破了原有的社会资源整合方式，通过合同网络对

---

[1] 王建主编：《网络法的域外经验与中国路径》，中国法制出版社 2014 年版，第 32 页。

[2] 邹晓玫：《网络服务提供者之角色构造研究》，载《中南大学学报（社会科学版）》2017 年第 3 期，第 63~69 页。

[3] 杨立新：《网络媒介平台的性质转变及其提供者的责任承担》，载《法治研究》2016 年第 3 期，第 16~26 页。

各主体拥有的社会资源进行重新组合,从而形成新的网络服务方式,因而对原各主体之间的社会关系进行了颠覆性重构。

以滴滴的网约车平台为例。滴滴公司将车辆与驾驶劳务分离,由租车公司出租车辆,劳务派遣公司派遣驾驶员提供驾驶劳务,滴滴公司居间匹配乘客用车需求,从而形成了一个新的商业模式。[1]如图4-2和图4-3所示:

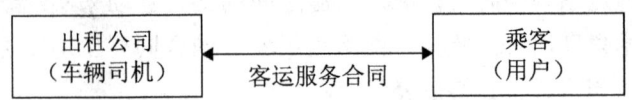

图4-2 传统出租车客运服务合同法律关系图

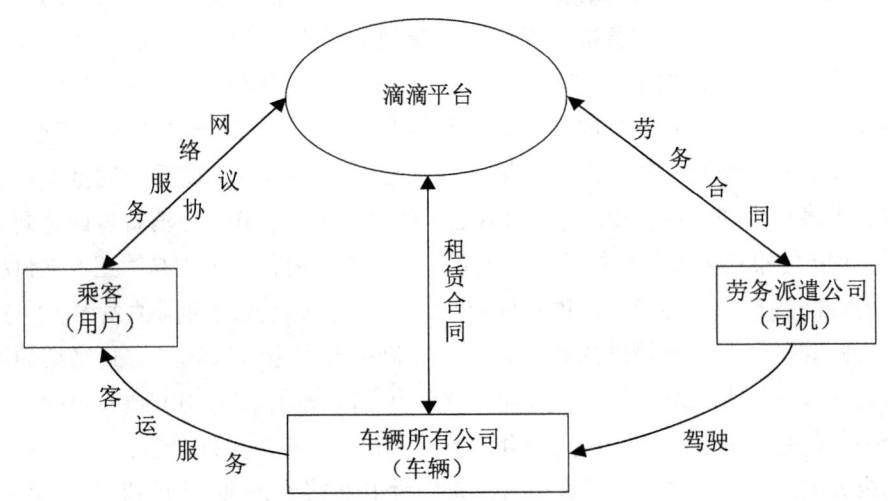

图4-3 滴滴网络预约平台模式下的客运服务法律关系图

可见,滴滴的网约车平台服务并没有创造新的社会物质资源,而是将原有的出租车服务合同中涉及的各种资源还原为最小单元,并通过相互独立但彼此关联的三个合同,将上述资源进行重新整合,从而为乘客提供更为方便、快捷的客运服务。从表面上看,滴滴平台只是与乘客签订了平台使用的网络服务协议,但事实上,整个客运服务过程的资源调动,均是 IPP 通过合同的

---

[1] 夏利民、王运鹏:《论网约车平台的侵权责任》,载《河南财经政法大学学报》2017年第6期,第102~110页。

方式予以调动和整合的，过程全面打破了原有的"出租公司-乘客"的传统合同关系，形成了"IPP-乘客-车辆出租者-劳务派遣者"之间的多主体合同网络，而这一合同网络的目标全面得以实现，才能整体上达成将乘客送至目的地的服务目的。可见，以网络平台为代表的网络组织型合同对资源主体之间的社会关系进行了颠覆性重构，对合同主体之间社会关系进行了最为深刻的干预和变化。因而，笔者认为，当合同网络中的任何一独立合同不能充分履行，从而导致系列合同的整体目标未能达成时，作为系列合同中占据资源整合地位的共同当事人——IPP，应当对用户承担整体性的合同责任，而不能以具体服务由他人提供而要求免责。

3. 利益驱动强度

网络组织型合同的收益模式表现出多样性和综合性。互联网平台提供的往往并非单一的技术服务，而是通过一系列服务或合作合同将多样化的技术服务复合于一体。更为重要的是，对于网络平台而言，这些技术服务不是彼此孤立存在的，而是以互补的方式实质性影响着平台的交易成本和各方的利益分配。[1]通常而言，一个网络平台负载的服务内容越多元，越容易形成规模庞大且需求互补的用户群，越有利于IPP本身的良性发展。IPP搭建的互联网平台构成了网络社会各方主体信息交换和利益实现的枢纽，对网络交互的基本秩序和各方的行为方式有深刻的构建力和影响力；同时，网络平台关联的任何一类用户群的行为变化也会直接或间接地影响网络平台的利益取得。[2]因此，笔者认为判断特定IPP提供的是无偿还是有偿的合同服务时，不能仅仅看用户协议或特定服务本身的收益存在与否，而应当综合考量整合合同网络的收益模式及收益水平，来予以综合判定。

三、"网络确认型合同"中ISP法律责任之完善

如前所述，"网络确认型合同"是指网络服务提供者（ISP）与网络终端

---

[1] 薛虹：《论电子商务第三方交易平台——权力、责任和问责三重奏》，载《上海师范大学学报（哲学社会科学版）》2014年第5期，第39~46页。

[2] 例如，在腾讯公司诉360的"3Q大战"中，360公司开发的软件只是以技术方式屏蔽掉了腾讯QQ平台的附加服务，并没有直接影响QQ即时通讯系统的正常运转，但这一技术措施，却严重影响了QQ的用户规模和客户保有量，使其变成了一只"裸企鹅"，从而严重影响了QQ作为一个网络平台的盈利方式的实现，因而构成了不正当竞争。参见张江莉：《互联网平台竞争与反垄断规制——以3Q反垄断诉讼为视角》，载《中外法学》2015年第1期，第264~279页。

用户之间，以 ISP 提供的格式文本为内容，以用户点击方式而订立的网络服务合同，其合同目标是为了明确网站与用户之间的权利义务关系。由于此类合同内容通常由 ISP 提供，ISP 为了充分规避自身的法律风险，合同的条款很多时候篇幅冗长且语言晦涩，不利于用户充分阅读，许多用户甚至根本不去阅读就直接点下了"继续"或"我同意"的按键。"网络确认型合同"最大的法律风险在于，合同内容由 ISP 单方提供，而用户不能基于有效的意思表示进行修改，进而导致本应在合同法律关系中平等的双方当事人，因网络确认合同订立的特殊形式，而形成了实际上的不平等关系。在这种情况下，ISP 可能借助自己的优势地位和提供合同文本的便利，通过合同具体条款的设计限制或除斥对方当事人权利、限制或免除自身义务和法律责任，而用户则可能因未能严谨细致地审读服务协议忽略了加重自己义务或者限缩自身权利的条款，以致利益受到损害。如何在意思自治的前提下，通过合同责任的科学设计矫正这种事实上的合同主体关系异常，使经济上的强者不能凭借合同自由之名压榨弱者，是法律面临的艰巨任务。[1] 就 ISP 作为一方主体的"网络确认型合同"的责任设计而言，虽然有与一般的格式合同一致之处，但也因其网络环境下的点击成立和 ISP 提供网络服务的特殊考量，而呈现出特殊的问题焦点。

(一)"网络确认型合同"法律责任之争议焦点

网络服务提供者使用提供的网络合同是单方预先制定的，制定格式合同的一方可能在合同中制定一些条款，用以扩大自己的权利、减少合同相对方的权利、免除自己的责任或设定有利于自身的程序性规则。只要这些条款的内容没有违背法律法规的强行性规定，在接受一方按下同意或者确认键的同时，合同就已成立，这些条款就已经生效并成为规范双方间交易关系的有效合同的组成部分。[2]

[案例1] 邮通公司是网络游戏营运商。汤某某在邮通公司运营的网络游戏"EVEOnline"注册了"A"对应角色"B"。2012 年 8 月 9 日，汤某某游戏角色"B"遭邮通公司永久封停。汤某某以邮通公司违约为

---

[1] 王泽鉴：《民法债编总论》，三民书局股份有限公司1996年版，第121页。
[2] 傅静坤：《二十世纪契约法》，法律出版社1997年版，第211页。

由，诉至法庭。邮通公司依据用户协议认为有权封停汤某某之账号[1]。

[**案例2**] 原告张某于2009年1月注册成为淘宝网会员，并在淘宝网开设了一家店铺，主营二代身份证异地办理回执及委托书业务。然而，2009年2月10日，被告淘宝公司删除了其在店铺中发布的商品信息，查封了张某的店铺，查封理由为张某经营的商品违反了淘宝网的《商品发布管理规则》《淘宝网服务协议》等，并删除了其在店铺中发布的商品信息。查封及删除依据是上述文件规定：淘宝公司有权随时删除用户发布的不当商品信息或者理应终止的商品信息，并且无需取得用户的同意。[2]

[**案例3**] 原告易趣网络信息服务（上海）有限公司是一家提供C2C（消费者与消费者）服务中介的服务平台。2001年1月1日被告刘某以"本田一郎"为用户名注册成为易趣用户，同年3月31日又以"Jaliseng"为用户名在易趣注册了另一个用户账号。被告注册后，即使用上述两个用户名在易趣网交易平台上发布商品信息，从事销售活动。在刘某注册时，易趣网络平台尚在实行免费服务。同年7月1日，原告开始向其用户收取网络平台使用费，并在网上发布修改后服务协议供新老用户确认。后再次修改了该协议书，其最终稿于2001年9月18日进行了公证，并在易趣网发布再次供新老用户确认。该协议对用户注册程序、网上交易程序、收费标准和方式等作了具体的约定，协议还约定如用户不按协议的约定付款，应承担赔偿损失的责任，其范围包括因追索欠款而支出的通讯费、交通费、差旅费和律师费。此后，被告先后确认了原告的《服务协议》，并继续使用原告的网络交易平台。至2001年9月17日，被告的两个用户账号拖欠使用费共4336.6元。2001年10月24日易趣公司以刘某违反网络服务协议为由向静安区人民法院提起了诉讼，要求刘某支付平台使用费4336.6元、律师费2000元，调查费4元并承担诉

---

[1] 参见上海邮通科技有限公司诉汤某某服务合同纠纷一案二审民事判决书[（2015）沪一中民一（民）终字第507号]。

[2] 转引自何治垚：《网络合同格式条款法律问题研究——以三个典型案例为视角》，贵州民族大学2018年硕士学位论文。

讼费。

[案例4] 最大的第三方支付服务商"支付宝"的服务协议中也有这样的表述:"您理解并同意,本公司不对因下述任一情况导致的任何损害赔偿承担责任,包括但不限于利润、商誉、使用、数据等方面的损失或其他无形损失的损害赔偿(无论本公司是否已被告知该等损害赔偿的可能性)。"[1]最具代表性的网络商品交易服务商"淘宝网"的服务协议中就有这样的规定:"您了解淘宝网上的信息系用户自行发布,且可能存在风险和瑕疵。淘宝网仅作为交易地点。淘宝网仅作为您获取物品或服务信息、物色交易对象、就物品和/或服务的交易进行协商及开展交易的场所,但淘宝无法控制交易所涉及的物品的质量、安全或合法性,商贸信息的真实性或准确性,以及交易各方履行其在贸易协议中各项义务的能力。您应自行谨慎判断确定相关物品及/或信息的真实性、合法性和有效性,并自行承担因此产生的责任与损失。"[2]

[案例5] 支付宝的服务协议中,第11部分"法律适用与管辖"中有这样的约定:"因本协议产生之争议,均应依照中华人民共和国法律予以处理,并以浙江省杭州市西湖区人民法院为第一审管辖法院。"同样在微信的服务协议中第12部分"其他"中约定:"若你和腾讯之间发生任何纠纷或争议,首先应友好协商解决;协商不成的,你同意将纠纷或争议提交本协议签订地有管辖权的人民法院管辖。"在该协议中有条款约定:"本协议签订地为中华人民共和国广东省深圳市南山区。"

以上案例代表了ISP在自身提供的网络合同中通常会采用的维护自身利益的条款,主要可归纳为以下几类:

1. 权利保留或失权条款

权利保留或失权条款,是站在不同角度对同一类型的ISP网络服务协议

---

[1] 参见《支付宝服务协议》,载 https://render.alipay.com/p/f/fd-iztow1fi/index.html,最后访问时间:2018年1月13日。
[2] 参见《淘宝平台服务协议》(2017年8月21日生效),载 http://terms.alicdn.com/legal-agreement/terms/TD/TD201609301342_19559.html?spm=a2145.7268393.0.0.1c262179R4k96U,最后访问时间:2019年10月13日。

中的格式条款的描述，此类条款表现为：出于网络服务高效率或管理便利性的考虑，ISP 往往在其服务协议中约定，在特定情形下，自己有权限制用户的特定合同权利行使（如案例1），或有权对用户采取特定单方面措施（如案例2）。站在 ISP 的角度来看，此类条款是权利保留条款；而站在用户角度来看，此类条款会使其丧失特定权利，因此也有一些研究者将其称为"失权条款"，用以指代网络服务合同中规定网络服务提供者在经营活动中，在满足失权条款所规定的条件时，通过适用失权条款排除网络服务特定使用者相对应的权利，限制使用者根据合同使用服务的能力，以达成商业利益最大化、网络平台管理等目的的条款。[1] 案例1和案例2都是典型的由此类条款引发的案件。从事网络服务的 ISP 在用户协议中约定了在特定情形出现时，ISP 可以单方限制用户对特定服务的使用权，或据以删除了特定用户的账号；用户认为这是对其合同权利的粗暴剥夺。司法实践中，此类条款的争议焦点在于：在用户点击并同意了用户协议的前提下，此种类型的失权条款，是否能够被认为限制了用户的权利。

2. 义务限制

义务限制条款是指 ISP 为追求网络服务的效率化，对法律要求的格式条款提供方应当履行的义务进行限制，最为常见的是对于服务协议修改时的通知义务的限制。网络服务对象是社会大众，且网络服务技术也处于不断地变化之中，如果出现情势变更，要求 ISP 对每一个相对人进行通知是难以实现的，也会导致成本过高。因此在 ISP 提供的服务协议中就会出现如案例3中所出现的典型条款，即服务协议如有变化或更新，ISP 仅会在其主页或其他显著位置予以公告，并不会通知每一具体的服务用户，而新的协议内容会对用户产生约束力。对于此类条款，司法实践中的争议主要集中于：此种公告的通知方式，是否能够理解为履行了法律规定的告知义务？如果是，是否意味着赋予了 ISP 单方修改网络服务协议的权利？合同是由双方当事人意思自治达成合意而形成的，单方享有的未经通知和协商就解除合同或修改的合同的内容的权利依据是什么？

3. 免责条款

所谓免责条款，就是指合同中双方当事人在订立合同或格式合同提供者

---

[1] 张子豪：《论网络服务合同失权条款的法律规制》，暨南大学 2018 年硕士学位论文。

提供格式合同时，为免除或限制一方或者双方当事人责任而设立的条款。以案例 4 为代表的免责条款应用范围十分广泛。有倾向性地拟订免责条款，ISP 便可有效地保护其自身，免于承担无法控制的风险。但过分地限制己方的责任就会显失公平，最终导致此项条款实际归于无效。《中华人民共和国合同法》规定，采用格式条款订立合同的，提供格式条款的一方应当遵循公平原则确定当事人之间的权利和义务，并采取合理的方式提请对方注意免除或者限制其责任的条款，按照对方的要求，对该条款予以说明。也就是说，ISP 是否对其提供的点击合同的免责条款作了特别的明示，会直接影响到该条款的法律效力。在理论界，对如果 ISP 已经特别明示，免责条款是否纳入合同之中存在着不同的看法。部分学者认为，如果消费者明知而不反对或不提异议，那么视为消费者已经放弃提出异议的权利。另一部分学者认为，在网络合同当中，格式条款拟定方也就是网络服务提供者处于有利的经济地位甚至垄断地位，此时消费者便处于弱势地位，除了做出"同意"的意思表示，别无他选。因此要对免责条款在更加严格的规定下纳入合同内容。

4. 排他性管辖

传统合同纠纷的处理和救济，《中华人民共和国合同法》以及《中华人民共和国民事诉讼法》都有相应的规定。但网络合同属于一个新的领域，合同的当事人双方经常处于地域跨度巨大的状态，所以其纠纷的解决和传统合同纠纷的解决有很多不同之处。在立法上，关于网络合同纠纷的解决，没有特别明确的指引，因此，在很多网络合同的服务协议中我们可以看到关于纠纷解决的格式条款，有助于帮助 ISP 减少诉讼成本和提高了纠纷解决的速度，如案例 5 中所引用的表述，是众多 ISP 服务协议中经常采用的。对于网络合同纠纷的司法管辖，一部分人认为互联网是一个具有多重管辖领域，也就是说互联网是一个不受任何管辖的区域，更进一步说就是在网络世界里，物质上的位置和范围没有太大的关系。也有人认为，网络合同也需要重新界定空间范围，确定管辖权的问题。不论是哪一种观点，都表明仅仅按照现有的法律规定，不能完全解决网络合同引起的管辖纠纷问题。

(二)"网络确认型合同"法律责任之改进方案

如前所述"网络确认型合同"的主要特点在于，合同的信息内容由 ISP 单方提供，且由于不容许用户方参与内容的磋商和修改，因而深刻改变了合同当事双方的平等地位，导致了合同双方社会关系的失衡。上文所述五种典型的合同争议，均是上述失衡的具体表现。因此，此类合同责任设计的根本目标，在于通过责任的重新配置，矫正上述主体间的失衡，具体而言可以从以下几方面入手：

1. 合理提示与层次化的 ISP 合同责任

《中华人民共和国合同法》第 39 条规定，采用格式条款订立合同的，提供格式条款的一方应当采取合理的方式提请对方注意免除或者限制其责任的条款，按照对方的要求，对该条款予以说明。第 40 条规定，"……提供格式条款一方免除其责任、加重对方责任、排除对方主要权利的，该条款无效"。而《最高人民法院关于适用〈中华人民共和国合同法〉若干问题的解释（二）》第 9 条规定："提供格式条款的一方当事人违反合同法第 39 条第 1 款关于提示和说明义务的规定，导致对方没有注意免除或者限制其责任的条款，对方当事人申请撤销该格式条款的，人民法院应当支持"；第 10 条规定："提供格式条款的一方当事人违反合同法第 39 条第 1 款的规定，并具有合同法第 40 条规定的情形之一的，人民法院应当认定该格式条款无效。"可见，在现有法律规范的框架下，ISP 未尽到对其提供的合同内容的合理提示义务，可能会产生"无效"或"可撤销"两种不同的法律后果。

笔者认为，对于 ISP 提供的格式合同不当地限制了对方当事人权利或限制了自身义务的情形，应当根据 ISP 格式合同内容对双方关系的影响程度及其过错程度的不同，予以法律后果上的分层次区别对待：其一，如果 ISP 未尽合理提示义务，且其提供的格式合同中的存在限制对方权利或限制自身义务的条款，则其法律效果为无效，ISP 为此承担条款无效所导致的赔偿责任。其二，如果 ISP 尽到了合理提示义务，但其提供的格式合同中的限制对方权利或限制自身义务的条款，原则上仍应当认为该条款无效，除非 ISP 有证据证明该条款获得了合同相对方的明示认可。其三，如果 ISP 提供的合同条款未不当限制对方权利或限制自身义务，但由于 ISP 没有尽到合理提示义务，相关条款未能被合同相对人注意，则可认为该条款属于可撤销条款，若撤销行为给相对人带来了损失，ISP 应当就该损失承担赔偿责任。其四，如果 ISP 尽到了合理提示义务，合同条款也未不当限制对方权利或限制自身义务，则应当认为 ISP 提供的合同有效。

所谓合理提示，是指格式合同的使用者应以合理、适当的方式将格式合同的全部条款提请对方注意，以便对方了解其内容。什么是合理的、适合的方式呢？英国普通法在这个问题上有一套较为完备的规则：其一，文件的外在表现形式应该给人是格式合同的印象，并且明确其会影响当事人的权利和义务，从而提高当事人阅读这一文件的意向；其二，提请注意的方式可以根据不同的交易环境，采取个别提请注意或公开提请注意两种方式；其三，提请注意必须畅通、清楚、明白；其四，必须是在订立合同之前提请注意，否则免责条款不生效力；其五，提请注意应达到足以令相对人注意免责条款的程度。基于上述要求，一个条款如果很普通，那么就可以被轻易接受，条款的内容越特殊，接受起来的难度越大，提醒的明确性也应更高。

2. 充分告知前提下的合同修改

网络用户注册仅仅单纯地表明用户对注册时的服务协议、政策、规则内容的确认，在注册之后出现的任何变更、修改都应当以在主页上发布通告、发送邮件的方式通知或提请用户注意并注明相关的修改内容。在案例3中，原告提供的《服务协议》条款在2001年7月1日之后进行了重大修改。其中关系本案的内容便是由原来的免费服务，修改为有偿服务，原告开始向用户收取网络使用费。事实上这一修改，构成对原服务协议的重大变更。这种修改需要通告老用户并经老用户确认后始生效力。也就是说，要给予老用户以选择权，要么接受新的服务条款，继续原合同关系；要么拒绝接受，终止服务关系。由于本案被告在7月1日之后，仍然使用易趣交易平台，这种使用行为本身即表明其接受了修改后的条款。当然，作出这种结论是以原告7月1日之后已经作出合理的提示或通告为前提的。从法院对本案的判决来看，对此事实是加以认定的。合同具有法律约束力的一个重要体现就是在成立后，当事人不得擅自变更或者解除。在服务商的网络经营过程中，由于其面对的是人数众多的客户，在其经营方式或内容需要变化时，要求其逐个通知每个客户并征得同意是不现实的。通过更改原来已经向各客户发布的协议，作为对客户的通知是可以接受的，但应当对其新协议发布的合法方式加以严格的限制。由于合同的变更是单方提出的，还应该给予相对方一定期限的考虑时间，即"犹豫期"，在此期间内相对方有选择继续接受或拒绝的权利。如果ISP未能尽到应有的告知义务，则应当就其单方变更合同的行为承担违约责任。

3. 严格限制免责条款的效力

当网络服务提供者已经以特别明示的方式合理地提请用户注意，或者采取了特定方式满足其知悉的需要，那么可以认为消费者接受了该免责条款。其一，原则上非由法律规定而由 ISP 自行设定的免责条款无效；其二，如果 ISP 的免责条款符合法律的规定，但因其没有尽到合理提示义务，导致用户未能知悉该条款，则认为该条款属于可撤销条款；其三，如果 ISP 对责任限制条款尽到了合理提示义务，则可以认为用户知悉并认可了该免责内容，但 ISP 对该事实负有举证义务；其四，对于免责条款的实质内容也要进行审查，网络合同多种多样，由于行业领域不同、技术含量不同，网络服务提供者所承担的责任范围也相应不同。如果是因为网络服务商的软件、硬件故障引起的无法提供服务，给用户造成的损失就应由其负责，不论是否约定了免责条款。

4. 附条件的约定管辖

网络合同引发的法律纠纷具有多样性、复杂性和技术敏感性等特征，因而其司法管辖权的设计不能简单地追求整齐划一，而应当在对网络合同引发的法律纠纷进行科学有效的类型化基础上区别对待。笔者认为在"网络确认型合同"中，原则上应允许当事人在平等自愿的前提下自行约定管辖法院，但立法应当对这种约定管辖进行限制：其一，ISP 以电子格式条款方式约定管辖法院的必须以显著方法向对方明确提示管辖约定，如不能履行合理的提示和告知义务，则该管辖条款可由合同相对人撤销；其二，若合同未约定管辖法院，或因 ISP 的过错，使管辖条款无效或被撤销，则允许相对人选择在 ISP 住所地或相对人所在地法院提起诉讼；其三，对管辖权约定的解释按照有利于非格式条款提供方的方式进行。

综上所述，"网络确认型合同"是 ISP 与网络终端用户订立服务合同的最典型方式。网络点击合同的设计者往往是网络资源的垄断者，它们拥有强大的经济实力和广泛的影响，尽可能地减少交易环节、降低交易成本，都是源于他们的逐利本性。通过全面设定 ISP 在限制合同相对人权利、限制自身义务或法律责任、单方修改合同及管辖权确立等过程中的法律责任，能够更好地实现"网络确认型合同"的规范化、合法化。

四、"网络组织型合同"中 IPP 合同责任之重构[1]

如前文所述,"网络组织型合同"最大的特点在于:其一,从"社会关系干预度"来看,它全面打破了原有的社会资源整合方式,通过合同网络对各主体拥有的社会资源进行重新组合,从而形成新的网络服务方式,因而对原各主体之间的社会关系进行了颠覆性重构;其二,从"利益驱动强度"来看,网络组织型合同的收益模式表现出多样性和综合性。IPP 提供的往往并非单一的技术服务,而是通过一系列服务或合作合同将多样化的技术服务复合于一体。更为重要的是,这些技术服务不是彼此孤立存在的,而是以互补的方式实质性影响着平台的交易成本和各方的利益分配。[2]

IPP 的技术特征决定了它在自己建构的网络平台中俨然是虚拟世界的沙皇,而他们与不同主体签订的一系列服务或合作合同,就是网络平台世界的法律[3]。与其他 ISP 不同,IPP 商业利益的获取主要依靠的是网络空间中的虚拟社会关系构建,其技术模式、商业利益和社会干预高度融合,因此其规制应当放弃严格的技术中立,转而从其商业意图、技术行为和社会后果三者之间的一致性上来确定其行为合法性,并以此为基础考虑其合同责任的特殊建构模式。

(一) IPP 在"网络组织型合同"中法律责任构建之关键问题

1. 合同责任设计之总体思路

由于"网络组织型合同"功能及其构成方式的特殊性,笔者认为作为该类合同中占主导地位的合同主体——IPP 不但应当与其他 ISP 一样,承担上节所讨论的一般意义上的合同责任,还应当基于对互联网社会关系的保护,负有一些特殊的合同责任。这些责任之具体内容,既可以在 IPP 与不同主体签订的合同中直接予以约定,也可以在适当时候由国家立法予以专门性规定。不论以哪一种方式确立,其有别于 ISP 一般合同责任的本质特征在于:其一,虽表现为合同责任形式,但这些法律责任的设置目标并不直接指向构成"合

---

[1] 本部分的主要内容及核心观点已经以论文形式公开发表。参见邹晓玫:《论网络平台提供者法律责任之构造》,载齐恩平主编:《民商事法律理论与应用》,南开大学出版社 2018 年版,第 23~33 页。

[2] 薛虹:《论电子商务第三方交易平台——权力、责任和问责三重奏》,载《上海师范大学学报(哲学社会科学版)》2014 年第 5 期,第 39~46 页。

[3] 刘连泰:《信息技术与主权概念》,载《中外法学》2015 年第 2 期,第 512 页。

同网络"的具体单个合同目的的实现,而在于实现"系列合同"的整体交易目标的同时保护社会关系的稳定;其二,相对于一般合同责任的高度意思自治,"网络组织型合同"的责任有较强的独立性和刚性特点,一般无特殊理由不得免除。

2. 合同责任设计所要保护的目标

"网络组织型合同"已经不仅仅是双方达成合意而完成特定交换的协议,而是特定 ISP 借以组织大规模的社会资源,形成合同网络(network),从而实现某一特定的新型网络服务的全新经济组织方式。不同于一般合同之每一合同服务于一个特定目标,"网络组织型合同"是由一系列合同组成的"合同网络"共同服务于一个特定目标——通常是实现特定新型网络服务。笔者认为,这不仅深刻改变了原有的社会各组成单元之间的合作方式,也对传统的合同法律责任的设计的服务目标提出了新的挑战:特定 IPP 与不同主体达成的一系列合同共同服务于一项网络服务目的,如果由于这一系列合同中的某一个合同出现违约,从而导致最终的网络服务目的未能实现或给服务对象造成了损害,则违约责任的承担者仅限于具体合同的违约主体,还是要求 IPP 作为系列合同的整体组织者,也要为违约后果承担责任?

3. 合同收益模式之考量标准

在合同责任领域,有偿合同和无偿合同主体负有不同的注意义务,在合同责任的形成机理上也有所不同。IPP 往往并非通过一个合同提供一种单一的技术服务,而是通过一系合作合同将多样化的技术服务复合于一体,共同实现一个技术服务目标。更为重要的是,对于 IPP 而言,这些技术服务不是彼此孤立存在的,而是以互补的方式实质性影响着平台的交易成本和各方的利益分配。[1] 换句话说,观察组成"网络组织型合同"中的某一个具体合同,很可能是无偿合同;但该系列合同共同实现的服务方式却是营利性的。如果 IPP 组织形成的系列合同共同构成了一项完整的网络服务,IPP 其中某一具体合同中存在违约情形,该具体合同是无偿的,但 IPP 通过相关联的其他合同,确实获得了经济收益。该种情形下,IPP 对其违约行为应当按照有偿还是无偿合同承担责任?

---

[1] 薛虹:《论电子商务第三方交易平台——权力、责任和问责三重奏》,载《上海师范大学学报(哲学社会科学版)》2014 年第 5 期,第 39~46 页。

（二）IPP 在"网络组织型合同"中法律责任构建之路径

IPP 在"网络组织型合同"中的责任构造应考虑事实、价值和逻辑形式三大基本要素。〔1〕就事实层面而言，IPP 的法律责任设计必须以其网络服务的技术性特征为前提；从价值论的层面而言，法律责任理论经历了道义责任论和社会责任论的融合〔2〕，社会主体基于有限理性而形成的社会性共识和基于意志自由外化而成的行为选择自由为法律责任的"当为性"提供了正当性依据。〔3〕因此在 IPP 的间接合同责任构造过程中，不但要考察其主观的商业意图和网络行为，还要充分考虑其技术行为的客观社会效果，综合评价其具体行为在法律上是否具有"可责难性"〔4〕；进而在逻辑结构的形式构造上寻求 IPP "不法行为"与其规范效果（国家强制承受之负担）之间的可归责性。〔5〕从这一思路出发，任意一个特定 IPP 在"网络组织型合同"中的法律责任设计，可以从以下两个方面来综合确定：

1. 以具体合同中的"信息干预度"确定 IPP 的具体合同责任

信息干预度关注的是 IPP 是否对其主导形成的"合同网络"中特定具体合同的内容进行了提供、加工或改造。IPP 在某一具体合同中的信息干预程度决定了其在该合同中的具体责任存在差别：其一，如果 IPP 在某一合同中是与相对方平等磋商达成特定网络合同，则 IPP 对该合同仅承担一般意义上的违约责任；其二，如果某一具体合同内容完全由 IPP 提供，其内容完全由其主导，则在该具体合同中，IPP 应当按照上文所述之"网络确认型合同"之主体来承担相应的合同责任。

2. IPP 对"网络组织型合同"承担的整体性责任应与其"社会关系参与度"相一致

社会关系参与度是指 IPP 提供的网络服务在多大程度上使社会关系发生改变。以网络平台为代表的网络组织型合同对资源主体之间的社会关系进行了颠覆性重构，对合同主体之间社会关系进行了最为深刻的干预和变化。因

---

〔1〕刘作翔、龚向和：《法律责任的概念分析》，载《法学》1997 年第 10 期，第 7~9 页。

〔2〕余军：《法律责任概念的双元价值构造》，载《浙江学刊》2005 年第 1 期，第 175 页。

〔3〕叶传星：《法律责任的哲学根据》，载《法制与社会发展》1998 年第 6 期，第 3~5 页。

〔4〕张旭：《民事责任、行政责任和刑事责任——三者关系的梳理与探究》，载《吉林大学社会科学学报》2012 年第 2 期，第 54~60 页。

〔5〕余军、朱新力：《法律责任概念的形式构造》，载《法学研究》2010 年第 4 期，第 159 页。

而，笔者认为，当合同网络中的任何一独立合同不能充分履行，从而导致系列合同的整体目标未能达成时，作为系列合同中占据资源整合地位的共同当事人——IPP，应当对用户承担整体性的合同责任，而不能以具体服务由他人提供而要求免责。例如，在前文所述之滴滴网络预约出租平台中，表面上看滴滴平台作为 IPP 只是与乘客签订了平台使用的网络服务协议，但事实上，整个客运服务过程的资源调动，均是 IPP 通过合同的方式予以调动和整合的，过程全面打破了原有的"出租公司–乘客"的传统合同关系，形成了"IPP–乘客–车辆出租者–劳务派遣者"之间的多主体合同网络，而这一合同网络的目标全面得以实现，才能整体上达成将乘客送至目的地的服务目的。如果由于某种原因，劳务派遣公司未能按照合同及时派出合格的司机，致使最终的客运服务未能达成，笔者认为，作为资源组织者的滴滴平台，应当就系列合同的整体目标——提供客运服务——未能达成，而向用户承担违约责任；在此之后，可以依据其与劳务派遣公司所签订的具体合同，判断不能派员的具体过错，如果该具体合同不能履行是由于劳务公司的过错导致的，则滴滴平台可以在具体合同违约责任之外，就自己承担的整体性责任向劳务公司追偿。

3. 以 IPP 经济利益获取模式为标准判断合同的有偿性

经济利益驱动强度指 IPP 是否通过提供服务获取了相应的经济利益。提供网络服务是否有偿是确定 IPP 承担何种责任的重要依据。完全无偿提供技术服务的 IPP 仅对其技术的合法性和有效性负责。值得注意的是，与提供单一性网络服务的 ISP 不同，IPP 的技术模式决定了其营利方式具有隐蔽性，不能简单依据其是否就某一行为直接获利来判断其有偿或无偿属性。绝大多数的 IPP 采用允许终端用户免费使用其网络空间和技术服务的方式来形成其稳定的客户群。因此从 IPP 与任意终端用户的服务协议来看，其服务均属无偿提供。但如前文所述，IPP 的主要经济利益并不来源于直接的有偿使用，而在于平台用户保有量所创造的品牌影响力和增值服务。因此，在讨论 IPP 某一具体行为的经济参与度时，不仅包括直接向信息发布者或技术使用者收取费用，也包括通过广告、流量、吸引用户等间接方式获取的经济利益。在违约赔偿责任的确认及其数额的认定过程中，均应考虑上述间接利益的获得。笔者认为，针对"系列合同"中的单独某一合同的定向广告投放只能作为判断该具体合同有偿与否的标准，但位于 IPP 主平台上的广告投放和其他与 IPP 主平台有密切流量关联的收益方式,都可以作为判断 IPP 提供有偿服务的标志。且在由于 IPP 过错导致严重的违约后果,而相对方因此遭受的损失难以准确估计时,也可将 IPP 的违约赔偿范围扩展至上述收益所能覆盖的范围。

五、小结

笔者认为,网络合同已经逐步由一种快捷高效的意思表示和合同缔结方式,转变为一种复杂社会合作和社会资源再整合方式。这一转变的重要标志即网络社会进入平台时代,IPP 成为互联网世界的主导性力量和最活跃的增长点。通过梳理网络合同发展的脉络,笔者以"信息加工深度""社会关系干预度"和"经济利益驱动强度"为主要标准,将 ISP 作为主体参与缔结的网络合同划分为"网络交流型合同""网络确认型合同"和"网络组织型合同"。

"网络交流型合同"中,网络数字技术只是传统合同的特殊载体,在此种类型的网络合同中,互联网仅仅是双方当事人互相联络、形成合意的一种技术手段,其法律性质与传统合同没有本质性区别,其合同责任问题可直接由电子商务法和合同法之相关条款予以确认,因此在本节中未有赘述。

"网络确认型合同"以 ISP 与用户签订的用户协议最具代表性,其特征在于直接由 ISP 单方提供合同文本内容,改变了合同当事双方的平等地位。通过全面设定 ISP 在限制合同相对人权利、限制自身义务或法律责任、单方修改合同及管辖权确立等过程中的法律责任,能够更好地实现"网络确认型合同"的规范化和合法化。

"网络组织型合同"最大的特点在于:其一,从"社会关系干预度"来看,它全面打破了原有的社会资源整合方式,通过合同网络对各主体拥有的社会资源进行重新组合,从而形成新的网络服务方式,因而对原各主体之间的社会关系进行了颠覆性重构。其二,从"利益驱动强度"来看,网络组织型合同的收益模式表现出多样性和综合性。因而 IPP 作为此类合同的整体资源组织者,不但应当对每一个具体合同承担一般的合同责任,同时应当对该"合同网络"的整体目标实现承当整体性责任;而 IPP 特殊的经济收益模式决定了在判断其提供的是有偿服务还是无偿服务,以及确定其违约责任之赔偿范围时,应当结合其经济利益获得的具体途径予以综合考量。

第五章　ISP 行政责任体系研究

信息时代的来临使互联网为代表的数字化产业成了势头最强劲的经济增长点。互联网环境下行政责任设计的根本目的在于保护社会公共利益和公共秩序不因网络主体的不当行为而遭受损害。网络服务提供商作为互联网发展的核心建构性力量[1]和互联网法律规制的三大对象之一[2]，是拉动数字化产业增长的中坚力量。科学合理的行政责任设计，有利于敦促 ISP 等有网络技术控制能力的行为主体积极履行法律规定的监督管理义务。

从 ISP 相关法律规范发展的过程来看，行政法领域的规范数量众多且最为集中。以《中华人民共和国网络安全法》和《互联网信息服务管理办法》为中心，形成了《互联网信息搜索服务管理规定》《互联网直播服务管理规定》《互联网新闻信息服务管理规定》《互联网用户账号名称管理规定》《互联网用户公众账号信息服务管理规定》等多部行政规章共同构成的规范体系。而且，随着 ISP 网络服务技术的日益多样化、复杂化，上述行政法律规范尚在不断扩张，同时行政责任的设计也有日益严格的发展趋势。[3]

从 ISP 行政责任设计的总体立法思路来看，出现了两个重大的结构性转变：其一，越来越多的行政管理职能（或者准行政管理职能）由传统的政府执法部门向 ISP 等网络技术主体转移[4]，监管职能（或监管义务）的增加，也同时带来了行政责任的增加；其二，ISP 行政法律责任的功能目标，由传统

---

[1]　邹晓玫：《网络社会认同之建构——兼论网络服务提供商的角色定位》，载《理论月刊》2016 年第 8 期，第 157~162 页。

[2]　周汉华：《论互联网法》，载《中国法学》2015 年第 3 期，第 23 页。

[3]　叶良芳、童璇：《类型化思维下网络服务平台的监管责任探讨》，载《中国检察官》2019 年第 10 期，第 13~18 页。

[4]　杨峻：《论网络服务提供者的公共行政职能及法律规制——以个人信息保护为视角》，载《社会科学战线》2018 年第 8 期，第 265~270 页。

的惩罚违法逐渐转向了为 ISP 提供更为明确的合规指引。[1] 笔者认为这种行政责任设计的制裁功能向指引功能的转化，是技术浪潮之下，ISP 对网络技术和网络社会资源的实质了解和掌控能力日益超越政府执法部门的必然结果。

由上述 ISP 法律责任规范发展的总体性规律出发，本章试图在探讨 ISP 行政责任设计的总体性框架的基础之上，选择两个代表性的 ISP 行政责任集中的领域进行具体针对性的分析。笔者选择 ISP 行政法律责任重点研究的领域，依据以下两个思路：其一，横向而言，在 ISP 行政监管法律集中的领域，ISP 行政法律责任设计的基本依据、制度目标和规则体系为何？其二，纵向来看，在 ISP 侵权责任案件高发领域中，某一侵权行为往往也可能同时触发行政法上的责任，甚至引发刑事法律责任。在此情形下 ISP 民事责任、行政责任和刑事责任应当如何有效界分和衔接？本研究拟就上述两个思路各选择一个具有代表性的论题，进行集中讨论：横向思路上选择 ISP 市场准入法律责任之设计；纵向上选择能够代表 ISP 与公共监管机构"协同共治"和责任衔接问题的个人数据（信息）保护问题，并尝试以笔者提出的"维度"分析框架，对上述两个代表性问题提出观察视角和解决方案，为 ISP 行政责任设计框架和各种不同层次法律责任的衔接提供新的探索。

第一节 ISP 行政责任之总体构型

一、ISP 行政责任设计之理念由"行政监管"向"协同治理"转化

自 2004 年起，我国开始了政府职能由"监管型政府"向"服务型政府"的转变。"监管型政府"是以市场失灵的固有缺陷为理论前提的。该理论认为市场有其自身缺陷，其自身无法解决因自然垄断、外部性、信息不充分、集体行动等原因带来的市场失灵和社会不公正问题[2]，因而要求政府在资源配置中发挥监督和控制职能，从而克服市场失灵带来的问题。而"服务型政府"则要求政府创新管理方式，寓管理于服务之中，更好地为基层、企业和公众

---

[1] 孙禹：《论网络服务提供者的合规规则——以德国〈网络执行法〉为借鉴》，载《政治与法律》2018 年第 11 期，第 45~60 页。

[2] 马英娟、李德旺：《我国政府职能转变的实践历程与未来方向》，载《浙江学刊》2019 年第 3 期，第 74~84 页。

服务，将政府职能的重心向市场监管、社会管理和公共服务职能倾斜。

互联网时代，政府管理社会的方式不再以强制、命令、规定等行政手段为主，而是形成法治、道德、经济、协商、教育等综合治理方式，推动治理方式向多元化发展[1]之"协同治理"时代。协同治理是指在公共生活过程中政府、非政府组织、企业、公民个人等子系统构成开放的整体系统，货币、法律、知识、伦理等作为控制参量，借助系统中诸要素或子系统间非线性的相互协调、共同作用，调整系统有序、可持续运作所处的战略语境和结构，产生局部或子系统所没有的新能量，实现力量的增值，使整个系统在维持高级序参量的基础上共同治理社会公共事务，最终达到最大限度地维护和增进公共利益之目的。[2] 协同治理倡导多元治理主体（包括公共部门、企业、社会组织和个人）在资源与利益相互依赖的基础上共同参与决策制定，并协同解决公共问题。[3] 其本质上是一种整体主义思维方式的体现，在协同治理模式下，治理更多地强调目标的合理性、主体的配合性、关系的协调性、过程的参与性、结果的反馈性、互动的常态性。[4]

在互联网的行政治理的过程中，ISP 强大的技术控制能力和网络社会资源组织能力，决定了其是多元协同治理主体之中不可忽视的力量。对 ISP 行政法律责任的设计，尤其要注意梳理和识别 ISP 与行政监管机构之间的各种关系，包括治理关系、监督关系、服务关系等，在不同的关系中应当根据 ISP 的不同角色，采取不同的行政责任方式。

对于 ISP 进行网络技术创新和探索新的网络服务方式等行为，行政管理部门与 ISP 之间是服务对象与公共服务者的关系。在此类关系中，行政机关应当积极为 ISP 提供技术革新的条件，营造良好的市场环境，促进技术革新和产业升级。如果没有充分的证据证明新的技术服务方式将带来不可避免的风险，均不应对新的网络技术服务形态横加限制。因此，笔者认为面对日新月异的技术革新浪潮，行政部门应当尽量减少市场准入等许可或审批环节，

---

〔1〕赵伟：《互联网时代政府治理的机遇与挑战》，载《传媒论坛》2019 年第 19 期，第 95~96 页。

〔2〕蓝茜：《协同治理：新时代服务型政府的道路探索》，载《现代企业》2019 年第 9 期，第 54~55 页。

〔3〕张贤明、田玉麒：《论协同治理的内涵、价值及发展趋向》，载《湖北社会科学》2016 年第 1 期，第 30 页。

〔4〕孙军英：《协同治理：我国网约车行政治理法治化的可行性选择》，载《晋阳学刊》2019 年第 5 期，第 121~125 页。

提高新技术市场应用的效率。

对于众多的网络用户在互联网上的违法行为，ISP 与行政监管机关之间是合作治理者的关系。总体而言，网络违法行为对 ISP 通过网络服务实现合法经营的总体目标是相矛盾的，在这个意义上 ISP 与监管机构之间具有共同的治理动机；且 ISP 相对于行政监管机构而言，拥有明显的技术优势和对网络行为的具体控制力量。因此，在此一类型的关系中，行政监管机关可以通过具体的法律规范，将一部分的网络具体行为监督管理权下放给 ISP。依托 ISP 用户协议、技术措施以及纠纷调处机制，充分发挥 ISP 的"协同治理"能力，仅在其治理行为失当且怠于行使监管权的情形下，对其课以行政法上的责任。

总体而言，ISP 是互联网市场的经营主体，其行为有逐利的固有属性。ISP 可能为了实现自身的经济利益，突破法律规范的限制对他人的合法权利造成直接侵害，或者为自身利益怠于行使监管和治理职能，放任他人利用自己的技术服务从事非法行为。在此类关系中，行政监管机关对 ISP 有监督和管理之职责，应当通过行政责任之设置约束 ISP 的逐利属性，防止其造成权利损害结果。在行政责任设置过程中，有关行政主管部门应当强化事中和事后监管，对于监管主体、被监管主体都应当权责明确，在遵守法定行政程序基础上严格执法。

二、明确 ISP 的法定监管义务

法定义务是 ISP 法律责任体系的基础，行政责任的本质又是行政监管机关代表国家行使权力，保护社会公共利益不因 ISP 的不当经营行为而遭受损害。因此若无明确而系统的法定义务，ISP 的行政责任将是无根之木，经不起推敲。从本源上看，ISP 的法定义务来自其网络角色和社会责任，故而明确和完善 ISP 法定义务不仅是民事法律的任务，也是网络信息安全法等多领域行政法律法规的共同任务。ISP 行政法意义上的法定义务应包含以下三方面：

（一）"事前审查"义务

"事前审查"本身应当包含两方面的涵义：其一，行政机关对 ISP 从事特定网络服务行业的资质所设置的"准入义务（或称条件）"。其二，行政法律法规所设定的 ISP 对于其用户的网络行为所应当进行的"事前审查"义务。

对于前者，笔者将在本章的第二节予以专门探讨。因此本节中只对后一种"事前审查"予以讨论。

1. 对用户身份的"事前审查"

有学者提出，净化网络环境、规范网络行为，"最好的解决模式还是推进网络参与环境由'不互信'向'互信'的回归"[1]。曾几何时，身份虚拟成为互联网的魅力之一，隐藏在虚拟身份后的网民尽情享受网络自由，也将网络逐渐推向"陌生人社会"，随机变动的 IP 地址为虚拟身份的网民行为提供了无限可能，其中当然也包括实施违法行为的可能。随着网络违法犯罪的增多，对网络"实名登记"的呼声越来越高。不可否认，在网络行为中身份虚拟仍有其必要的存在空间，不宜一概改变，但在关乎社会公共利益、群众人身财产安全的领域，如热点论坛、聊天工具、电子邮箱、电子商务平台、共享软件、支付软件等，"身份审查"势在必行。对于作为网络"守门员"的 ISP，对用户进行事前的"身份审查"应成为其顺理成章的责任，但行政法律法规应对 ISP 开展用户"身份审查"的情形、审查内容、方法和标准等进行明确规定。同时注意以下两点：其一，事前"身份审查"须达适当限度、有明确指向性，审查标准要与网络平台的重要性、关联性和服务性质相匹配。虽然一般情况下不要求登记过多个人身份信息，以免泄漏，但也不能只登记变动性大、与个人关联性小的信息，应以确保必要时相关部门能够找到网民本人为限。其二，建立相应的身份信息安全保障机制。因为掌握了注册网民的关联信息，ISP 有义务采取必要措施，保障信息安全；ISP 因自身原因导致网民身份信息泄露的，要承担相应责任，若故意泄露网民身份信息导致不良后果的，要予以相应处罚。国家应责成专门行政机关监管 ISP 的"身份审查"和信息安全保障措施推行情况，完善监管制度，以确保 ISP 勤勉履行义务。

2. 对网络信息内容的"事前审查"

区别不同类型 ISP，应对其采取不同的网络信息内容事前监管要求：其一，对于"网络信息内容提供型"ISP，法律法规应当明确要求其对所提供的网络信息内容进行全面的事前审查，排除违法性信息。如果此类 ISP 提供的

---

[1] 于冲：《网络诽谤刑法处置模式的体系化思考——以网络水军为切入点》，载《中国刑事法杂志》2012 年第 3 期，第 45~51 页。

信息违法，对他人造成损害，应当依据相关民事法律规范的规定承担侵权责任；如果违法信息产生了广泛的社会影响，损害了社会公共利益或国家利益，则应同时对其课以行政责任。视其公共损害的严重程度，责任形式包括责令改正、罚款甚至取消其网络服务资格。其二，对于除"网络信息内容提供型"之外的ISP，原则上不得要求其对网络用户所提供的信息内容或网络用户行为进行事前审查。即便特定类型的ISP对其用户行为有监管义务，也应当以事中和事后的监管为主要表现形式。

（二）"事中监管"义务

事中监管义务是ISP法定义务的核心，也是其最主要的义务，这不仅是由ISP网络地位决定的，也是互联网技术和网络违法发展趋势的必然要求。日显"万能"的网络需要监管者，而最合适成为第一顺位监管者的莫过于网络主体自身。近年来，对于确立ISP的监管义务，在立法和实践中已有所触及，然而因散见于各领域的具体规则中，缺乏上位法的明确规定，不成体系且标准混乱，公认度也不高。"网络电话"随意使用、"改号软件"无人问津，以及在"快播"案中，ISP认为对解决网页上的淫秽视频"没有义务"等，都说明了此点。完善的ISP的监管义务体系应包括：

1. 以专门法律或独立条款明确ISP的监管义务

通过概括性条款确立ISP最低义务标准，明确其基本义务，其中应包含信息巡查、不良信息发现、处理或预警、违法信息报告、协助执法调查等内容；明确ISP运用监管软件、系统的功能标准，及相关工作人员的技能水平标准；对容忍不良信息的比率予以设定，即明确ISP提供的网络平台中出现不良信息的限度。

2. 对不同类型ISP监管义务分别细化

根据ISP的基本监管义务，在各领域规范中，对相关类型ISP的具体监管义务予以细化，做到符合本领域技术特点、发展需求，并兼顾ISP自身的承受能力。要求"网络内容提供型"ISP在网络服务过程中，采取必要的技术措施对网络内容和用户的言论进行实时监管，发现违法言论和内容，应当及时采取措施，删除内容或断开链接。要求"干预性利用型"ISP采取技术措施对其利用的信息内容进行合法性监管，发现不良信息或接到用户的违法举报，应当积极采取措施，避免违法损失的扩大。要求"非干预处理型"ISP

仅在接到用户通知或行政监管机关的正式通知时，才需采取必要措施，防范用户行为导致的违法后果之扩大。要求"信息无涉型"ISP 仅在接到行政监管机关的正式通知时，才须就自身技术允许的范围内，协助采取必要措施，防范特定违法行为导致后果的扩大。

3. 逐步形成专门性的监管机构

逐步改变现有分散归口的监管方式，设置专门部门或指定主管单位对 ISP 监管义务的履行情况、方式、效果和出台的网络规则等进行监督、指导和评价；并成立 ISP 和网络用户之间的"裁断者"，解决监管中的争议和矛盾，既要避免 ISP 滥用权力，也要对 ISP 的适当监管行为提供支持；同时将监管义务的履行情况作为 ISP "行业准入资格"的评价标准之一，通过公正审查、客观评价，及时升级、奖励坚持不懈、履行情况好的 ISP，降级、暂停或取缔不履行或履行不当的 ISP 之从业资格，从而让社会责任感强、监管能力到位的 ISP 最终成为网络社会的主流。

（三）"事后报告"义务

ISP 的报告义务是确保其正确、全面履行监管义务的辅助性义务，主要由三方面制度构成：

第一，网络管理规则审查、备案、公示制度。以监管为目的，为使用本平台或软件的网络用户制定规则的 ISP，应在规则出台前，将其提交给相关主管部门，由后者审查、备案、在合理期间内公示、向公众征询意见，未履行相关程序的规则不具有约束力。

第二，监管过程定期汇报制度。按照主管部门的要求，在规定期间内，将该期间监管义务履行措施、监管系统运行情况、问题发现和处理情况、ISP 平台总体运行情况等予以汇报，将运行中暴露的问题、网络违法行为隐患等及时提交，为主管部门提供参考，并对网络犯罪防患于未然。

第三，困难和需求报告制度。当网络不良信息超出预期、履行监管行为明显超过承受范围、处理网络不良行为超出自身能力或发现网络犯罪行为时，ISP 要及时向相关主管部门报告，争取必要的补位、协助和支撑，将超出其义务限度的事项及时提交，以便相关部门及早介入和处理。

第二节　ISP 市场准入法律责任研究[1]

　　ISP 市场准入制度是平衡网络经济秩序和数字化产业繁荣的重要砝码，是实现从网络大国走向网络强国的国家互联网发展战略的重要制度保障。科学合理的市场准入制度可实现优化网络资源配置、监管 ISP 经营行为、整合 ISP 社会角色和促进网络服务业持续发展等重要功能。通过对世界各主要国家和地区相关立法的研究，我们发现我国 ISP 市场准入规范分散于众多层次各异的法律渊源，存在令出多门、要件冲突、准入方式单一、责任体系缺失等制度缺陷，难以有效回应产业发展的需求。以功能诉求为导向，确立相对集中的立法模式，形成多层次开放型准入方式，并辅之以准入义务为核心的要件体系和类型化责任体系，可以全面重构 ISP 市场准入规则，助力实现从网络大国走向网络强国的国家互联网发展战略。

　　随着我国互联网产业的迅猛发展，网络立法也迎来了高速增长的时代。立法者和法学研究者都明确意识到了互联网立法的中心在于规范网络服务提供者，并重视其行业自治能力的挖掘。[2] 就法学研究领域而言，现有的对 ISP 法律规制的探讨，多集中于间接侵权责任的设定、网络信息安全保护和网络知识产权争端等领域，对 ISP 市场准入制度却鲜有关注者。而我国现有法律规范尚未有对 ISP 市场准入的统一性规定，对不同类型 ISP 市场主体资格和市场行为的要求散见于十余项不同层次的法律规范之中，其规定还多有交叉、重叠和冲突之处。笔者试图从市场准入制度的社会功能入手，讨论现行 ISP 市场准入法律体系的困境与缺失，立足于 ISP 的类型化功能特征，重构其市场准入之法律责任体系。但由于法律责任是以先行性义务被违反而产生的第二性义务，而现有的法律制度对 ISP 在市场准入制度中的法律义务设计存在很大缺失，因此本章不得不在探讨准入责任之前，对 ISP 所应负担的法律义务进行较全面讨论。

---

〔1〕 本章部分内容及核心观点，已经以阶段性成果的形式公开发表。参见邹晓玫、李金潭：《网络服务提供者市场准入法律体系研究——功能主义进路下的"三维度"构建》，载《南海法学》2020 年第 1 期。

〔2〕 王利明：《论互联网立法的重点问题》，载《法律科学（西北政法大学学报）》2016 年第 5 期，第 110~117 页。

一、ISP 市场准入之基本问题

市场准入是指一国政府允许特定市场主体或交易对象进入特定市场的自由和范围，通常采用行政许可方式发放市场准入证明。[1] ISP 市场准入过程多表现为数个单一的许可组成的复合许可过程[2]：由法律规范授权的一个或数个国家机关，针对特定 ISP 提出的网络服务申请，根据特定的实体和程序标准，决定是否发放许可，允许该申请者从事特定网络服务的活动。

对于互联网这一正处于高速发展期的朝阳产业，科学合理的市场准入制度可以在实现对 ISP 的服务主体控制、网络行为监管、失范经营行为制裁等制度功能的同时，完成网络大数据的信息收集、分析、利用等辅助工作，从根本上保护和激励网络技术革新和服务模式创新。相反的，过于严格和复杂的 ISP 准入则可能导致网络服务者之间的恶性竞争、准入成本过高和网络监管机关权力的滥用等负面效应[3]。要探索出一个与网络强国战略相匹配的 ISP 市场准入规则体系，就必须解决以下重要理论问题：其一，ISP 市场准入制度设计应当服务于何种价值导向和功能选择；其二，ISP 市场准入采取何种立法模式更有利于实现上述追求；其三，采用一体化还是类型化的实体要件和程序要件设置；其四，ISP 应当为其经营主体资格的取得承担何种法律成本；其五，是否存在一般意义上的不适合从事 ISP 行业经营的禁止性条件。

二、ISP 市场准入制度的社会功能

作为一种网络治理手段的 ISP 市场准入制度，其核心制度目标在于实现网络服务经营秩序与网络市场自由竞争的动态平衡。要达成这一目标，有赖于该制度基本功能的实现。功能主义研究范式发端于古典社会科学研究者涂尔干，后经特尔科特·帕森斯（Talcott Parsons）建构为经典理论，并由此成

---

[1] 尹腊梅：《我国数字内容产业市场准入的缺陷与完善建议——从〈魔兽世界〉审批权争议说起》，载《学术论坛》2011 年第 5 期，第 144 页。

[2] 骆梅英：《行政许可标准的冲突及解决》，载《法学研究》2014 年 2 期，第 46~56 页。

[3] Colin Scott：《作为规制与治理工具的行政许可》，石肖雪译，载《法学研究》2014 年第 2 期，第 35~45 页。

为社会科学研究三大传统之一。[1] 依据帕森斯的功能主义理论，任何社会系统通常都面临一些大致相同的基本功能要求，四种功能构成了社会系统存在的基本条件：适应（adaptation）；目标达成（goal attainment）；整合（integration）和模式维持（latency pattern maintenance）。[2] 作为一套人为构建的规则系统，ISP 市场准入机制也必须达成上述基本功能，才能构成一个具有独立存在意义的社会规范系统。在 ISP 市场准入领域，上述基本要求体现为以下功能诉求：

（一）配置稀缺网络资源

互联网是由计算机、交换器等信息设备相互连接而构成的虚拟世界。虽然虚拟空间理论上可以无限扩展，但网络空间存在的物理基础本身（包括计算机及其硬盘容量、运算速度和网络带宽等）是有限的，这也客观上决定了特定时间范围内网络资源实际上是有限的，属于相对稀缺资源。因此，将此种相对稀缺的资源交由何种主体进行更为有效的使用，就成为网络 ISP 市场准入必须解决的核心问题。设定 ISP 的市场准入条件，是国家作为公权力主体对网络社会的重要管制手段，是对互联网市场主体行为的一种事前干预措施。[3] 其核心功能在于通过资格审核确认特定 ISP 是否具备提供网络服务的资质和能力，是否有资格优先使用有限的网络资源为终端用户提供特定服务。这种配置是否科学有效，在微观层面决定了网络服务提供者是否能够有效地适应网络社会环境，维持自身系统独立性，实现与终端用户、网络监管主体和其他网络服务提供者的有效信息交换和良性互动；在宏观层面则决定了网络空间作为一个相对独立于现实社会的新生系统，是否能够在服务于社会主体的多元化需求的同时，维持与现实世界的明确区分和有效联结。

（二）引导 ISP 经营行为和维护网络基本秩序

ISP 生存的基本逻辑是：通过为终端用户提供其所需要的网络服务来实现自身的商业利益（此处所述之商业利益并不直接等于提供有偿服务。提供无偿服务的 ISP 也有扩大社会影响、锁定特定潜在客户群等商业利益）。这一逻

---

[1] 文军主编：《西方社会学理论：经典传统与当代转向》，上海人民出版社 2006 年版，第 122~130 页。

[2] [美] 乔纳森·特纳：《社会学理论的结构》（上），邱泽奇等译，华夏出版社 2001 年版，第 93 页。

[3] 周汉华：《行政许可法：观念创新与实践挑战》，载《法学研究》2005 年第 2 期，第 3~24 页。

辑构成了 ISP 所有网络行为的根本目标和原始驱动力,但同时必然导致 ISP 的网络行为具有明显的外部性特征[1],必须加以制度性矫正和约束。市场准入制度是实现对 ISP 网络行为进行有效引导、避免其外部性对网络基本秩序造成损害的重要制度设计,而这一基本功能又可以分解为以下子功能:其一,保证 ISP 获得商业利益的目标是通过为终端用户提供特定网络服务而实现的;其二,确保 ISP 所提供的网络服务方式具有合法性和正当性;其三,防范 ISP 提供网络服务的行为对公共利益、用户利益和其他 ISP 的合法权益造成危害。

(三) 整合 ISP 网络社会角色

从社会学意义上讲,规范体系的重要功能之一在于明确特定社会群体的角色特点,从而为其行为提供根本性价值指引。[2]互联网及网络产业正处于高速发展阶段,ISP 是网络技术革新和网络经营模式创新的核心力量,也是网络社会的重要建构者。这就决定了 ISP 市场准入制度的功能不仅限于对已有市场资源的合理配置,更肩负着整合 ISP 社会角色、激励其改革创新的重大使命。ISP 市场准入制度设计应当基于以下对 ISP 网络角色的认知:其一,ISP 是网络技术的主要应用者和核心创造力量,技术优势是其商业利益根本来源和核心保障。市场准入机制必须有利于保护并鼓励技术优势的优先受益权。其二,ISP 是网络社会的重要建构力量,处于联结终端用户、技术开发者和公共监管者的"结构洞"[3]位置,对其他各主体的网络行为有技术监控能力和重大影响力。市场准入制度不可单纯定位于对传统市场主体的授权,必须考虑 ISP"准监管主体"角色特殊性。其三,ISP 是网络大数据的提供、收集和利用者。ISP 凭借其技术优势,既能为网络世界提供海量咨询,也同时可以对网络大数据进行有效地搜集和再利用,这种数据生产和再生产能力既是 ISP 发展的商机所在,也可能对线上或线下的主体利益构成潜在威胁。ISP 市场准入制度必须有效应对其强大而独特的数据处理能力。

---

[1] 经济学意义上的外部性是指一个生产者的产出或投入,对另一个生产者的不付代价的副作用。参见胡石清、乌家培:《外部性的本质与分类》,载《当代财经》2011 年第 10 期,第 5 页。

[2] 在社会学研究中,社会规范通常是指特定群体在共同的生产活动和社会生活中共同创造出来的,用来约束和指导人们行为、调整人们相互关系,要求群体成员共同遵守的价值标准和行为准则。参见夏玉珍:《中国社会规范转型及其重建研究》,华中师范大学 2004 年博士学位论文,第 15 页。

[3] 结构洞是指在特定社会关系结构中,联结无任何关系的两个行动者的关键性第三者。参见陈远、刘欣宇:《基于社会网络分析的意见领袖识别研究》,载《情报科学》2015 年第 4 期,第 14 页。

（四）维持网络服务发展的可持续性

如果说 ISP 准入制度的上述三种功能共同保障了 ISP 网络服务的基本秩序，那么准入制度还有一项不可忽视的重要作用就是维护 ISP 市场进入模式的可持续性。一项市场准入制度不能只考量当下市场资源的配置和市场主体的管制，还必须为整个行业发展模式的可持续性奠定必要的基础，具体而言包括：其一，确保市场准入模式对现有不同类型的 ISP 和未来相当长一段时间内可能出现的网络服务形式，形成相对稳定和统一的规制体系；其二，禁止 ISP 以恶性竞争方式挤占市场，确保 ISP 的服务创新有广阔的发展空间；其三，通过反向清单确保不适格主体难以进入 ISP 市场，保护网络服务业在相当长一段时期的发展秩序稳定。

三、我国 ISP 市场准入规范体系及其反思

从世界范围内观察，各主要国家均对互联网产业的发展给予了高度重视，积极探索科学有效的互联网产业保障制度，力求更好地实现市场准入制度的社会功能。不同国家对 ISP 市场准入采取了不同规制策略：其一，在互联网和信息产业领域具有传统优势的国家，采取了低管制宽松准入的策略，尽可能降低 ISP 市场准入门槛，鼓励以创新为基础的自由竞争，典型国家如美国、日本；其二，互联网信息产业起步较早，有一定实力的国家和地区，通常采取"外紧内松"的管制策略，一方面以制度方式对抗信息化强国基于技术优势形成的产业渗透和信息安全威胁，另一方面积极培养、壮大国内网络信息产业，寻求自身独特的互联网产业发展优势，以欧盟、俄罗斯、澳大利亚等为典型；其三，互联网信息产业起步较晚，尚未形成明显产业优势的国家，在 ISP 准入方面往往也欠成熟，正在不断尝试摸索适合本国国情的制度路径，如肯尼亚等欠发达国家。反观我国的现行法律对 ISP 市场准入的规制，虽然起步不晚，规范数量也颇多，但始终未形成统一的发展策略和明确的功能定位，很难与建设网络强国的国家互联网发展战略相匹配。

（一）现行法律规范对 ISP 准入的规制状况

从规范角度观察，我国现行法律体系对 ISP 的市场准入，采取的是分散立法的规制形式。从 1996 年至 2014 年，先后颁布了《中华人民共和国计算机信息网络国际联网管理暂行规定》《中华人民共和国电信条例》《互联网信

息服务管理办法》《外商投资电信企业管理规定》《互联网出版管理暂行规定》《中华人民共和国电子签名法》《互联网药品信息服务管理办法》《互联网等信息网络传播视听节目管理办法》《中国互联网络域名管理办法》《网络游戏管理暂行办法》《网络交易管理办法》11项法律法规,分别涉及了从事国际联网经营活动的和从事非经营活动的ISP,经营基础电信业务的ISP,提供经营性或非经营性互联网信息服务的ISP,经营电信业务的外资ISP,从事互联网出版业务的ISP,提供电子认证服务的ISP,从事互联网药品经营的ISP,从事互联网视听传播业务的ISP,从事域名注册服务的ISP,从事网络游戏运营、网络虚拟货币发行及交易服务的ISP和第三方交易平台的市场准入条件。

从立法时间来看,ISP准入的立法进程,与我国互联网产业的发展保持了深刻的同步性。2000年前后和2004年,是对ISP等网络经营主体立法的两个高峰年,分别有4~5部相关立法出台或全面修订。2000年前后正值Web2.0技术快速占领网络市场的过程,这一阶段的立法集中于对提供网络基础设施、电信服务和网络内容服务的ISP市场主体资质的限定;2004年的市场准入立法涉及的是电子认证、网络药品、视听节目和网络域名等特殊领域的ISP行业准入,标志着我国的互联网产业开始向专业化领域的纵深层次发展。2014年以后,ISP市场准入立法又进入到了一个新的高潮,涉及了网络平台这一新型主体和网络安全保护等深层次问题。

从立法层次来看,现行规范既有全国人大常委会颁布的法律,也有行政机关颁布的行政法规,并以行政法规、规章等为主要渊源。采用的基本模式是:将特定网络服务领域或网络服务行为归口于特定行政主管部门,由该部门针对该项服务的特点,设定一系列实体或程序标准,许可符合标准的ISP从事特定网络服务。

(二)ISP市场准入模式的制度困境

上述ISP准入模式从微观层面看,针对性强,市场主体控制效果立竿见影;但从宏观上整体观察,该规则体系的实际效能与上文讨论的市场准入制度功能目标之间尚存在较大的差距,在理论和实践层面都遭遇了很大的挑战,其主要困境可以归纳为:

1. 分散立法模式无法有效涵盖所有类型的 ISP 市场准入

网络服务的发展日新月异，新的服务内容和技术模式层出不穷。如果按照现有的规制模式，每一种新的 ISP 出现都需要一部新的法律规范来确认其市场主体资格，则至少在以下几个方面存在弊端：其一，重复立法，大量浪费立法资源；其二，对未来可能出现的 ISP 网络服务新方式规制缺乏前瞻性，只能跟随网络技术进步做事后应对；其三，分散的事后立法，不利于 ISP 充分预估自身网络服务的制度成本，不利于互联网产业的有序发展。

2. 归口授权导致多头管理

现有的 ISP 市场准入模式采用归口授权的方式，而归口的依据并不完全统一，有些许可事项是根据授权主体归口，如《外商投资电信企业管理规定》；有些则是根据网络服务内容，如《互联网等信息网络传播视听节目管理办法》《网络交易管理办法》等。这就导致特定 ISP 提供的网络服务可能同时受多个主管部门管理，需要双重或多重许可才能开展服务经营。如淘宝网一家 ISP，在其主页上就公示了 4 个许可证[1]，新浪和网易更是分别在其主页上公示了 11 项许可证[2]。重复许可给 ISP 经营主体带来的不只是繁琐的审批手续和巨大的经济、时间成本，甚至会因不同许可标准之间的冲突，而导致无所适从。如经营网络游戏的 ISP，就必须同时经过新闻出版总署和文化部门的双重批准方能开展经营活动，但上述两主管部门就各自的审批权限和审批程序谁应前置等问题长期不能达成一致[3]，给网络经营主体带来很大的困扰。

3. ISP 准入方式单一

世界各国对 ISP 的经营行为有三种不同的准入方式：其一，许可式（解除禁止式），即默认特定网络服务领域是不允许一般主体随意进入，ISP 必须向特定监管部门提交申请，符合特定实体和程序性条件之后，由国家机关颁发许可，准许其进入网络服务市场。我国绝大多数的 ISP 市场准入皆采取此种模式。其二，备案登记式，即不需要特别的申请和许可，特定 ISP 只需向主管部门进行必要情况的备案登记即可开展网络服务。其三，反向清单禁止

---

[1] 参见淘宝首页，载 https://www.taobao.com/，最后访问时间：2017 年 7 月 13 日。
[2] 参见网易首页，载 http://www.163.com/，最后访问时间：2017 年 7 月 13 日。
[3] 常青：《"行政许可重复设定"怎么办？——以"网络游戏"监管权之争为例》，载《出版发行研究》2006 年第 4 期，第 55~58 页。

式，即默认特定类型的网络服务是向 ISP 普遍开放的，仅仅通过反向清单列举不得从事该服务的特殊情形，如美国在 ISP 提供电子邮件、互联网接入等服务领域即采取此种准入方式。不难看出，上述三种准入方式在国家管制程度上是逐步递减的。我国现行 ISP 的准入基本采用许可式，只在个别非经营性网络服务领域采用备案登记式准入方式。这种严格管制的立法策略选择，与互联网产业的快速、融合和开放性特征存在明显裂痕。

4. ISP 市场准入实体要件交叉重叠

现有的 ISP 市场准入规范中，无一例外都规定了特定类型 ISP 想要成为适格主体所必须具备的实体条件。事实上这些条件大体相同或高度类似，如前文所述之 11 件涉及 ISP 市场准入的法律法规中，列明的实体性要件基本均涉及：取得法人资格（5 件）；具有与所提供网络服务相适应的专业技术人员和管理人员（9 件）；具有与提供网络服务相适应的资金和经营场所（9 件）；具有符合国家安全标准的技术和设备（7 件）等。可见，这些实体要件是各种类型 ISP 开展网络服务必备的条件，完全可以通过一个较高位阶法律规范予以统一规定，而无必要分散在各个法规中重复规定。相反的，对于 ISP 的信息安全保护技术、商业信誉、经营资质等非常重要的实质条件，反而仅有个别法律文件有所提及，这种实体要件的重心偏移，必然导致对于 ISP 市场准入的实质审查难以发挥应有的作用。

5. 准入责任体系缺失

法律责任是指因第一性义务被违反而产生的第二性义务。[1] ISP 市场准入制度的有效实施，必须以明确的责任体系作为后盾。现行的法律规范中对 ISP 准入责任的设计仅停留于两个最浅表的层次：其一，如果 ISP 申请者不能满足准入规则要求的实体和程序要件，则承担不能取得许可的消极后果；其二，如果 ISP 申请者在取得资格时提供了虚假的证明资料，则可被取消资格；如果因上述行为导致了其他严重后果，则承担相应的行政责任或刑事责任。上述责任体系设计的主要缺陷在于：其一，对于准入责任产生的前置第一性义务缺乏系统性考虑，如信息保护义务等重要事项未能纳入到前置义务体系，使得某些重要法律责任的追究缺乏法定前提；其二，准入责任的内容和形式

---

[1] 张文显：《法律责任论纲》，载《吉林大学社会科学学报》1991 年第 1 期，第 7~21 页。

设计单一，多为消极的不能取得资格或资格丧失，应当赋予 ISP 更多的积极责任，以使其更为积极地改善和提高自身的服务品质。

四、ISP 市场准入模式重构

现行的 ISP 市场准入规则无法有效应对网络服务的迅猛发展，"头疼医头脚疼医脚"的准入规则难以为行业的发展提供整体性、前瞻性的制度保护。要改变上述状况，亟须立足于 ISP 产业发展的总体功能需求，针对不同类别 ISP 的技术特征，设计宽松、高效和整体协调的市场准入制度，促进网络服务产业的快速、有序发展。一个较为理想的 ISP 准入体系，应当全面地回应本节开篇所提出的系列问题：其一，ISP 市场准入制度设计应当服务于何种价值导向和功能选择；其二，ISP 市场准入采取何种立法模式更有利于实现上述追求；其三，采用一体化还是类型化的实体要件和程序要件设置；其四，ISP 应当为其经营主体资格的取得承担何种法律成本；其五，是否存在一般意义上的不适合从事 ISP 行业经营的禁止性条件。

（一）由"管制"转向"引导"的立法理念

传统的行政法规制模式侧重于通过国家权力对社会行动的许可、备案、审批、处罚等强制性干预，实现对公民和社会组织行为的知情、管理和控制。ISP 准入制度本质上也是上述国家管理和控制行为的一部分。但网络社会独有的结构性特征，决定了传统的"管制"思维方式，在包括准入制度在内的 ISP 行政调整领域捉襟见肘：其一，网络服务技术日新月异，如果任何采用新型网络服务技术的 ISP 在开展服务前，均需经过国家监管部门的全面审查方能开展，国家行政机关难以具备技术专业能力去判断每一项新技术的功能利害，即便勉为其难进行判断，也难免费时浩繁，待许可颁发时，可能新技术已经变成了"旧技术"，无法实现技术创新所应带来的经济利益和社会福利。其二，就监管网络行为避免危害社会公共利益而言，严格限制准入条件难免挂一漏万，很难确保将有社会风险的网络技术方案拒之门外，反而有可能阻碍了有良好发展前景的技术方案尽快投入市场。因此，笔者认为，对 ISP 市场准入规则的设计，应当放弃传统的管制思维，转为通过准入条件、方式和责任的设计，实现对各种不同技术类型的 ISP 的合规性引导，即通过法律规则引导 ISP 在充分了解自身技术类型和国家法律的基本要求的前提下，积极利用自身的技术优势,采取措施有效防范社会风险和公共利益损害的发生,从而为自身经营活动的顺利开展创造"制度友好"之环境。

(二)"统分结合"相对集中的立法模式

任何立法进程都必须处理好法律的适应性和安定性这一对对立统一的价值追求。"自治性立法"则强调立法必须体现调整对象本身的发展规律和自然演进过程,同时尊重法律自身的内在价值,使社会内生力量自发推动有效规则的产生,从而产生一种来自社会的"自发秩序"。[1] 以网络服务为代表的互联网产业,是正处于高速发展期的新事物,对此类发展样态尚未固化的变革性力量进行立法,既要前瞻性地考虑规则体系的整体理性构建,也应该重视调整对象自身的特性和内生性规范,充分保护其发展的内生性动力。ISP 市场准入制度在立法模式上既不能简单地采用分散许可方式,放任各部门自扫门前雪,也不宜采用一刀切的统一立法模式,对所有类型的 ISP 设定整齐划一的准入条件。有统有分的相对集中立法模式是更加符合功能需求的选择。

就集中立法而言,由全国人大常委会以国家法律的形式明确 ISP 产业发展的基本规范,设定 ISP 市场准入的基本原则和各种类型 ISP 开展网络服务需要共同担负的前置义务和基本责任,主要包括:其一,确立 ISP 市场准入方式应当以非限制性为原则,限制性准入为补充。其二,不同类型 ISP 的准入许可设定应以必要为限度;明确何种类型的 ISP 需要审批,哪些 ISP 采用核准准入方式,以及何种类型 ISP 仅需要备案登记即可开展网络服务。其三,所有 ISP 参与经营均必须具备的实体条件(如前文所述之与其所提供服务相匹配的设备、资金、人员、场地和技术条件等)。其四,不同技术特性的 ISP 进入网络服务市场应当具备的特殊技术条件和相应的技术责任。例如,单纯提供网络接入、网络数据搜索等服务 ISP,需要具备大数据收集和处理能力,并保障未经授权的大数据不被不当利用;提供信息内容服务的 ISP 需具备信息过滤和筛选能力;提供平台服务的 ISP 具备一定的用户资质审查能力等。其五,设计 ISP 违反一般性前置义务的法律后果。

建立集中的总体性规范并不意味着取消各部门的监管规范,在 ISP 市场准入问题上,各行政主管部门的任务是对国家法律设定的总体性规范进行细

---

〔1〕 秦前红:《宪政视野下的中国立法模式变迁——从"变革性立法"走向"自治性立法"》,载《中国法学》2005 年第 3 期,第 42~48 页。

化，并明确特殊性实体要件和程序性规范，具体体现为：其一，明确所监管特定类型 ISP 市场准入需要具备的特殊实体条件；其二，明确 ISP 备案或获得许可所需要提交的具体证明材料；其三，明确审批的具体程序及处理期限；其四，以反向清单方式说明不予准入的情形及理由；其五，设计 ISP 违反特殊前置义务的法律后果；其六，明确 ISP 违反非前置义务的其他法定义务所应承担的法律责任。

（三）"社会关系干预度"和"风险领域"相结合的准入方式

ISP 与网络技术设施和网络信息共同构成了互联网法律调控的三个层次和三大基本对象。[1] 如果说后两者的法律调整以安全和秩序为首要价值追求，ISP 的法律规制却以促进发展为第一要务。当前以许可为核心的 ISP 准入方式设计，无疑是传统市场准入方式的简单延伸，不符合互联网行业开放、多元和高速变化等基本特征。市场准入的存在基础在于，如果市场失灵可能引发不正当竞争和损害公共利益等潜在风险，才需要通过政府对市场活动进行外部干预以避免或减少上述外部性效应。[2]

"社会关系干预度"描述的是特定 ISP 提供的技术服务在多大程度上影响了使用其服务的用户之间原有的社会关系。ISP 对于主体间社会关系的影响程度越高，意味着其技术服务对用户的行为和利益的影响能力越强，影响范围越广，可能引起的社会风险也就越大。因此，笔者认为 ISP 市场准入的方式应当与 ISP 对网络主体社会关系的干预程度相适应，区分不同社会风险等级的 ISP，采取层次化的准入方式：

1. 对提供非干预性单一服务的 ISP，采取开放性准入

对于提供单一性网络技术服务，且其服务方式对社会主体之间的社会关系没有产生任何实质性影响（如单一的传输、存储或网络播放器服务），其服务通常不会引起系统性社会风险和大规模侵权危险。因此，对此类 ISP 应当以"法无禁止即自由"为指导原则，要求 ISP 具备一般的民商事主体资格和下文所述之 ISP 准入的一般性实体条件即可。对低风险领域采取开放态度，

---

〔1〕 周汉华：《互联网法律的国际经验》，载中国互联网协会编著：《互联网法律——"互联网+"时代的法治探索》，电子工业出版社 2016 年版，第 2~15 页。

〔2〕 郭冠男、李晓琳：《市场准入负面清单管理制度与路径选择：一个总体框架》，载《改革》2015 年第 7 期，第 28~38 页。

有利于鼓励市场主体探索新的网络技术和服务模式，促进产业发展和技术革新。从世界范围内看，降低网络服务的一般准入门槛，也是一种趋势。可以将此类 ISP 提供的服务视为不需许可的开放性服务，如美国除规定从事网络博彩业的 ISP 必须提交申请，并由局长颁发许可证[1]外，其他网络服务经营均不需许可。鉴于我国的 ISP 服务产业发展尚未成熟，笔者认为可以对一般的 ISP 市场准入采用备案登记制度，这样既可避免完全无管制带来的放任，也不至于因管制过严而扼杀 ISP 发展和创新的动力。

2. 对"虚拟建构型"ISP 采用核准式准入方式

相当数量的 ISP 所提供的服务，通过特定的技术方式在网络世界中对原社会主体之间的关系进行了重新的建构。这种虚拟建构可能表现为两种形态：其一，在原有的社会关系中增加了新的主体或新的交往内容，如网络交易平台使原有的买卖关系由双方当事人完成的法律行为，转变为买家、卖家、平台、物流、支付等多方主体共同协作方能完成的法律活动；其二，同一 ISP 通过一项网络服务同时复合多重交互功能，或一个 ISP 提供大量彼此独立的服务，但事实上，这些技术服务不是彼此孤立存在的，而是以互补的方式影响着平台的交易成本和各方的利益分配。[2] 如阿里巴巴提供的网络银行服务，其客户群相当一部分可能来源于其淘宝交易用户。网络交易服务本身并不是高风险领域，但如果该平台将交易服务中获得的用户金融信息不当利用，为其网络银行业务开拓市场的话，则可能导致对相当大规模用户群体权利的侵害。上述"虚拟建构型"ISP 对社会系统性风险不高，但其网络服务影响的终端用户众多或其技术特点足以对大量社会个体产生侵权风险。因此，笔者认为对此类 ISP 采取核准式准入方式，即要求其提交业务范围、技术条件、人员、设备等方面的证明材料，按照其开展的各项业务之最高准入条件，由相关主管部门核准方可进行网络服务的经营活动。

---

[1] 参见美国 2007 年颁布的《互联网博彩管理法》第 5383 节第 c 条。中央网络安全和信息化领导小组办公室、国家互联网信息办公室政策法规局编：《外国网络法选编》（第 1 辑：美国·俄罗斯），中国法制出版社 2015 年版，第 272~284 页。

[2] 薛虹：《论电子商务第三方交易平台——权力、责任和问责三重奏》，载《上海师范大学学报（哲学社会科学版）》2014 年第 5 期，第 39~46 页。

3. 对"现实建构型"ISP 和提供特殊风险领域服务的 ISP 采取审批准入的方式

"现实建构型"ISP，是指其提供的网络服务不仅对社会主体之间的社会关系产生了实质性的影响，而且在主体之间创生了原来不存在的新社会关系，对其现实的行为和利益产生了直接的、创生性的影响。如 ISP 将服务过程中获得的用户数据进行再挖掘、利用，以此为基础向用户推荐特定新服务或分析、预测用户的行为偏好等，皆属于在原有用户期待服务基础上的"现实建构型"行为。提供此类服务的 ISP，其行为方式对社会主体的意志和行为皆有深刻的影响力，最容易形成大规模的社会风险，理应对其采用严格的批准式准入方式。此外，对涉及自然垄断或有较高社会性风险的特殊网络服务主体，也应采用严格的审批式准入方式，如无需财产担保的网络金融服务[1]、互联网药品和医疗器械经营、涉及保密信息的外资网络服务和网络博彩业等。上述行业即使在传统经营模式下也蕴含着较大的社会风险，借助网络技术，其便捷性和影响力都被进一步强化，系统性风险也大幅增加。因此，有必要对这些经营主体设定更高的准入门槛，对其资产、设备、人员、技术方案和风险防范措施进行全面的论证、审查、听证，而后批准经营。

（四）基于 ISP "信息加工深度"的准入义务规则

法律世界依靠权利和义务来构建规则体系的动态平衡。如果将不同形式的市场准入理解为对 ISP 的授权，则必须有相应的义务负担来保证网络服务市场的基本秩序，约束 ISP 经营行为可能产生的负效应。ISP 市场准入的实体性规则不应限于对其人员、资金、设备、场地等条件进行正向列举，更应该关注不同"信息加工深度"的 ISP 为网络公共秩序实现和用户基本权利保护所应担负的社会责任以及因此产生的资质要求。ISP 获得市场准入许可，至少应当负担以下两个层次的实体义务：

1. 所有 ISP 均应承担的实体性义务

主要包括：其一，对自身服务过程中所收集、传递、分析的数据之信息

---

[1] 2014 年 7 月，银监会批准了 5 家试点民营网络银行，其经营方式不同于传统银行的网络业务延伸，而是以网络技术和数据分析技术为基础，线上开户、线上办理业务，不设立线下物理网点，贷款业务无需担保的特殊网络服务形态。参见柴瑞娟、周舰：《互联网银行法律规制研究——以市场准入和监管体制为核心》，载《金融发展研究》2016 年第 5 期，第 54~60 页。

安全进行技术保护；其二，对所提供的网络服务或网络设备的技术性能和服务品质的保障；其三，尊重其他同类 ISP 的市场主体地位，不得故意设立技术障碍，阻碍行业公平竞争；其四，明确有严重违法或刑事犯罪记录、不良经营记录、严重不良信用记录等不适宜从事 ISP 服务活动的负面准入清单，有此清单列明的情形，不得从事网络服务。

2. 不同"信息加工深度"的 ISP 之特殊准入条件

"信息加工深度"是对不同类型的 ISP 在提供网络服务的过程中对其所控制或处理的信息是否有实质性干预或加工的描述。不同"信息加工深度"决定了 ISP 不同的技术类型，不同类型的 ISP 基于其网络服务技术特性的不同，还应在行业准入的共同要求之外，满足本类型 ISP 准入的特殊实体性要件，主要包括：

（1）信息无涉型 ISP，指为用户提供信息传输管道而不直接处理任何网络信息的 ISP，以提供网络接入、服务器租赁等网络基础服务的 ISP 为典型代表。此类 ISP 的行业准入，应当在共同准入条件的基础上，另外要求其具备保证提供的硬件设备质量和较长时间内维护设备及服务稳定性的能力。

（2）非干预性处理型 ISP，主要包括搜索引擎、网络信息传输、储存等对其用户提供的信息进行单纯技术性处理而不改变任何信息内容的 ISP。此类 ISP 应当具备保护所加工信息完整、安全、不被第三方非法获取的技术能力。

（3）干预性利用型 ISP，指没有直接改变或加工用户提供的信息，但在有授权的前提下对其进行了所提供服务之外的分析和利用，以开展数据挖掘、利用、智能化推送等服务的 ISP 为代表。此类 ISP 应当具备数据保护、风险评估的能力或途径。

（4）信息内容提供型 ISP，指直接提供网络内容服务的 ISP。此类 ISP 直接对其提供的信息内容的社会公共影响负责，因而应当具备内容实体审查、信息过滤等技术能力。

（5）对于提供非单一性网络服务，而是将上述各种类型的网络服务之一项或多项符合于同一 ISP，最为典型的是提供网络平台服务的 ISP。此种类型的 ISP 应当具备所提供各类型网络服务的综合技术条件，并且有能力对多元服务所导致的潜在冲突或纠纷进行调处的技术能力。

（6）除上述各技术类型的 ISP 应当具备的准入条件之外，提供特殊领域网络服务的 ISP，应具备与所提供的特殊服务相匹配的技术能力和相关资源。如提供网络食品交易、药品交易的 ISP，除具备一般准入条件、自身技术类型所要求的准入条件之外，还应当具备形式审核药品安全、食品安全的能力。

（7）明确上述不同种类的 ISP 不宜从事本类型网络服务的负面清单，有负面清单列明的情形的主体，不宜从事该类型的网络服务。

（五）准入方式为主、"利益驱动强度"为补充的准入责任体系

法律责任是 ISP 准入权利和义务设计得以实现的基本保障。准入责任的设计最终决定了 ISP 开展经营的潜在最大成本。科学合理的责任体系设计可以确立一个动态平衡的 ISP 市场进出机制，确保 ISP 经营目标实现的同时，保护公共秩序和用户利益免受伤害。一个较为全面的 ISP 准入责任体系至少应包括以下三个方面内容：

1. 准入不能

未达到准入制度的实体义务要件要求，承担不能获得经营主体资格的不利后果，具体而言又涉及几种不同的情形：①对于采用备案式准入的 ISP，备案机构应对其应当具备的从业条件进行形式审查，同时查看其是否存在负面清单中所列之不适宜从事网络服务的情形。如果发现申请备案的 ISP 不具备从业条件，或有不适宜从事网络服务的相关情形，则不予备案。②对于采用核准式和批准式准入方式的 ISP，审核机关应当对申请从事网络服务的从业条件进行实质性审查，实体要件不具备或证明材料不足以说明具备准入要件的，不予批准或许可，但可以在要件具备后再行申请；申请者具有负面清单列明的不适合从事网络服务情形的，不得从事 ISP 经营。

2. 经营资格复检

对已经获得经营资格的 ISP，应当定期对其进行资格要件的复审。复审可以由 ISP 主管机关定期进行，也可以由 ISP 服务用户或其他利害相关当事人申请发起，对复审发现不再符合准入条件的 ISP，取消其经营主体资格。对于已经获得行业准入，但系提供虚假的准入要件证明以获取经营主体资格的，应当取消其经营主体资格；如果 ISP 提供的是有偿的网络服务，或者其通过网络服务能够获得经济收益，则其非法取得主体资格期间或被取消主体资格期间所获得的经济收益应当作为非法所得予以没收。如果在非法提供网络服务

期间给社会利益和其他人合法权益造成损害的，应当由 ISP 承担相应的民事、行政甚至刑事法律责任。

3. 退出机制

设立市场准入的"日落条款"，建立 ISP 行业动态退出机制。其一，如果在 ISP 提供网络服务过程中，出现了准入负面清单列明不能获得 ISP 经营资格的禁止性要件（包括商业经营的严重不良信誉记录、相关法人或主要从业人员曾有涉及信息保护的违法行为或不良记录等情形），应当要求 ISP 停止相关网络服务活动。其二，ISP 在经营过程中，因客观原因出现不再符合经营条件的情形，也可申请退出网络服务领域。主动申请，并采取了必要措施避免了公共利益和他人权益损害或有效减少了上述损害的，可以减轻或免除其因损害应承担的法律责任。

五、小结

作为数字产业发展的中坚力量，ISP 市场准入制度则是平衡网络经济秩序和数字化产业繁荣的重要砝码，承担着优化网络资源配置、监管网络经营行为、整合网络资源和促进行业发展的重要功能。我国现有的 ISP 准入制度规则分散、要件冲突、主体不明确，缺乏体系化的统一建构，因而无法有效实现其功能目标。笔者认为，ISP 准入责任制度的设计的立法理念应当由"管制"转向"引导"，采用"统分结合"相对集中的立法模式，以"社会关系干预度"和"风险领域"相结合的方式，确立多层次准入方式，基于 ISP "信息加工深度"设计准入义务规则，以准入方式为主、"利益驱动强度"为补充形成 ISP 准入条件被违反所导致的责任体系。全面重构 ISP 市场准入规则体系，有助于网络服务产业的繁荣发展，实现从网络大国走向网络强国的国家互联网发展战略。

第三节　个人信息保护中的ISP行政责任

信息技术的高速发展使大数据成为人工智能（AI）时代的"新石油"[1]，是国家战略交锋、企业行业竞争和主体间权利碰撞的热点领域。作为重要社会资源的大数据，其特征不仅限于海量（volume）的存在方式，更重要的是传播迅捷（velocity）、复杂多样（variety）和高价值性（value）。[2] 个人信息是大数据的重要数据源头，由于其与网络终端用户的直接关联性，个人信息是AI数据挖掘和行为预测的重要资源；而其高价值性和可识别性，也决定了个人信息在高速流转的数据流中的安全保护成为不可忽视的重要课题。个人信息的采集和利用，均以授权为前提，科学合理的保护制度能够有效平衡个人信息安全保障和信息高速流转与充分挖掘利用之间的冲突，以最节约社会成本的方式实现数据价值。

2019年5月28日，网信部公布了《数据安全管理办法（征求意见稿）》，将包括个人信息在内的数据保护原则定位为"数据安全与发展并重"，并首次创设了个人敏感信息第三方利用和境外利用的备案及风险评估制度。其明确了国家对个人信息等数据的安全保护之关注焦点由"收集"转向了"流转"和"利用"，势必引起学术界和实务界对个人信息利用授权模式的新一轮讨论热潮。逢此数据产业需求与法律规范转型相碰撞的重要契机，笔者试图在"有利于流转和利用"的目标指向之下，通过对现有的国内外个人信息授权利用模式进行全面比较和检讨，重构大数据环境下更为科学有效的个人信息授权利用模式，助力于数据法律规范之完善，为实现信息强国的国家战略目标创造制度条件。

一、我国个人信息授权利用的规范现实与模式特征

（一）个人信息授权利用的规范状况

我国2012年颁布的《信息安全技术公共及商用服务信息系统个人信息保

---

[1] 田小军：《AI时代数据之争，我们需要什么样的"数据权"？》，载《大数据时代》2018年第4期，第50~57页。
[2] 曹磊：《网络空间的数据权研究》，载《国际观察》2013年第1期，第53~58页。

护指南》首次提供了个人信息保护的国家标准，明确将个人信息区分为个人敏感信息和个人一般信息，并采用明示授权和默示授权两种不同的采集方式。[1]之后的《电信和互联网用户个人信息保护规定》将个人信息由姓名、出生日期、身份证号码、家庭住址等静态可识别信息扩大至"与其他信息结合可识别用户的信息以及用户使用服务的时间、地点等信息"[2]。全国信息安全标准化技术委员会2017年12月29日正式发布《信息安全技术个人信息安全规范》，进一步明确了"通信记录和内容、财产信息、征信信息、行踪轨迹、住宿信息、健康生理信息、交易信息等"能够反映主体行为特征的信息也属于个人信息的保护范围，并将其中可能直接危害人身、财产安全，或极易导致个人名誉、身心健康和歧视性待遇的信息归入个人敏感信息，强化了其授权程序的严格性。[3]

随着数据规模的不断积累，数据价值在不断地被重新认识，个人信息的使用价值也逐渐由服务提供者以提供服务为目的的合法收集转向深度挖掘基础上的商业再利用。个人信息收集的安全性关注，开始由初次利用转向再利用环节。2017年6月1日正式实施的《中华人民共和国网络安全法》首次以国家法律的形式确定个人信息的收集必须经被收集者同意，且未经被收集者同意，不得向他人提供个人信息，但经过处理无法识别特定个人且无法恢复的除外。[4]该规范的出现标志着个人信息使用授权的关注点由初始收集和一次利用，转向了数据流通基础上的再利用环节。《信息安全技术个人信息安全规范》将《中华人民共和国网络安全法》的要求进一步细化为：其一，个人信息初次收集时，如果明知将存在共享、转让、公开披露等再利用情形时，ISP必须将该用途明确告知信息被收集者，并获得信息主体授权同意；其二，如果在个人信息收集之后其再利用范围超出原授权范围时，ISP必须将新的数据用途告知个人信息主体，并征得其授权同意；其三，反向列举了11种不需要个人信息主体授权即可合法利用的法定例外情形[5]。2019年5月28日网信

---

〔1〕 参见2012年工业和信息化部发布的《信息安全技术公共及商用服务信息系统个人信息保护指南》第3.7、3.8、3.10、3.11、5.2.3条。

〔2〕 参见2013年7月工业和信息化部发布的《电信和互联网用户个人信息保护规定》第4条。

〔3〕 参见全国信息安全标准化技术委员会2017年12月29发布的《信息安全技术个人信息安全规范》第3.1、3.2、3.5、3.6条。

〔4〕 参见《中华人民共和国网络安全法》第42条。

〔5〕 参见《信息安全技术个人信息安全规范》第5.3条。

办发布的《数据安全管理办法（征求意见稿）》明确将立法目标确定为"数据安全与发展并重，积极推进数据资源开发利用，保障数据依法有序自由流动"[1]，增加了网络服务提供者（ISP）收集重要数据和个人敏感信息时的备案制度；要求 ISP 在向第三方或境外提供个人信息时，不但应当经过信息主体的授权同意，还需要经过安全风险评估[2]。

（二）现行个人信息授权利用模式的构造特征

综合上述法律规范对个人信息授权方式的要求，可以将当前我国的个人信息授权模式描述为"概括授权+例外"模式[3]。该模式的特点包括：其一，ISP 所有个人信息利用行为，以征求个人信息主体的授权为一般原则，以法定的不需授权条件为阻却违法性的例外规定。其二，概括要求 ISP 对所有类型的个人信息使用都经信息主体授权，虽有明示和默示授权之分，但要求明示授权的授权范围有扩大之趋势。其三，不区分阶段的概括式授权。要求在初次收集个人信息时，即要告知信息的使用目的，如果信息可能存在控制主体之间的转移或者进行其他利用，必须在初次收集时即告知信息主体，并征得其同意。其四，如果初始收集时未获得再次利用的授权，而确实需要进行数据转移和其他利用时，应当在再利用之前告知信息主体并征得其同意。其五，对于不需信息主体授权的例外规则设定在初始收集和二次利用阶段不完全一致。《信息安全技术个人信息安全规范》规定了个人信息初次收集和间接获得时不需授权的 11 种情形，主要涉及：基于国家、国防、公共安全等重大公共利益需要；基于犯罪侦查、起诉、判决和执行等司法活动需要；基于保护信息主体个人重大利益的需要；被收集者自行公开的信息；新闻报道等合法公开方式中披露的信息；根据信息主体要求履行合同或维护、实现所提供的网络服务所必须；新闻媒体单位报道所必须；科学研究机构出于研究目的去识别化使用。而《数据安全管理办法（征求意见稿）》对个人信息由收集者向他人转让时的授权要求作出五项例外规定：从合法公开渠道收集且不明显违背个人信息主体意愿；个人信息主体主动公开；经过匿名化处理；执法机关依法

---

[1] 参见《数据安全管理办法（征求意见稿）》第 3 条。
[2] 参见《数据安全管理办法（征求意见稿）》第 27、28 条。
[3] 因其概括授权部分的核心在于用户对个人信息收集和利用的知情和同意，因而经常在学界的讨论中被称为"知情同意"模式。但笔者认为"知情同意"不能概括现行授权模式的全部特点，而且无法有效地与后文将要讨论的欧盟授权模式进行区分，因此使用"概括授权+例外"模式的表述。

履行职责所必需；维护国家安全、社会公共利益、个人信息主体生命安全所必需。总体而言，对第三方利用个人信息的授权要求，较初始收集要更为严格。

综合上述特征来看，现行的"概括授权+例外"模式已经初步具备了个人信息的类型化规制思路，以默示授权和明示授权区别对待一般个人信息和个人敏感信息。但对个人信息的类型化思路过于简单，无法适应个人信息在不同的应用场景下其"敏感性"可能发生变化的事实。同时，该模式的规范重心仍在于信息的收集和初始利用。虽然最近期发布的规范开始意识到了个人信息转移和再次利用的重要性，但其授权方式仍然是在初始收集基础上的追加授权。整体的授权制度设计上，对信息流转和再利用的重视程度和效率促进意识不够。

二、"概括授权+例外"模式面临的挑战

个人信息的授权利用模式选择，根本上来源于大数据利用方式和价值生产的需要。由于个人信息具有非常明确的主体指向，使其成为大数据中非常特殊的组成部分。不同的授权模式的争议实际上是"云端时代"的数字产业竞争在个人信息保护领域的直接体现，各国法律对不同授权模式的选择也是对本国不同数字发展战略的选择。大数据的生命力在于高度流动、广泛共享和充分挖掘，而个人信息安全的核心要义则在于信息主体对个人信息是否、何时以及何种程度上暴露于数字世界的实际掌控能力。"概括授权+例外"模式产生于信息产业技术发展初期[1]，制度设计主要依托于初次收集者合法利用的场景预设。在数字技术一日千里、数字挖掘分秒必争的大数据时代，该模式无论在促进产业发展还是在个人安全保护方面，都有捉襟见肘之嫌。

（一）类型化不充分导致低效率

概括授权的重要特点在于，在信息的初始收集阶段即尽可能地获得信息主体的授权，后续的信息利用环节只要超出初始收集的授权范围，原则上都要再次征求信息主体的同意，只有上文所述的例外情形可以免于授权。然而从实践效果来看，这种以初始收集为中心的"前倾"规则模式，无论在个人

---

[1] 张林鸿、周小扬：《大数据时代个人信息保护的法律路径》，载《贵州大学学报（社会科学版）》2019年第2期，第64页。

信息安全保护还是信息的再利用层面，都缺乏效率性。

1. 敏感性个人信息的不断增加，使信息授权规模不断加大

现有的个人信息类型化方法是以是否能够对信息主体的人身、财产、人格等利益产生重大危害或造成歧视风险为标准，划分为一般个人信息和敏感性个人信息。前者可采用默示授权，而后者必须采取明示"知情同意"的授权方式。但随着信息产业的分工不断细化，新出现的"可以直接或间接识别特定主体"的个人信息，基本上均可划入"敏感性个人信息"。这就意味着，需要主体明示授权的信息采集规模十分庞大，且在可见的未来会越来越大，这种无上限的积累必然会导致信息的收集者和被收集者都将陷入疲于应付的境地。

2. 个人信息敏感度的相对性未被重视，可能导致授权要求与风险错位

现有的敏感性个人信息划分标准是依据特定个人信息客体对信息主体的重要性和影响性来判定的，似乎是一个相对客观的统一化标准。但事实上，个人信息的"敏感"与否，有很强烈的应用场景相对性。例如，特定主体的疾病史一般会被认为是敏感性个人信息，但如果该主体使用在线的医疗服务系统向医生咨询病情，则在此情境下这些病史并非敏感信息；只有 ISP 突破此情景使用该信息，或将该信息转移或与他人共享，用于非疾病诊断之目的时，才成为敏感信息。相反的，某一主体的年龄一般而言不是敏感个人信息，但在特定岗位就业竞争过程中，该信息可能成为歧视性因素，则在该情景下，年龄应当被视为敏感信息加以保护。因此，简单"一刀切"的敏感性个人信息划分标准，可能导致不必要的情境下，当事人被反复要求授权，而在确实可能对信息主体有重大影响的情境下，反而因特定信息未被划入敏感性信息而不能获得严格的授权保护。两种情形都不利于实现个人信息安全前提下的有效利用。

3. 信息再利用授权成本巨大

大数据的价值不在于数据本身，而在于对数据的不断挖掘和再利用。从 ISP 角度来看，要实现个人信息的合法占有和利用，必须通过繁复、缜密的隐私条款或授权协议获得信息主体的"知情同意"。"充分知情"必然要求个人信息收集者尽可能清楚、明确地向信息主体说明收集信息的内容、存储形式、利用方式、转移的对象及目的等内容。随着网络信息服务的日益分化和多元，上述内容必然呈现日益复杂的发展趋势，企业必须投入大量的人力、物力、时间成本和法律成本用以确保信息收集和利用的合法化。

(二) 授权形式化导致目的限制原则落空

目的限制原则最早来源于隐私权保护领域,逐渐发展成为个人信息保护立法中与合法性原则、保密原则、主体参与原则和责任原则等同等重要的公认原则[1]。目的限制原则是指在个人信息初次收集阶段,ISP必须向信息主体明确告知信息收集和使用的目的,且在后续的信息利用过程中,ISP的利用不得超越该目的。目的限制是保障个人信息收集和利用安全的重要原则,然而着力于信息初始收集的"概括授权+例外"模式容易导致授权形式化,从而使目的限制原则无法真正实现。

1. 繁琐授权下的目的不可知和不可控

与传统的隐私权相比,大数据环境下个人信息保护最大的难点在于个人信息主体对信息的控制能力减弱,个人信息一旦披露,主体就很容易失去对该信息的掌控[2]。授权制度的设计目标,即最大限度地恢复这种控制能力。从个人信息主体的角度来看,"概括授权"使得初次使用特定网络信息服务时的个人信息授权程序繁琐,且信息规模巨大。法律要求主体授权的信息包括:其一,ISP提供服务必需的敏感性个人信息;其二,ISP履行合同或完成服务必须获得的信息;其三,可能需要向其他信息控制者转移或共享的信息;其四,ISP为满足客户需求提供派生服务可能需要的信息,如网络商品交易平台要求收集并分析客户的交易偏好信息,用以推送用户可能需要的商品。上述每一类授权,都意味着个人信息主体要阅读大量的专业术语构成的隐私条款和授权协议,并进行多次勾选同意之后,才能获得有效的服务。虽然现行法律规定了一般性个人信息的默示授权,但随着信息服务的不断深入发展,需要授权的敏感性个人信息越来越多。大规模的信息授权使信息主体不愿意详尽了解授权内容,为尽快获得所需信息服务放弃实证审查,简单勾选同意格式条款。即使愿意了解也可能无法完全正确理解和明确把握授权信息所表达的利用目的。初始收集之后,信息主体无从了解自己的信息是否被转移控制或再利用,以及再利用时是否超出了自己的授权目的。初始授权之后,信息主体基于任何理由想要改变或收回授权,其途径受到限制。

---

[1] 梁泽宇:《个人信息保护中目的限制原则的解释与适用》,载《比较法研究》2018年第5期,第16~30页。

[2] 张静:《个人信息保护立法模式选择》,载《法治社会》2019年第3期,第72~83页。

2. 利用"例外"条件规避目的限制

从 ISP 角度来看，ISP 如果对自己初始收集的海量个人信息进行共享开发或转移控制时，都要重新征得信息主体的同意，其工作量和经济成本将成为不堪承受之重。于是 ISP 转而寻求满足法律的例外规定，而达到不需再次授权而实现个人信息再利用之目的。实践中最为常见的方式是技术抓取网络公开信息和对个人信息进行集中的匿名化处理。其一，通过网络爬虫等自动化技术手段，获得已有网站上当事人自行公开的数据，以实现授权豁免。这种方式获取个人的信息的结构化程度低但数据规模巨大。其最大的法律隐患在于可能给被抓取的网页造成重大流量损失或构成不正当竞争，同时也使用户的个人信息的初始授权预期发生改变，从而规避目的限制。其二，通过集中的匿名化处理至不可识别，使个人信息的转移和再利用不需获得信息主体的再次授权。此种方式客观上可大幅度降低信息主体因数据转移而受到损害的可能性，但实际上也剥夺了主体对权利处置的可能。企业要对自身掌握的海量数据进行人工的匿名化处理，需要投入大量的人力和物力，支付高昂的成本，而信息主体也因匿名化处理无法知晓自己的个人信息在何处以何种方式被再次利用，授权和目的限制自然也无从谈起。

三、欧盟"GDPR"模式与美国"场景风险"模式之比较

作为一种重要的战略数据资源，个人信息国际博弈和产业争夺的焦点在于数据的控制权。[1] 为了在大数据产业的竞争浪潮中占据优势，世界各国都在不断完善本国的数据发展战略，寻求更科学的个人信息安全与大数据有效利用的平衡方案，不断突破最原始的"概括授权+例外"模式造成的局限。其中最有代表性的分别是欧盟以充分保护为原则的"GDPR"模式和美国市场导向的"场景风险"模式。

（一）欧盟"GDPR"模式：充分保护原则下信息主体控制权的延展

欧盟 2018 年 5 月正式生效的《一般数据保护条例》（GDPR）是在 1995 年《数据保护指令》的基础上，历经 4 年修改的成果。GDPR 开宗明义，试

---

〔1〕 任丹丽：《从"丰菜之争"看个人信息上的权利构造》，载《政治与法律》2018 年第 6 期，第 131～139 页。

图通过设定相对严厉的个人数据保护标准，实现"个人数据保护和安全"与"促进商业竞争和社会现代化"之间的平衡[1]。GDPR 对个人信息保护的基本思路为：通过强化信息主体在信息各个流转阶段的实际控制权，实现对个人信息的充分保护。在个人信息授权领域，为了防止因议价能力悬殊和信息不对称导致 ISP 基于利益最大化的追求而违背用户的初衷而使用个人信息[2]，GDPR 从个人信息初始收集、间接获得和跨境流动三个层次，要求个人信息授权过程中的充分保护：

1. 个人信息初始收集阶段的授权

GDPR 要求 ISP 对个人信息的所有处理[3]，以信息主体的同意为基本前提（其他五种法定的可以合法处理的情形除外）。其一，所有基于同意的处理行为，ISP 必须能够证明自己的处理行为经授权同意。其二，如果是基于书面方式达成的同意，则该同意必须满足：显著区别于其他事项；文字清楚、平实；易理解且易获得。如果该书面同意中的任何部分违反 GDPR 的规定，则失去约束力。其三，数据主体随时有权撤回同意，撤回应当与作出同意同样容易。其四，同意应当是数据主体自由做出的，判断是否自由做出时，当以特定合同的履行是否要求主体提供了不必要的数据为主要考量。[4]

2. 个人信息的间接获得后的授权

GDPR 规定，如果 ISP 的信息并非直接来自信息主体时，应当向信息主体提供：其一，ISP 的身份、联系方式。其二，信息处理的目的和法律基础；其三，应当明确告知信息主体其有权要求 ISP 提供、修正和删除个人信息，有权要求对信息处理活动进行限制，有权要求反对对其个人信息进行处理，有权要求个人数据的可携带性[5]。其四，如果该数据的初始收集是基于主体同

---

[1]《欧盟〈一般数据保护条例〉GDPR（汉英对照）》，瑞栢律师事务所译，法律出版社 2018 年版，第 2 页。

[2] 陈华丽：《个人信息使用的三个关键点——以欧盟〈通用数据保护条例〉为视角的分析》，载《青年记者》2018 年第 27 期，第 77~78 页。

[3]"处理"是指对个人数据或个人数据集合的任何单一或一系列的自动化或非自动化的操作，包括收集、组织、建构、检索、使用、披露、传播或其他利用等。参见欧盟《一般数据保护条例》第 1 章第 4 条。

[4] 参见欧盟《一般数据保护条例》第 2 章第 7 条。

[5] 可携带性是指数据主体有权以结构化、通用和机器可读的格式接收其提供给数据控制者的与其有关的个人数据，数据主体有权将这些数据传输给另一个数据控制者，而被要求转移数据的控制者应当配合数据主体的相应要求。参见王春晖：《GDPR 个人数据权与〈网络安全法〉个人信息权之比较》，载《中国信息安全》2018 年第 7 期，第 41~44 页。

意而获得的,则间接获得的 ISP 也需告知数据主体其享有撤回同意的权利。其五,如果 ISP 对其获得的个人数据要做进一步处理,而该处理目标已经超出个人信息收集时的目的,ISP 应当在处理前就其目的向数据主体提供相关信息。[1]

3. 个人信息跨境流动中的授权

欧盟基于"充分保护"原则,要求欧盟个人数据接收国的数据保护应达到"充分"的程度:其一,数据的跨境流动必须获得数据主体的明确同意;其二,数据传送者可以将相关个人数据在欧盟境内传送,但不得直接传至欧盟境外;其三,只有当某境外国家的个人数据保护状况被认定为"充分"后,欧盟个人数据才能流入该国;其四,认定某国个人数据保护是否达到欧盟"充分"标准,需综合考虑该国的法治状况、对人权和自由的尊重、专门性立法的实施状况、是否有专门性规制机构以及该国基于加入的条约或多边协议所负有的义务等。[2]

综上可见,欧盟 GDPR 的个人信息授权模式并未完全跳出"授权+例外"的框架,而是在坚持"知情同意"的基本思路的基础上,通过赋予信息主体新的权利,强化 ISP 所应承担的义务和国家保障机制,实现个人信息主体对信息的实际控制力向信息流转的各个环节延展。首先,明确信息主体在初始收集、转移控制和境外流转阶段均有知情权,即 ISP 必须在上述阶段开始时明确通知信息主体其个人信息将面临怎样的处理,以保证其在充分了解情况的前提下,决定是否同意。赋予信息主体在初始收集和转移控制时的撤回同意的权利,有权限制或反对信息处理,并享有信息携带权。较之于简单的"知情同意",这些权利的设置使信息主体能够相对灵活地应对个人信息不同流转阶段的各种处理情形,一定程度实现对信息的过程性控制。其次,明确 ISP 在初始收集、转移控制和境外流动等各阶段,均有向信息主体明确告知的义务,并负有对该告知行为的举证责任;信息初始收集阶段的 ISP,要对授权同意文本的简洁、明确和合法性负责,承担违反法律规范则当然无效的风险;ISP 要对个人信息二次使用时的"情景一致"负保证义务,即再次利用之 ISP

---

[1] 参见欧盟《一般数据保护条例》第 3 章第 2 节第 14 条。
[2] 冯洋:《论个人数据保护全球规则的形成路径——以欧盟充分保护原则为中心的探讨》,载《浙江学刊》2018 年第 4 期,第 63~72 页。

必须尊重信息初始收集时的背景，对信息的再利用应当与用户初始提供信息时的背景相一致，从而更有效地实现信息再利用阶段的目的限制原则。最后，以 GDPR 确立的欧盟统一标准为尺度，对内要求对个人信息的收集是否超出必要限度作客观一致性衡量，而非简单依据 ISP 是否获得了授权；对外则要求所有的欧盟个人数据接收国，必须达到欧盟所要求的"充分保护"标准，方允许数据流向该国。欧盟采取的这种全方位的消极防御式[1]个人信息授权立法模式，一方面源于欧洲长久以来重视以隐私权为核心的人格尊严保护的历史传统，另一方面也是遏制美国基于数据产业发展优势大规模获取欧盟信息的发展战略之考虑。

（二）美国"场景风险"模式：市场竞争导向下的数字优势战略

与欧盟的 GDPR 模式截然相反，美国在长期的市场竞争和言论自由文化传统之下，对个人信息的收集和利用采取行业自律优先的市场导向性规制思路，对数据产业的信息利用行为采取更为宽松的规范立场，通过鼓励自由竞争，强化国家的数字产业全球竞争优势。从规制模式来看，美国始终采用的是分散立法与行业自律相结合的方式。在 1974 年美国国会通过的《隐私权法案》和同年修订的《信息自由法案》基础之上，2015 年白宫公布了《消费者隐私权法案（草案）》，明确了个人信息保护将跳出"概括授权+例外"的授权方式和目的限制、最小化收集等规制原则，转向具有鲜明动态性特点的"场景风险"授权理论。

1. "场景"下的个人信息

信息场景被用来指代能够影响用户接受程度或对个人信息利用敏感程度的因素[2]，这些因素包括但不限于用户与企业的关系、隐私影响、信息类型、服务范围、用户偏好和信息收集手段等。[3]

（1）"场景理论"意识到了个人信息边界的动态性，即同一信息，在不同应用场景之下，其性质可能发生改变。例如，一张有人像的便利店广告照片可能并不属于个人信息，但如果该照片被警察用来追查该广告模特的犯罪

---

[1] 张静：《个人信息保护立法模式选择》，载《法治社会》2019 年第 3 期，第 72~83 页。

[2] 肖梦黎：《大数据背景下个人信息保护的更优规制研究》，载《当代传播》2018 年第 5 期，第 91~94 页。

[3] 陈慧慧：《个人信息保护制度的域外立法》，载《人民法治》2018 年第 14 期，第 115~118 页。

行为，则其上的人像及其体貌特征可能成为个人信息。因此，"场景理论"突破了事前对个人信息进行静态的类型化，然后对不同类型施加不同保护措施的逻辑框架，要求在个案具体的应用场景中确定哪些是会对信息主体的人身、财产等重大利益产生影响的个人信息，以及其影响程度如何。

（2）以"场景"下的"关联性"取代目的限制和最小化原则，作为个人信息初始授权的范围限制。放弃主体身份的"识别性"标准，转而以"关联性"为着眼点来区分具体"场景"下的个人信息是否属于"敏感信息"。如果在特定场景之下，ISP 所掌握的信息结合该具体情境，可以关联到特定消费者或特定消费者的常用设备，则该信息应被视为该场景下的敏感信息。[1]敏感信息的初始收集必须与其应用场景相一致，且其收集和使用必须经信息主体的同意，信息的收集和控制者必须保证该信息的准确性。[2]

（3）在个人信息进行转移或再利用时，要求秉承"场景一致"原则。"关联性"界定可以实现"敏感性"信息的动态定义，从而克服单纯的目的限制和最小使用带来的对个人信息流转的巨大限制。而"场景一致"原则要求对信息原始收集的具体场景和语境应当予以尊重，后续的传播和利用不得超出原始情景。在与原始场景相一致的情形下的使用，可以免除 ISP 大量通知和再行请求授权的义务；一旦超出原始场景进行再利用时，必须尽可能详尽地向信息主体说明利用的情景，并征得信息主体的同意。

2. "场景"变更时的风险评估

《消费者隐私权法案（草案）》将风险定义为用户信息本身或与其他信息相比时，对用户造成的精神压力或人身、财产、职业或其他方面损害的可能性[3]。

（1）在特定场景下，某一项个人信息面临的风险是相对明确且稳定的。因此，在相同或高度类似的场景之下对同一个人信息的利用和再利用被认为没有对个人信息造成更大的潜在威胁，不需要主体的再行授权。

（2）如果 ISP 对个人信息的利用或第三方再利用，超出了原始收集的场

---

〔1〕汤敏：《个人敏感信息保护的欧美经验及其启示》，载《图书馆建设》2018 年第 2 期，第 41～47 页。

〔2〕参见《消费者隐私权法案（草案）》第 101 条。

〔3〕陈慧慧：《个人信息保护制度的域外立法》，载《人民法治》2018 年第 14 期，第 115～118 页。

景,则被认为存在不合理利用的可能,因此要求对该利用行为进行风险评估,并针对不同的风险水平,要求 ISP 承担不同的法律义务。风险水平越高,ISP 承担的法律义务也就越苛刻。在可能引发高风险时,ISP 应当积极采取措施,降低风险水平,并强化用户的信息保护机制,包括但不限于加强告知以及授予信息主体更强的信息控制权等[1]。

(3) ISP 对信息再利用行为进行风险评估后,如果存在较高的隐私风险,则应当将该风险的存在及其可能产生的影响告知信息主体,由信息主体选择是否允许在该新的场景下对其个人信息进行再利用。此时信息主体对其个人信息面临的利用风险有知情权,并可以撤回其初始收集时的授权同意。

综合上述"场景风险"模式的基本特点可以看出,面对个人信息主体对信息绝对控制权的全面失效和数据的频繁加工、处理成为一种常态的现实,个人信息的保护重心必然从初始收集的"知情同意"转向信息使用过程的透明、安全、可信、可控。[2]"场景风险"理论框架下的个人信息授权,最大的特点在于以用户的期待与接受程度为出发点,动态界定个人信息及其存在的风险,从而能够打破事先静态分类导致的"全有或全无"的僵硬处理模式,以高度的灵活性达成个人信息安全保护与大数据挖掘利用之间的平衡。其一,"场景风险"授权模式可以大幅度减少用户授权信息的数量。在初次授权之后,后续所有符合原始收集场景的非敏感信息利用,都可基于场景的一致性而不需再行授权,这可以极大提高数据的利用效率。以"场景一致"的方式也能较好地保证对主体信息的利用能够服务于其作出授权时的合理预期和信息提供目的,从而为信息主体提供有场景针对性的信息安全保护。其二,提高了敏感性信息的关注度,并为主体授权提供决策依据。在"场景风险"模式之下,要求信息主体进行再授权的,必然是超出初始收集场景的敏感信息,再授权的通知一经发出,便会引起信息主体较高的关注,更审慎行使同意或撤回同意等权利,从而更好地实现个人信息控制和使用的自决权。

---

[1] 陈慧慧:《个人信息保护制度的域外立法》,载《人民法治》2018 年第 14 期,第 115~118 页。
[2] 杨秀:《网络服务商个人信息保护制度的缺陷及其完善——以新浪微博诉脉脉案为例》,载《国际新闻界》2017 年第 8 期,第 140~155 页。

四、基于重要性理论的风险评估模式构建

数据资源的战略争夺，关键在于确立更安全且高效的数据流转制度框架。我国现行的"概括授权+例外"的个人信息授权模式，在安全性上尚能差强人意，但在信息利用的效率性上却很难形成制度优势。欧盟 GDPR 模式一方面通过将信息主体的控制权利延伸至信息流动的各个环节，形成了对数据安全的强势保护以对抗美国的信息技术优势；另一方面通过开放"情景一致"前提下的信息利用与再利用，发展自身的数据产业和技术竞争力。美国的"场景风险"模式则以数据的应用"场景"为中心，确立了信息企业主导的收集和利用模式。该模式就"场景关联"范围内的数据收集、利用和超出场景范围利用时的"风险评估"，都授予了 ISP 更大的自主权，授权模式明显考虑了信息利用效率的优先性，符合美国保持并发展数字产业优势的战略要求。

作为拥有海量个人数据的信息资源大国，要在方兴未艾的数据产业竞争中争取战略优势地位，有必要对现行的个人信息授权制度进行调整，在科学强化安全保护的前提下，进一步促进信息转移和利用的高效率。笔者认为，应当以"重要性"理论为基础，重构信息收集阶段的类型化标准，建立不同类型个人信息的不同授权标准，以实现层次化的个人信息安全保护；在信息利用阶段，则可综合借鉴欧洲和美国的"情景一致"和"风险评估"理论，授予 ISP 更大的信息利用和数据挖掘自主性空间。

（一）ISP 在个人数据初始收集阶段的义务和法律责任

要克服现有的个人信息授权模式简单且静态的类型化缺陷所导致的授权形式化、目的限制原则落空等问题，必须寻求更科学有效的个人信息类型化框架。鉴于长久的大陆法系传统和现行的个人信息保护规范体系，笔者认为以国家刚性法律规则确定个人信息类型及其授权方案的规制思路，较美国基于"情景"的"一事一议"的授权方案更适合我国国情和数字战略发展的需要。

1. "重要性"判断的三重维度

研究文献和法律规范对个人信息的类型化方式多元，具有代表性的包括：根据个人信息对主体的识别难易度分为直接个人信息和间接个人信息；根据

个人信息所反映的内容分为个人隐私信息、个人身份信息和个人日志信息[1]；根据其泄露可能给信息主体造成的利益损害程度分为一般个人信息和敏感个人信息。上述分类方式分别注意到了个人信息类型化的不同重要维度，但也存在共同的难以克服的缺陷：其一，单维度的类型化，难以体现个人信息在不同应用场景中性质的复杂性。其二，静态的类型化方式，难以持续容纳不断涌现的新的个人信息。每一种新的网络服务方式的产生，都可能意味着新的可能识别特定主体的个人信息的产生。网络购物产生了消费偏好记录，全球定位服务产生了个人行动轨迹，短短数十年间个人信息的发展早已超出了传统上对于"隐私"的认知，我们无法简单预测下一项新的个人信息将表现为何种具体形式，如果简单地将新事物归为"敏感"信息，则将使这一类型化方式的分类结果严重失衡，最终失去类型化的意义。因此，笔者认为，个人信息的类型化应当突破单一维度思路的限制，从三个维度出发确定特定个人信息的"重要性"程度，使之更具科学性、灵活性和动态适应性。

（1）识别度。识别度是指根据特定个人信息，是否能够直接的、确定性的识别某一主体。识别度决定了信息主体实现对自身信息和隐私控制难度的大小。如果凭借单一信息即可直接确定特定主体（如身份证号、手机号码或实名网络账号），则可认定该信息属于高识别度；如果特定个人信息需要与两项以上的其他信息相结合，才能识别特定主体，则可认定该信息属于低识别度信息。显然，高识别度的个人信息较低识别度信息对主体造成的利益影响更大，需要更严格的授权条件。

（2）稳定性。高速度是大数据环境的本质特征之一，因而时间维度是网络环境下确定个人信息重要性的重要观察点。这既是网络环境下数据权与传统隐私权的重大分野，也是个人信息"被遗忘权"必须存在的根本原因。在高速传输的数据环境中，如果特定个人信息必须在即时状态才能识别特定主体（如行车轨迹、GPRS定位等行为信息），一旦行为结束，则必须结合其他信息才能识别主体身份，则可认定该个人信息的稳定性低；反之，如果某一个人信息可以在相当长的时间内稳定识别特定主体（如身份证号、家庭住址、工作单位等），则可认定该信息稳定性高。高稳定性的个人信息会对主体的利

---

[1] 彭云：《分级分类保护用户个人信息》，载《人民邮电》2013年9月9日，第7版。

益产生更持久和深入的影响力，较之稳定性低的个人信息需要更严格的制度保护。

（3）涵盖度。大数据的价值在于通过高度复杂的计算机算法寻找到数据之间人脑难以发现的联系，并对这些联系加以利用。因此，数据与其他数据的关联性程度根本上决定了其数据价值。涵盖度旨在描述特定个人信息与该主体的其他信息的关联程度，即通过该信息进一步获得特定主体其他个人信息的可能性。如果获得某项个人信息，直接意味着获得了该主体的其他个人信息（如知晓特定身份证号码，即知晓该主体的出生日期和性别、出生地等信息），或者很容易获取该主体的其他个人信息（如获得某一淘宝账号的密码，则意味着很容易获知特定主体的姓名、性别、住址、电话及购物倾向等信息），则可认定该项个人信息的涵盖度高；相反的，如果特定个人信息无法或很难直接与其他个人信息建立关联，则可认定该信息的涵盖度低。

2. 个人信息的四层次类型化及其授权规则

上述三大维度的每一个，都可以从一个侧面对某项个人信息的重要程度做出一定的判别，而综合考量三大维度对特定个人信息分别给出的高、低结果判断，则足以形成一个基于"重要性"的所有个人信息类型化体系（如表5-1所示）：

表 5-1 三维度四层次个人信息类型化模型

个人信息分类重要性判别维度	识别度	稳定性	涵盖度	备 注
一般个人信息	低	低	低	
较重要个人信息	高	低	低	任意一项为高
重要个人信息	高	高	低	任意两项为高
极重要个人信息	高	高	高	

（1）一般个人信息。如果某项个人信息在识别度、稳定性和涵盖度三个维度都被认定为低，则认为该项个人信息的收集和利用不会对信息主体的重要利益产生重大影响。ISP对此类个人信息的初始收集可以采用默示授权方式，即信息主体未明确表示不允许收集即为授权。如果信息主体明确表示不允许收集，ISP仍然要对已经收集的个人信息进行删除处理。未能完成上述义

务，给当事人造成损失的，应当承担法律责任。

（2）较重要个人信息。如果某项个人信息的识别度、稳定性和涵盖度三个维度中的任何一项被认定为高，则可认为该信息在一定程度上可能对信息主体的重要利益造成影响，属于较重要个人信息。对于此类信息，ISP 在收集时应当明确告知信息主体该信息的收集目的和使用范围，要求获得信息主体的明示同意。信息主体没有明确表示，则视为不同意 ISP 收集其此类信息。ISP 不得因用户的不授权而拒绝提供相应网络服务（无此信息则无法开展服务之情形除外）。非法收集此类信息给当事人造成损害的，应当承担法律责任。

（3）重要个人信息。如果某项个人信息的识别度、稳定性和涵盖度三个维度中的任意两项被认定为高，则可认为该信息在相当大的范围内会对主体的重要利益产生影响，该信息的收集和使用必须审慎。ISP 收集特定主体的重要个人信息时，必须以提供服务必须为前提，除告知使用的目的和范围外，还应当向信息主体说明该信息将在何种具体场景下使用、是否会被转移至第三方进行利用，以及在上述利用中可能会给信息主体带来的潜在风险，需要信息主体在明确知悉风险的前提下明示授权，方可收集。如果 ISP 未尽到告知义务而非法收集此类信息，即使未给当事人造成实际损害，也应当承担法律责任。可以由行政监管机关责令删除非法收集之信息，同时可视情节对 ISP 处以罚款，甚至取消网络服务资格，以免造成严重的数据风险。

（4）极重要个人信息。如果某项个人信息的识别度、稳定性和涵盖度三个维度中全部被认定为高，则可认为该信息几乎肯定会对信息主体的重大利益产生重大影响，对此类信息的收集和利用应当极其慎重。笔者认为，对此类个人信息的规制除了在收集阶段要严格遵循重要信息的各项授权要求之外，还需设定更为严格的禁止性规定，包括：其一，原则上禁止 ISP 在收集阶段直接要求获得此类信息的再利用授权，即对此类信息的利用需要一事一授权，需要对此类信息进行再利用的第三方必须重新履行收集者的授权程序，以确保信息主体知悉再利用行为及其场景和潜在风险。其二，严格限制此类信息的跨国境流动，未经国家指定的权威机构的风险评估，此类个人信息即使合法收集，也不得跨境转移。ISP 违规收集此类个人信息，不需要造成任何实际损害，即可直接取消其网络服务资格。

上述三维度四层次的类型化方式，可以有效地克服单维度类型化带来的僵硬、刻板和低效率问题。其一，法定的三因素类型化依据，一方面可以较为灵活地适应各种应用环境下的重要性判断需要，另一方面也可以避免完全场景化的判断带来的主观性过强问题。其二，此种类型化方式较之任何一种单维度类型化都具有更长时间范围内的适应性，一旦未来技术的发展出现了上述维度不能容纳或描述的新因素，则只需对其中某一维度进行重新设定或者增加新的重要性判断维度即可，而上述类型化框架不需做出根本性改变。其三，上述三维度四层次不同的授权要求，可以鼓励ISP基于节约成本和便利性的考虑，主动尽可能减少较高重要性等级个人信息的收集。较之简单的设定目的限制原则和最小化原则，这种由ISP内驱力推动的自主选择，更有利于实现个人信息的最小化收集，也有利于ISP为了更为便利地对个人信息进行再利用，积极采取技术手段对合法收集的个人信息进行降低风险等级处理。

(二) ISP在个人信息再利用阶段的义务和法律责任

个人信息初始收集的授权方式以安全性基础上的灵活性为主要价值追求，而个人信息的再利用授权则应当优先考虑高效率基础上的安全性保护。欧洲式的利用再授权虽然有助于信息主体了解并控制个人信息在每一个流转环节的状态，但也会给信息的再利用和再挖掘增加相当大的成本。笔者认为，在瞬息万变的大数据产业竞争中，国家的战略竞争力根本上来源于自主数据产业的综合实力，而通过制度设计向ISP开放更多的利用空间，有助于促进本土数据产业的成长和技术优势的积累。因此，在个人信息再利用阶段的授权，可以借鉴欧盟和美国都已经采纳的"情景一致"原则。

1. "情景一致"的判断与利用告知

当ISP在初始收集的相同应用情景下再行利用个人信息（极重要个人信息除外，该类个人信息的再利用必须按照初始收集授权，详细论证见上文），或者将自己合法收集的信息转移至第三方加以利用时，如果确实能够证明是在相同情境下使用，则不需再次请求信息主体的授权，而只需将信息转移或再利用的情景、主体、方式等告知信息主体，同时告知其享有信息的撤回权以及该撤回的实现途径即可。应用情景一致与否，可以授权由ISP根据其专业技术优势及行业常识进行判断；但在该判断遭遇争议时，ISP要承担举证责任，举证不能或不利，将承担因此造成的不利后果。

2. 超"情景"利用中的第三方风险评估

当 ISP 认为对个人信息的再行利用超出了个人信息原始收集的情形,而该再利用行为又确有价值时,应当:其一,向国家网络监管部门设立的专门性机构(笔者认为在我国当前的法律体系下,该机构应当是国家网信办负责设立或者授权的有专业资质的民间机构)提出风险评估申请。其二,评估申请应当包含以下信息:所控制的个人信息的合法收集渠道;原始收集的应用情景;再利用的应用情景;再利用可能存在的风险;拟采取的避免或降低风险的措施等。其三,根据申请,由第三方机构给出数据利用风险高、中、低的不同评估结果。其四,不同的评估结论意味着不同的处理方式:评估为低风险的再利用,只需由 ISP 向信息主体告知再利用的情景,并征得信息主体同意即可。评估为中等风险的再利用情形,则要求 ISP 明确告知信息主体再利用的情景、可能存在的风险以及评估机构作出的评估结论,要求主体在慎重考虑的基础上决定是否允许 ISP 对其个人信息进行再利用。如果作出高风险评估结论,则分别情形处理:如果高风险会导致信息主体个人重大人身或财产利益受到损害,则要求 ISP 必须采取措施将风险降低到中度以下,然后按照法定程序要求进行再利用授权。原则上不允许进行高风险场景下的再利用;如果高风险会导致重大公共利益遭受威胁,则应当禁止此种场景下的个人信息再利用。

五、余论

制度创新可以成为产业竞争的重要支持力量。深入比较欧盟和美国在个人信息授权利用模式上与我国现行法律制度的差异,不难发现个人信息授权利用模式的设计实际上是各国数据产业发展战略的直接体现和重要组成部分。综合借鉴欧盟和美国个人信息利用授权方案的优越之处,在我国现行法律规范的基础上,建立以"重要性"为基础的风险评估模式,在初始收集的授权阶段以三维度四层次的类型化授权强化 ISP 对个人信息的安全性保护;再利用阶段则开放 ISP 在"情景一致"基础上的再利用,并要求对超越原"情景"的再利用行为进行风险评估,实现分层次区别对待。这一方案总体上更加有利于 ISP 在保护个人信息安全的前提下,强化个人信息的大数据利用效率,提升我国在世界范围内数据产业战略竞争中的地位。

值得特别说明的问题是,本书意在构建"重要性"基础上的风险评估机制,并非要完全放弃现有法律规范的"概括授权+例外"模式而另起炉灶,恰恰是在现有规范基础上的精致化改进:三维度四层次的个人信息类型化模式延续了现有规范在类型化基础上区别对待的初始收集授权思路,坚持了法定类型化的路径,只是在类型化方案上进一步科学化、精确化。个人信息再利用阶段的"场景一致"和"风险评估"方案是对《数据安全管理办法(征求意见稿)》中风险评估设计的承认和具体化,且并不否认现有的列举式"例外"的存在。事实上,笔者认为现有法律规范反向列举的11种不需要个人信息主体授权即可合法利用的法定例外情形,恰恰是立法机构权威评价认为不存在重大再利用风险的一种体现,应当予以保留。"场景一致"基础上的开放ISP对个人信息的利用体现了对信息主体初始意志和契约自由的尊重,11项主要基于公共需求的许可利用体现了个人权利与公共利益的平衡,而超"情景"利用的"风险评估"则是高效率、开放性利用中的安全保护阀,三者相辅相成,共同构成了一个兼具灵活性、效率性和安全性的ISP个人信息再利用体系。该体系的建立将为我国数据强国战略的实现提供有益的制度保障。

第六章　ISP 刑事责任体系研究

互联网技术的蓬勃发展使信息网络和数据相关的产业在社会经济中所占之比例日益增加，网络日益深入到社会生活的各个方面，成为普通公民生活不可或缺的公共资源和信息渠道。网络技术影响力的不断扩张，在带来极大便利和商机的同时，也导致了网络犯罪的加剧，随着电信诈骗、网络销售违禁物品、网络传播非法内容等常见网络犯罪的危害性日显，"快播案"等一系列有重大影响的刑事案件的裁决，不断将 ISP 推向刑法评价的风口浪尖，使 ISP 刑事责任的系统性探讨势在必行。

自《中华人民共和国刑法修正案（七）》[以下简称《刑法修正案（七）》]首次涉及网络计算机犯罪以来，针对网络行为的刑事立法快速发展，特别是《刑法修正案（九）》中，首次出现了针对 ISP 的专门性罪名之设计。但上述涉 ISP 之刑事责任之规定，自出台之日起就引发了热烈的讨论，相当多的重要理论问题尚未形成一致性认识。本章试图在归纳现有的 ISP 可能涉及之犯罪形态的基础上，探讨 ISP 刑事责任设计的一般性准则。在此基础上选取当下争议最大的两类 ISP 为主体的犯罪行为分别进行专门性的探讨：其一，ISP 在技术帮助行为中对他人的犯罪行为应当承担的刑事责任；其二，ISP 在不作为犯罪中应当承担的刑事责任。

虽然上述两种类型的 ISP 犯罪行为并非 ISP 所能涉及的罪名之全部（且在具体案件中两类行为可能存在交叉），但此两类犯罪中 ISP 的角色定位、行为特点、犯罪构成和责任认定等方面都最具代表性，其中涉及的理论问题对 ISP 法律地位、角色规范和法律责任的整体定位有普遍性价值，相关研究的争议焦点聚集于此两类犯罪也是因为上述特殊性之存在。因而笔者认为，对此两类代表性犯罪行为的集中探讨，有益于从根本上破解 ISP 的刑事责任设计之根本性难题。

一、网络犯罪与网络犯罪中的 ISP

从《刑法修正案（七）》到《刑法修正案（九）》，针对网络犯罪的立法始终处于高速增加的过程中。现行刑法涉及网络犯罪的罪名主要包括：

表 6-1　网络犯罪主要相关罪名

条款	罪名	行为	结果	刑事责任	备注
第285条	非法侵入计算机信息系统罪，非法获取计算机信息系统数据、非法控制计算机信息系统罪，提供侵入非法控制计算机信息系统程序、工具罪	非法侵入计算机系统；非法获取计算机系统信息；非法控制计算机系统；为非法入侵或控制计算机系统提供工具	情节严重	3年以下有期徒刑或拘役，并处或单处金	
第286条	破坏计算机信息系统罪	违反国家规定，对计算机信息系统功能进行删除、修改、增加、干扰，或者故意制造、传播计算机病毒造成计算机信息系统不能正常运行 违反国家规定，对计算机信息系统中存储、处理或者传输的数据和应用程序进行删除、修改、增加的操作	后果严重	5年以下有期徒刑或拘役；单位犯罪处罚金，同时处罚直接负责的主管人员和其他直接责任人员	
第286条之一	拒不履行信息网络安全管理义务罪	网络服务提供者不履行法律、行政法规规定的信息网络安全管理义务，经监管部门责令采取改正措施而拒不改正	致使违法信息大量传播；致使用户信息泄露造成严重后果；致使刑事案件证据灭失情节严重；其他严重情节	3年以下有期徒刑或拘役或管制，单处或并处罚金；单位犯罪处罚金，同时处罚直接负责的主管人员和其他直接责任人员	

续表

条款	罪名	行为	结果	刑事责任	备注
第287条	利用计算机实施犯罪的提示性规定	利用计算机实施金融诈骗、盗窃、贪污、挪用公款、窃取国家秘密或者其他犯罪			适用相关法律
第287条之一	非法利用信息网络罪	设立用于实施诈骗、传授犯罪方法、制作或者销售违禁物品、管制物品等违法犯罪活动的网站、通讯群组；发布有关制作或者销售毒品、枪支、淫秽物品等违禁物品、管制物品或者其他违法犯罪信息的；为实施诈骗等违法犯罪活动发布信息的	情节严重	3年以下有期徒刑或拘役，单处或并处罚金；单位犯罪处罚金，同时处罚直接负责的主管人员和其他直接责任人员	
第287条之二	帮助信息网络犯罪活动罪	明知他人利用信息网络实施犯罪，为其犯罪提供互联网接入、服务器托管、网络存储、通讯传输等技术支持，或者提供广告推广、支付结算等帮助	情节严重	3年以下有期徒刑或拘役，单处或并处罚金；单位犯罪处罚金，同时处罚直接负责的主管人员和其他直接责任人员	
第291条之一	编造、故意传播虚假信息罪	明知是编造的恐怖信息而故意传播；编造虚假的险情、疫情、灾情、警情，在信息网络或者其他媒体上传播，或者明知是上述虚假信息，故意在信息网络或者其他媒体上传播	严重扰乱社会秩序/造成严重后果	5年以下有期徒刑、拘役或者管制/3年以上7年以下有期徒刑	

由上表可见，网络犯罪涉及客体广泛且行为方式日益多样化。综合上述罪名对犯罪构成的描述，笔者认为 ISP 作为主体的犯罪行为可以分为两种主要类型：其一，ISP 以作为方式，为他人的犯罪行为提供网络服务而构成的帮助犯罪（以帮助信息网络犯罪活动为代表）；其二，ISP 以不作为方式，违反法律规定的信息网络管理义务，经监管部门责令采取改正措施而拒不改正，从而导致严重后果的犯罪（以拒不履行信息网络安全管理义务罪为代表）。虽然司法实践中 ISP 所能涉嫌的犯罪行为远不只以上两项罪名，但从类型特征来看，上述两者最具有代表性，主要体现为：其一，集中体现了 ISP 在网络社会中的角色和基本法律地位之争议；其二，与 ISP 侵权责任设计、行政责任设计的总体思路有很高的关联性；其三，在司法实践和理论研究中争议最大。因此，本章将分别以上述两种类型的 ISP 网络犯罪及其刑事责任的设计为观察点，来展开讨论。

二、ISP 刑事责任建构的基本准则[1]

从本质上看，在 ISP 刑事责任体系的背后是多种价值的博弈，是互联网发展催生出多方利益重组之必然。因此，在确定 ISP 刑事责任时，追求公平性固然重要，追求社会整体利益的最大化则更首要。"一个法律制度之所以成功，乃是因为它成功地在专断权利之一端与受限权利之另一端间达到了平衡并继续了这种平衡。"[2]

（一）ISP 技术特性、社会角色和法律地位相匹配

确定 ISP 的刑事责任必然要与普通网络用户相区别，一方面，凡网络行为，皆通过 ISP 之服务实现，ISP 是各类网络活动的基础和平台，有网络犯罪之处，或多或少都有 ISP 的作用，故在认定 ISP 刑事责任时不宜无限扩展、无所不包，应在罪与非罪间确定必要的、合理的界限。另一方面，义务是一种法律规制和引导，但须确保适宜的生存、发展空间，ISP 的法定义务来自于其在网络角色、技术等方面不可替代的优势地位，因此在设定义务时，应以 ISP

---

〔1〕 本部分内容在资料收集、观点论证和案例分析等方面得到了上海市公安局浦东分局主任科员李佳的大力支持，特此表示感谢，经李佳本人同意，将包含有其知识贡献的内容于本章中予以呈现。

〔2〕 [美] E. 博登海默：《法理学：法哲学与法律方法》，邓正来译，中国政法大学出版社 2001 年版，第 415 页。

的优势为限，建基于 ISP 的自身特点，并考虑其"盈利者"本质；同时，鉴于 ISP 的优势地位，义务若无监管则形同虚设，且可能催生负面行为，故在设定义务时，须引入科学的监管体系，在 ISP 履行义务的行为和效果上予以支撑、管理和评价，既确保其正确履行义务，也防止超出必要限度。

（二）均衡兼顾 ISP、网民和社会多方之利益

在确定 ISP 的刑事责任上，既要认识到互联网技术的迅猛发展是不可阻挡的趋势，鼓励 ISP 的创新和投入是顺势而为；也要预见到网络社会的建立与成熟，可能催生网络犯罪的新动向，及对个人和社会的深刻影响。既要正视发展，不能一味持宽容态度，对 ISP 的刑事责任避而不谈，使伴随发展的负面因素不断扩大；也要对网络犯罪新动向做必要准备，不能什么犯罪突出才治理什么、在法律依据上没有直接规定就参照适用、参照适用不行就出台司法解释，这无异于"头痛医头、脚痛医脚"。确立 ISP 的刑事责任，是对多方利益的考量，不能顾此失彼，必须以整体视角进行前瞻性设计，使有关 ISP 的刑事立法走在犯罪前面，顺应趋势，为互联网的健康发展服务。

（三）从 ISP 网络角色和行为的整体特征出发，兼具对不同 ISP 的类型适应性

ISP 承担刑事责任的根本依据在于其在网络世界中发挥着独特的作用，其行为有着不可替代的特殊功能：其一，各种类型的 ISP 凭借其强大的技术优势、雄厚的财力和专业技术团队，在网络社会中实际拥有着较一般的网络用户或其他行为主体更为强大的局部支配和控制能力；[1]其二，ISP 的技术优势及其在网络社会中角色的特殊性决定了任何打击网络犯罪或维护网络秩序的目标，如果离开了 ISP 的支持和配合，是根本无法实现的；其三，网络技术的高速发展，决定了所有的公共服务机构和法律制度，越来越不得不依赖于网络服务提供商的积极参与，来对抗网络犯罪和共同实现网络安全的日常监管。基于 ISP 上述"守门员"角色对其提出了更多社会责任和法律责任的要求，各类 ISP 在承担刑事责任的必要性、履行责任的限度和标准等方面应具有同一性，认定其刑事责任的逻辑也应具有总体的一致性，且上述 ISP 刑事责任的理论基础和制度设计应当与 ISP 的民事责任、行政责任等相关制度，保持立法逻辑的贯通和具体规范的有效衔接。

---

[1] 王华伟：《网络服务提供者刑事责任的认定路径——兼评快播案的相关争议》，载《国家检察官学院学报》2017 年第 5 期，第 3~32 页。

同时，不同技术类型的 ISP 提供的网络服务在内容和形式上千差万别，且差异化程度还在随着网络技术的不断更新而日益增加。不同类型的 ISP 所提供的网络服务在"信息加工深度""社会关系干预度"和"利益驱动强度"等方面均表现出根本性的差异，因而其在网络社会中对特定信息的实际控制能力、对其他网络主体行为的实际影响力以及其违法犯罪行为对社会秩序的实际破坏力也是不可一概而论的。因此，ISP 刑事责任的设计还必须在共性特征的基础上，充分考虑不同类型 ISP 的技术特性和行为特征，使其刑事责任与其技术服务类型相适应。

三、ISP 在技术帮助行为中的刑事责任

自 ISP 为主体的刑事案件出现以来，技术中立就是几乎所有 ISP 捍卫自身利益的基本立场，而 ISP 在何种情形下丧失中立性而进入刑事法律的可罚性范围是 ISP 刑事立法不需解决的问题。自《刑法修正案（九）》颁布以来，ISP 在明知他人犯罪的前提下，仍为其提供网络技术服务之行为被单独列为"帮助信息网络犯罪行为罪"（《刑法》第 287 条之二），更是进一步掀起了"中立技术行为的可罚性""帮助犯之正犯化"等一系列主题的热议。这些论题本质上仍是 ISP 技术服务行为在刑事法律体系中的基本定位及司法尺度问题。笔者认为有必要以现实案件为基础，全面深入地阐明 ISP 在技术帮助行为中的刑事责任问题。

[**案例1**] 被告人杨某系某电信公司负责宽带安装和维护的职工。明知报装人和安装地点与实际情况不符，所装宽带被用于实施网络诈骗的情况下，禁不住高利诱惑，不惜违反报装人及安装地点等信息必须真实的行业相关规定，利用虚假的身份证为他人申请、安装并维护所谓黑宽带。被告人辩称自己是按照公司的安排，履行公司的职责，不构成帮助信息网络犯罪活动罪。法院认为，被告人杨某明知他人利用信息网络实施诈骗，仍提供互联网接入、维护等技术支持，其行为已构成诈骗共犯。[1]

---

[1] 参见广西壮族自治区宾阳县人民法院 [2016] 桂 0126 刑初 149 号刑事判决书。转自引陈洪兵：《自网络服务商的刑事责任边界——以"快播案"判决为切入点》，载《武汉大学学报（哲学社会科学版）》2019 年第 2 期，第 139~148 页。

[案例2] 被告人赵某明知申请支付接口需要提供商户营业执照、法人身份等五证信息和网络商城备案域名,且明知非法代理的网络支付接口可能被用于犯罪资金走账和洗钱的情况下,仍通过事先购买的企业五证信息和假域名备案在第三方公司申请支付账号,以每个账号收取 2000~3500 元不等的接口费将账号卖给他人,并收取该账号入账金额 3‰左右的分润。法院认为,被告人赵某明知他人利用信息网络实施犯罪,为其犯罪提供支付结算的帮助,构成帮助信息网络犯罪活动罪。[1]

[案例3] 被告人侯某、高某为犯罪团伙搭建用于盗窃他人银行卡存款的仿冒银行的钓鱼网站,租赁服务器,为钓鱼网站绑定域名,并维护服务器和钓鱼网站。法院认为二被告人系首先创设钓鱼网站,专门为犯罪团伙提供并用于相应的犯罪行为,其行为的主动性已远远超出帮助信息网络犯罪活动罪中所谓的"明知"他人实施犯罪,而提供互联网接入等技术支持的范畴。二被告人的行为已不仅仅是一种帮助行为,而是对之后的具体犯罪行为起到了至关重要的引导、肇生的决定性作用。因此,二被告人的行为与使用人的行为组成了一种复杂的密不可分的共生、共存关系。二被告人的行为与网站的使用者构成同一犯罪——盗窃罪。[2]

通过上述三个典型案件不难看出,ISP 作为不同主体形态各异的网络行为选择的技术承担者,对其网络服务对象的犯罪行为是否应当承担刑事责任,是 ISP 的刑事责任设计中无法回避的核心论题,这一问题包含着相互关联的一系列子问题:其一,ISP 的网络技术中立行为是否应当承担帮助之刑事责任?如果是,那么应当在何种情形下承担何种程度的刑事责任?其二,ISP 网络技术帮助行为是否可能转化为正犯?如果可能,其转化的标志为何?其三,现行《刑法》将 ISP 帮助犯罪之主观过错形态确定为"明知"的故意形态,

---

[1] 参见浙江省义乌市人民法院 [2017] 浙 0782 刑初 1563 号刑事判决书。转引自陈洪兵:《自网络服务商的刑事责任边界——以"快播案"判决为切入点》,载《武汉大学学报(哲学社会科学版)》2019 年第 2 期,第 139~148 页。
[2] 参见广东省深圳市宝安区人民法院 [2016] 粤 0306 刑初 350 号刑事判决书。转引自陈洪兵:《自网络服务商的刑事责任边界——以"快播案"判决为切入点》,载《武汉大学学报(哲学社会科学版)》2019 年第 2 期,第 139~148 页。

但在司法实践中如何认定"故意"却存在着广泛而激烈的争议。其四，ISP 技术帮助行为的责任方式及其量刑高低，应当如何与其帮助行为的性质相匹配？笔者在本部分的讨论中，将以上述核心论题之争议为线索，尝试对 ISP 技术帮助行为的刑事责任提出新的回应路径。

（一）"技术中立"与"技术无罪"的三层次理解

"技术中立"和"技术无罪"始终是 ISP 在刑事案件中为自己辩护的底线，也是 ISP 刑事立法必须先行回答的基本价值问题。事实上"技术中立"是世界范围内 ISP 立法始终坚持的整体性价值立场，综观我国现行的 ISP 相关立法也坚持了"技术中立"的基本思路。而"技术无罪"则可以被视为"技术中立"原则在刑事立法领域中的具体化。

在"技术无罪"与否的背后是两种价值考量的冲突，即创新和秩序。一直以来，我国法律实践也对 ISP 持宽容态度，这隐含了鼓励创新的意图。近年来，基于 ISP 提供的服务，我国的互联网事业迅猛发展，由此催生的各种创新理念、创新技术层出不穷，互联网本身蕴含的"一切皆有可能"之理念得到较好践行。而刑法评价体系一旦介入，各类 ISP 势必惮于技术创新的负面效应，其创新的动力也会大打折扣。然而，享受发展红利不能以秩序混乱为代价，各种网络犯罪的激增即敲响了警钟。然而，矫枉不宜过正，刑法评价必须适度，"否则为防卫社会而设置的刑罚，就会异化为社会进步的障碍"[1]，而这个"度"就是对创新的保护。故此，平衡秩序与创新，是探讨 ISP 刑事责任时必须关注的要点之一。

事实上，笔者认为"技术中立"本身至少有两个层次的涵义：其一，ISP 自身的技术服务方式，是无差别且不干预地为不特定用户提供中立性的网络服务，即 ISP 的技术中立性；其二，ISP 具体涉案行为本身的中立性，即 ISP 行为的中立性。作为 ISP 立法基本原则的"技术中立"是指 ISP 技术特性层面上的"中立不加罪"，即不能因为 ISP 提供的某项有独立合法功能的技术服务可能被用于违法甚至犯罪活动，而直接对 ISP 的技术服务加以规范谴责。然而，即使特定 ISP 所提供的网络服务在客观技术属性上是"中立性"的，但在该 ISP 的特定涉案服务中，ISP 具体的行为已经明显偏离了其"中立性"

---

[1] 陈兴良：《走向哲学的刑法学》，法律出版社 1999 年版，第 433 页。

地位，表现出明显的帮助或促成他人犯罪实施的倾向，则已经超出了"技术无罪"和"技术中立"原则的保护范围，进入刑事可罚之领域。

因此，笔者认为应当对"技术中立"之下的"技术无罪"做三个不同层次的重新解读：其一，坚持技术属性层面的"技术无罪"原则，即不因 ISP 有独立的技术价值的网络技术服务可能或已经被利用为犯罪工具而直接对 ISP 的技术服务施加刑法谴责，保护技术创新并鼓励新的技术服务方式开发；其二，以"信息加工深度"为线索，对不同技术类型的 ISP 在为他人犯罪行为提供技术帮助时所应承担的刑事责任进行层次化厘定；其三，以"社会关系干预度"为观察点，对 ISP 具体涉案行为是否偏离了"技术中立"地位，而确定其在犯罪活动中的角色地位和犯罪形态。

（二）"信息加工深度"基础上的 ISP 帮助行为类型化

坚持技术属性层面的"技术无罪"原则，即不因 ISP 有独立的技术价值的网络技术服务可能或已经被利用为犯罪工具而直接对 ISP 的技术服务施加刑法谴责，是保护技术创新并鼓励新的技术服务方式开发的必然要求。但坚持这一基本原则并不意味着任何 ISP 均可以"技术中立"为挡箭牌，恣意妄为。ISP 自身的技术服务方式，在本质上决定了其在为他人实施的犯罪行为提供帮助时，可能保持"技术中立"的程度。而这一"中立程度"根本上取决于不同 ISP 的"信息加工深度"，即不同 ISP 在其网络服务过程中，在何种程度上对其所处理的网络信息内容进行了干预或加工。

1. "信息无涉型" ISP

信息无涉型 ISP 是指仅为用户实现互联网信息传输提供物理通道，对其通道内传输的信息内容无从知晓也不加任何干预的网络服务提供者，以网络接入服务和服务器租赁服务等 ISP 为典型代表。此类 ISP 的技术特征在于对其所传输的信息主观上无任何干预的动机（传输何种内容与其服务方式和收益无任何关联），客观上对其物理管道内传输信息的内容之分辨能力和控制能力极弱。因此，对此类 ISP，应当以"技术中立保护"为原则，承担帮助犯之刑事责任为例外：其一，不得要求此类 ISP 对其传输之信息内容进行一般性的事前审查。其二，如果此类 ISP 是基于合法的理由为特定主体提供网络接入或服务器租赁等服务，仅因其传输的内容存在违反或构成犯罪，不得要求此类 ISP 承担帮助侵权责任，因其无从了解其传输的信息内容之违法。其三，严格的被动"知晓"原则:当且仅当接到行政监管部门、人民法院等国家权力机关作出的正式通知时,此类ISP才应当停止其技术服务,帮助避免可能存在的犯罪行为之扩大;不能履行通知之行为内容,则构成帮助网络犯罪行为之帮助犯。其四,如果此类ISP在提供网络服务前就明知服务对象将利用自身服务从事犯罪活动,则其行为性质发生了转化,不能构成帮助犯(如案例1所示),其性质将在下文第三点中予以讨论。

2. "非干预性处理型"ISP

非干预性处理型ISP是指为用户提供网络传输、储存、检索、展示等技术服务的ISP。其技术特点在于:ISP做处理的信息是由用户提供;ISP在对其进行上述处理时,仅对其进行物理意义上的识别、转移、排列、调取等操作,不会对信息的内容进行任何实质性的编辑和加工;此类ISP对其所处理的信息有一定的控制能力,但没有加工和改造的意图。因此,对于此类ISP在网络犯罪中帮助行为的认定应当遵循以下标准:其一,此类ISP受到"技术中立原则"的保护,除法律规定的提供特定网络服务必须验证的资格证明外,原则上不得要求此类ISP对其处理的信息内容进行事先的内容审查。如果违反法定的资格审查义务,可以认为有为犯罪活动提供帮助之故意,成立帮助犯。如前文案例2所述,该ISP在明知服务对象不适格情形下,仍为其提供网络支付服务,构成帮助犯。其二,坚持被动"知晓"但范围应有所扩大。由于此类ISP对其处理的信息通常有一定的识别能力和较强的控制能力,因此在其对他人犯罪行为"被动知晓"的前提下,范围可以有所扩大,即有权国家机关和受害人的通知,都应当可以启动此类ISP采取措施对可能存在的犯罪行为进行限制、制止或防止结果扩大。ISP违反上述义务,均可能构成他人网络犯罪行为之帮助犯。

3. "干预性利用型"ISP

干预性利用型ISP在技术服务方式的特征在于,其并未对互联网提供新的信息内容,也未对用户提供的内容进行实质性的加工和编辑,但在其提供的信息基础上进行了二次分析、逻辑处理并对其结果加以利用。典型行为如对点击率进行统计和排序,对搜索呈现的链接进行非技术自然形成的排序,根据用户偏好进行页面筛选和推荐等网络服务行为。此种类型的ISP对用户的信息有很强的识别能力和控制能力,同时实现了实际的识别和利用行为,因此，对其帮助行为的刑事责任认定应当更加严格：其一，此类 ISP 对其处理信息的干预利用性部分，原则上不得主张"技术中立"的保护，除非有相反的证据证明 ISP 在利用行为中无从知晓第三方用户的犯罪行为；其二，因为其对用户信息的利用行为已经隐含了对其内容进行识别、判断和控制的能力，且通产 ISP 会因此类利用行为获得直接或间接的经济利益，因此 ISP 对其干预性利用的信息之合法性有高度的注意义务，在技术可能性的前提下，未能识别违法或犯罪行为的存在，即可视为消极方式为犯罪行为提供帮助，构成帮助犯。例如，在引起热烈讨论的"快播案"中（具体案情见本章之第四部分），法院最终基于"快播"公司的 P2P 技术模式将其认定为"网络信息内容服务提供者"，从而以"传播淫秽物品牟利罪"定案，笔者认为有不妥之处。根据法院判决对"快播"公司技术播放模式的描述，涉案淫秽内容由用户上传，但"快播"公司依托其后台的缓存服务器，能够自动统计点击率，并以此为依据分配传输资源从而加快特定视频的播放速度。该 ISP 属于较为典型的干预性利用型网络服务模式，因而追究其帮助犯而非正犯责任是更为合理的。

4."信息内容提供型"ISP

信息内容提供型 ISP 直接向互联网提供新的信息内容，因此此类 ISP 对其提供的内容有事先的合法性审查义务。此类 ISP 提供的信息对他人利益造成严重损害构成犯罪时，ISP 不得以"技术中立"为理由要求保护。此类 ISP 在上述行为中也不能认定为帮助犯，而应当直接承担相应罪名的正犯责任。

（三）以"社会关系干预度"为视角的帮助犯与正犯之界分

"社会关系干预度"描述的是特定 ISP 所提供的技术服务在多大程度上改变了原有的网络用户之间的社会关系。即使在确认为技术帮助服务的前提下，不同 ISP 对其服务对象之间"社会关系干预度"决定了其在客观的"中立性"技术服务类型的基础上，做出了何种倾向的行为选择。这种行为选择决定了该 ISP 实际上是坚持了自身的中立立场，还是放弃了中立立场，直接成为犯罪行为的一部分，因而决定了其应当承担帮助犯责任还是正犯责任。

1. 非干预性服务

如果 ISP 提供的网络技术服务，对其服务对象之间的原始的社会关系无任何实质性影响，仅仅提供了更为便捷的沟通和交流的渠道，则即使有证据证明此类 ISP 在明知其用户存在犯罪行为的前提下，仍提供了网络技术服务，也仅承担帮助犯之刑事责任。如案例 2 所述，该 ISP 明知用户可能将自身提供的支付工具用于犯罪，仍为其提供服务。但该服务行为并未改变正犯与受害人之间的社会关系，也未实质性参与该犯罪，因而构成帮助犯。

2. 虚拟建构性服务

如果 ISP 提供的网络技术服务在网络虚拟空间中对原有的当事人之间的社会关系形成了实质性的改变，表明其在原主体之间的技术中立地位被其行为选择实质性改变，因而原则上不能再仅仅承担帮助犯责任，而应当向正犯责任转化。如案例 1 所述，行为人明知用户是非法要求网络接入服务，仍为其提供接入服务，其行为已经偏离了网络接入的中立性本身，形成了与行为人共同犯罪之故意，其角色由一个未尽注意义务的第三方，转化为一个犯罪行为的共谋者，使 ISP、行为人、受害人之间的关系产生了根本性改变，因而不能再主张帮助行为责任，而应当承担共同正犯责任。

3. 现实建构性服务

如果 ISP 提供的技术服务，不仅限于对当事人之间原有社会关系的改变，而是直接型构或引发了现实中原本可能不会存在的社会关系，则被称之为现实构建性服务。此类 ISP 不但深入地参与了当事人之间的社会关系，而且在其中对该关系的产生和发展方向起着主导性作用。因而不论该 ISP 提供的具体是何种技术服务，其行为方式已经决定其角色绝不可能仅仅是中立性的技术服务者。因而此类 ISP 的行为如果构成犯罪，应当承担正犯责任而非帮助犯；如果 ISP 行为对行为人构成了教唆或者引诱，甚至可能成立间接正犯之责任。如上文案例 3 所示，专门为诈骗行为搭建的钓鱼网站，直接以为他人诈骗行为提供技术帮助为目的（且是唯一目的），该网站的存在，会对潜在的诈骗犯罪人起到技术引诱之作用。因而作为 ISP 的该网页及其制作者，在本案中的角色不是诈骗行为之帮助者，而是发起者甚至教唆者，不能定性为帮助犯，而必须承担正犯责任。

（四）"利益驱动强度"对行为主观状态和刑事责任方式的影响

"利益驱动强度"是对 ISP 网络服务行为之经济收益模式之描述，ISP 在特定服务行为中的收益模式对具体罪名的成立与否、ISP 帮助行为时的主观状态和刑事责任的承担方式都有重要影响。

1. 影响具体罪名的成立

ISP 的网络服务行为是否获得经济利益或是否以获得经济利益为目的，直接影响其行为是否能满足特定罪名的构成要件之判断，成为能否定罪的重要因素。如"快播案"中"快播"公司的 P2P 技术平台，事实上通过放任他人传播淫秽视频获得了经济利益（且多为间接经济利益），因此才可能满足"传播淫秽物品牟利罪"之构成要件。设若"快播"平台提供的是完全意义上的无偿服务，事实上也未因他人的传播行为获得任何收益，则无法成立"传播淫秽物品牟利罪"之正犯。

2. 影响对 ISP 帮助行为的主观动机之判断

与传统的自然人犯罪不同，ISP 作为"沉默的"技术服务主体，很难直接凭借其自主的表达来直接外化其行为动机和主观状态，因而在司法实践中更多的只能通过其行为的具体外在表现来推断其主观动机。而 ISP 在具体服务行为中是否获得经济利益以及以何种模式获得经济利益就成为推断其主观状态和注意义务的重要因素。其一，提供无偿技术服务的 ISP，仅对其用户的行为尽一般注意义务；从主观动机上讲，此类 ISP 没有必要刻意放任或容忍其用户的犯罪行为。因而，此类 ISP 在成立帮助犯罪时，应当具备直接故意为其一般的过错形态方可认定，即有证据证明 ISP 明知他人有从事犯罪之行为，仍积极提供帮助追求此种结果之发生。其二，提供有偿型技术服务的 ISP（包括直接利益、间接利益和复杂收益模式），均因其有偿服务而对用户行为负有较高的注意义务；同时，经济利益的存在，使 ISP 放任用户违反犯罪行为的动机增加。因而，在此类 ISP 的帮助犯罪中，直接故意和间接故意均是可以构成犯罪的主观状态。

3. 影响 ISP 刑事责任的具体承担方式

ISP 为主体的网络犯罪，其刑罚方式大多为 3 年（或 5 年）以下有期徒刑、拘役或管制，可以单处或并处罚金。对于提供无偿网络服务的 ISP，帮助犯成立也只能对其管理人员处以自由刑之刑罚；而对于提供有偿服务的 ISP（包括直接利益、间接利益和复杂收益模式），则可以单处或并处罚金，使其丧失非法所得，以威慑潜在的犯罪行为。

四、ISP 在不作为犯罪中的法律责任

《刑法修正案（九）》中，专门设立了"拒不履行信息网络安全管理义务罪"，是《刑法》首次专门针对 ISP 设立了不作为犯之罪名。该罪名的设立，再次引发了学术界和司法实践领域对 ISP 不作为犯罪中刑事责任的热议，众多讨论中多以"快播"涉嫌传播淫秽物品牟利案为样本进行 ISP 刑事责任的探讨。

[案例4] 2014 年，曾一度号称"拥有过 4 亿用户，市场占有率第一"的深圳市快播科技有限公司，因涉嫌传播淫秽物品牟利罪被依法查处，该案成为当年度全国"扫黄打非"办公室重点挂牌督办案件之一。随着调查的深入，这个曾经的行业"龙头"Qvod 服务器被关闭、ICP 证照被吊销、公司管理团队被抓、员工转投他处。2015 年 2 月，北京市海淀区人民检察院以传播淫秽物品牟利罪对深圳市快播科技有限公司（以下简称"快播公司"）和被告人王欣、吴铭等提起公诉。主审法院认为，快播公司作为网络视频信息服务提供者应当承担网络安全管理义务；快播公司具备承担网络安全管理义务的现实可能但拒不履行网络安全管理义务。各被告均明知快播网络系统内大量存在淫秽视频并介入了淫秽视频传播活动，其放任网络服务系统大量传播淫秽视频属于间接故意，其行为具有非法牟利目的。最终判决各被告以牟利为目的放任淫秽视频大量传播的行为构成传播淫秽物品牟利罪。[1]

笔者认为，"快播案"之所以持续受到关注，是因为该案集合了 ISP 刑事责任设计中所有有争议性的主要问题，既包括在 ISP 不作为形态的违法中 ISP 刑事责任的确立是否以"行政违法"或"行政义务"之不履行为必然前提，ISP 之不作为行为的认定标准为何，以及 ISP "明知"之主观状态如何判断等问题，实际上也涉及了前文所述之 ISP 技术帮助行为的判断和责任设计问题（相关内容已经在前文相应部分予以讨论）。鉴于上文已经对后一类问题有了专门性论述，笔者在本部分中将主要讨论"快播案"所涉及的 ISP 不作为犯

---

〔1〕 参见北京市海淀区人民法院刑事判决书（2015）海刑初字第 512 号。

罪中的法律责任问题。

（一）ISP刑事责任是否以"行政程序前置"为必要为前提

《刑法修正案（九）》中明确规定了"拒不履行信息网络安全管理义务"行为之行为要素，应当是违反了法律、行政法规规定的信息网络安全管理义务的前提下，由监管部门责令采取改正措施而拒不改正，并因此造成了严重后果的，应当承担刑事责任。也就是说，ISP的不作为犯罪，是以"前置的行政程序"[1]为行为构成要件的，即必须经过行政程序的前置化处理，才可能进入刑事违法性的判断范围。该"行政程序前置"的设计，是考虑到刑事责任的严厉性，将对ISP不作为行为的刑事处罚至于"二次违法性的实质判断"[2]，是基于刑法谦抑性的审慎考虑，但是该设计也引发了一些实践困难和理论争议：

1. ISP不作为行为的行政违法性之判断程序

在"快播案"中，相关行政监管部门曾在涉案具体事件发生前，责令"快播"公司就淫秽视频等相关问题采取措施进行整改，"快播"公司也确实采取过设置"快播110系统"等举报措施并取得了成效，但之后该系统长期处于搁置状态直至案发。在该案件中，作为前置的行政程序，对其涉案行为给出了相对清楚的违法性判断，并责令整改。但并非所有的ISP不作为违法活动，都一定能获得上述前置行政程序之评价：其一，可能ISP不作为行为长期存在，但因为行政监管部门的原因未能在刑事案件启动前对其ISP的行为作出评价或指令整改；其二，可能行政监管部门确实发现了ISP不作为行为，但不认为其为违法行为，未要求采取措施，但刑事审判庭认为该行政监管部门的法律判断存在错误。上述两种情况都可能导致本应前置的行政程序及其违法评价应当存在而事实上并未存在。然而在这两种情况下，ISP不作为行为及其社会危害性确实实实是存在的，如果因为行政前置程序的不满足，而不能启动刑事责任的追究程序，则无疑违背了ISP法律规范的设计目标，也可能造成难以弥补的实际损失。因此，笔者认为应当在坚持ISP不作为犯

---

[1] 熊波：《网络服务提供者刑事责任"行政程序前置化"的消极性及其克服》，载《政治与法律》2019年第5期，第50~65页。

[2] 熊波：《网络服务提供者刑事责任"行政程序前置化"的消极性及其克服》，载《政治与法律》2019年第5期，第50~65页。

罪行为"行政违法性"前置的基础上，允许刑事案件的审判庭对 ISP 特定涉案行为的"行政违法性"做出独立的判断，而不必依赖于行政监管机关的独立程序做出的先行性判断。

2. ISP 不作为的"行政前置程序"是否是启动刑事责任判断的唯一可能性路径

如果行政程序的前置是启动刑事责任判断的唯一可能前提，则在涉及 ISP 不作为需要法律系统紧急的、快速响应的案件的情形下，无法及时对 ISP 的不作为行为作出有效的可罚性判断，从而不能及时对公民重大利益进行保护。在这个意义上，笔者赞同有学者提出的将"拒不履行信息网络安全管理义务"之后果描述的"其他严重情节"，做与"行政机关责令采取改正措施而拒不改正"并列之处理，从而达到使受害人的紧迫的重大利益保护需求和行政前置程序，均可作为启动 ISP 不作为行为刑事责任判断的前提条件[1]，从而更好地保护潜在受害人的利益。

(二)"拒不履行"之"义务"范围的判断标准

不作为是指行为人在可以履行法定义务的情况下，而未履行该义务。故判断不作为的关键在于"法定义务"。不作为犯罪有真正不作为和不真正不作为之分。前者基于《刑法》明文规定，是只能由不作为构成的犯罪，与履行法定义务相对；后者则基于危险源的产生和控制，如行为人支配着危险源或控制着危险发生的领域则产生作为义务。从字面来看，不真正不作为很适合评价 ISP 的行为，对于 ISP 在网络诈骗中的刑事责任，有学者就提出认定其为不作为犯罪。但若从深层理解，却并非如此简单。如果将 ISP 视为网络危险源的支配者，无异于对 ISP 提供的网络服务予以全面否定评价，然而客观衡量，ISP 所提供的网络服务是"中立的"：它既供合法行为使用，也供违法行为使用；既能用于犯罪，也能用于阻止犯罪；危险并非来源于 ISP 的网络服务本身，而是来源于使用网络服务的违法行为，若对 ISP 的网络服务予以全面否定评价，则不利于鼓励其创新、发展。如果将 ISP 视为危险发生领域的支配者，一方面无异于承认其"规则缔造者"的地位，另一方面也必须对"期待可能性"予以考量，而面对浩繁的网络行为，ISP 能否在其成本范围内

---

[1] 熊波:《网络服务提供者刑事责任"行政程序前置化"的消极性及其克服》，载《政治与法律》2019 年第 5 期，第 50~65 页。

实现对违法行为的发现和阻止？换言之，将阻断违法行为的义务全部加予ISP是否适当？笔者认为，ISP作为网络社会的技术构建者和直接技术控制者，协助监管部门履行其控制能力范围内的网络安全管理义务，是题中应有之义，但ISP的安全管理义务也只能是辅助义务，将监管网络行为、发现违法迹象的所有责任均推至ISP，无论在经济合理性还是法律合理性上都是不能成立的。因此，对ISP不作为之刑事责任的追究，只能以违背了法律、行政法规等法律规范中明文设定的义务为前提，而不能放大至一般意义上的危险防范之义务。

（三）"故意"之主观状态的认定

ISP在不作为之网络犯罪中的主观状态只能是消极放任，而非积极追求。司法实践中，也试图以"明知"+"放任"模式对ISP的刑事责任予以评价，"快播案"就是典型例子。然而，将此种模式运用于ISP之上，会遭遇许多难点。

1. 何谓"明知"

《最高人民法院、最高人民检察院关于办理利用互联网、移动通讯终端、声讯台制作、复制、出版、贩卖、传播淫秽电子信息刑事案件具体应用法律若干问题的解释（二）》第8条对此作了明确规定[1]。但且不说此规定在取证时可能遇到的困难，只其证明力是否充分也值得商榷，以第1项为例，就"行政主管机关书面告知"的证据，"快播"公司以告知后已经整改和告知内容与被诉内容无关轻而易举地进行了反驳。网络行为浩繁且有无限复制的可能性，仅以旁证来推定"明知"显然不充分。

2. "明知"以谁的认识为标准

网络是开放性平台，只需稍加留心，对网络上的内容即可知晓，对非法内容亦可识别，普通用户如此，作为专业服务商的ISP更如此，那么应以普通人的网络认知为准，还是以ISP对其服务器中数据的认知为准？若是后者，显然与ISP的优势地位不匹配；若是前者，那么对"明知"的认定将

---

〔1〕《最高人民法院、最高人民检察院关于办理利用互联网、移动通讯终端、声讯台制作、复制、出版、贩卖、传播淫秽电子信息刑事案件具体应用法律若干问题的解释（二）》第8条规定，实施第4条至第7条规定的行为，具有下列情形之一的，应当认定行为人"明知"，但是有证据证明确实不知道的除外：①行政主管机关书面告知后仍然实施上述行为的；②接到举报后不履行法定管理职责的；③为淫秽网站提供互联网接入、服务器托管、网络存储空间、通讯传输通道、代收费、费用结算等服务，收取服务费明显高于市场价格的；④向淫秽网站投放广告，广告点击率明显异常的；⑤其他能够认定行为人明知的情形。

失去限度。反观在"明知"标准上出现的两难,不得不让人对"明知"所指向的内容产生怀疑,进而质疑罪名的适当性。笔者认为,ISP 不作为犯罪中的"明知",应当以权利人的明确通知或行政监管机关的正式通知为原则,ISP 的技术统计系统能予以明确的统计、提示或者有证据证明 ISP 对上述内容或自动统计结果有所加工或利用等情节为补充,不宜进一步扩大化认定。

3. "放任"行为应达何种程度

无论是电信"三巨头"对使用"改号软件"的无所作为,还是"快播"的 110 系统,抑或阿里巴巴的《淘宝规则》,都没能阻止相关网络犯罪,那么究竟谁的行为才不构成"放任"呢?换言之,ISP 对网络行为的监管要做到何种程度才能不被评价为"放任"?如果这个"度"不明确,那么将始终无法摆脱"结果归责"的嫌疑。笔者认为,不应当单纯依据 ISP 的技术措施来判断其是否有"放任"之态度,特别不能直接以 ISP 采取了技术措施,反而推定应当发现的违法而未能发现,否则将根本上伤害 ISP 积极采用防范性技术措施的积极性。而应当综合考量 ISP 在具体不作为行为中的"利益驱动强度"和"社会关系干预度",并结合其采用的技术措施的实际发现能力,以判断 ISP 对违法行为的未发现到底是客观的不能发现,还是发现而怠于处置。在"快播案"中,虽然快播公司曾采用过平台内的"110 系统"等措施(事实证明该技术措施是有效的),但后续存在怠于维护该措施,且确实从这种放任结果中获取了经济收益。综合判断,在此案中认定"快播"对淫秽内容的传播有"放任"之主观状态,笔者认为是合理的。

综上所述,构建科学的 ISP 刑事责任体系,必须全面审视 ISP 在网络社会中的角色和功能。ISP 的特殊角色和地位决定了,其行为不依赖于其他网络行为而存在,有被独立评价的必要性。ISP 刑事责任的产生,归根结底不是网络犯罪的直接结果,而是优化网络环境、完善网络规则的必然需求。ISP 刑事责任相关规则设计,应与 ISP 服务提供者的地位相匹配,将行为的违法性定位在对必要义务的违反之上,以此引导 ISP 适当履行义务,最大限度挤压网络犯罪的存在空间。ISP 的刑事责任之构建既要考虑到各种类型 ISP 的共性,在此基础上确立概括性规则,也要充分认识不同类型 ISP 的技术特征和服务方式所决定的特殊性,有针对性地进行类型化、层次化的刑事责任设计,确保面对互联网千变万化的可能性，ISP 的刑事责任体系能始终保持较好的适应性和一定程度的前瞻性。

五、刑事司法管辖中的 ISP

由于网络犯罪的特殊性，法学界对网络犯罪的管辖权问题提出各种不同于传统的理论和看法，各种理论从不同的角度对网络犯罪进行剖析，得出了不同的结论。绝大多数的研究者强调网络犯罪与传统犯罪的区别，试图将网络的虚拟空间从现实空间中独立出来，多有论者提出以 ISP 的服务器所在地确立网络犯罪之司法管辖权。

2017 年 8 月 18 日杭州互联网法院成立至今，国家已先后在杭州、北京、广州设立了互联网法院，专门管辖涉互联网法律案件。2018 年 9 月 6 日最高人民法院颁布了《最高人民法院关于互联网法院审理案件若干问题的规定》，随后又发布了《〈最高人民法院关于互联网法院审理案件若干问题的规定〉的理解与适用》，明确了互联网法院所在地法院应当管辖的 11 类涉互联网纠纷[1]应当由互联网法院管辖；同时明确了"根据民事诉讼法及相关司法解释关于确定管辖连接点的规定，实际联系的地点可以为原告住所地、被告住所地、签订或者履行合同的互联网平台经营者住所地等。考虑到互联网平台的缔约特点，侵权类纠纷也可能由当事人事前作出管辖约定，因此被诉侵权行为的网络服务器、计算机终端等设备所在地、被侵权人住所地等也可以作为协议管辖连接点"。[2] 上述规范性文件对涉互联网案件的民事诉讼和行政诉讼管辖给出了较为明确的指引，但未论及涉互联网的刑事案件的管辖权问题。也就是说，ISP 为被告人的刑事案件的管辖依然按照《中华人民共和国刑事诉讼法》（以下简称《刑事诉讼法》）所确立的一般管辖原则执行。

那么，网络环境下的犯罪活动的司法管辖到底是否应当有别于其他犯罪行为而单独设计呢？笔者认为，网络犯罪管辖制度的创新不能简单地取决于我们"创新"的美好愿望，而应取决于对以下几个问题的回答：其一，网络

---

〔1〕 参见《最高人民法院关于互联网法院审理案件若干问题的规定》第 2 条。
〔2〕 胡仕浩、何帆、李承运：《〈最高人民法院关于互联网法院审理案件若干问题的规定〉的理解与适用》，载中国法院网，https://www.chinacourt.org/article/detail/2018/09/id/3489797.shtml，最后访问时间：2020 年 8 月 6 日。

犯罪活动是否以及在何种意义上有别于传统的犯罪；其二，犯罪的刑事司法管辖制度要遵循哪些具体的价值诉求；其三，在实现上述价值诉求的前提下，现有的刑事司法管辖权设计能否容纳以及能在何种程度上容纳网络犯罪案件的处理需要。

尽管网络的虚拟空间与传统的现实空间确实存在显著区别，但网络是现实中的存在，从这个意义上讲，网络的虚拟空间也是现实空间的一部分。网络犯罪与传统犯罪相比，虽然有自身的独特性，但其区别仅仅是犯罪工具或手段的不同，其犯罪的本质和构成与传统犯罪并无实质差异，同样是现实生活中真实存在主体对真实法益的严重侵害，同时兼具社会危害性、刑事违法性和当受刑罚处罚三大要件。对网络犯罪确立切实有效的刑事管辖权是刑事诉讼法不可回避的重要任务。科学有效的网络犯罪刑事管辖权决定着国家强制力能否对网络环境下的犯罪行为进行真实有效的干预，而网络犯罪案件的刑事管辖权设计的科学与否，取决于网络犯罪活动的行为特性及管辖权联结点设计过程中主要价值维度的选择。

（一）已有网络犯罪的管辖权理论之得失

针对网络犯罪具有"地域性弱化，隐蔽性高"的特点，国际社会上对于网络管辖权问题提出了许多理论，如第四国际空间理论、最低联系理论、服务器所在地理论以及网址关系理论等。而我国《刑事诉讼法》第25条规定："刑事案件由犯罪地的人民法院管辖。如果由被告人居住地的人民法院审判更为适宜的，可以由被告人居住地的人民法院管辖。" 2012年《刑事诉讼法》的修订过程中也并未对该案件管辖联结点的设计作任何改变。那么就网络犯罪案件而言，上述各种学理主张与我国的刑事司法的规范性规定之中，究竟哪种更具科学性和可实践性？笔者试图从前述各项原则出发，对其逐一进行分析。

1. 第四国际空间理论

第四国际空间理论，也称为"网络自治"理论。持该主张的学者认为，应摆脱传统地域管辖的观念，承认网络虚拟空间是一个特殊的"地域"，不再使用现有世界中各主权国家的法律，而以网络世界的独特法律实现"网络自治"。这一理论彻底颠覆了网络世界应由主权国家行使司法管辖权的基本立场，其新颖性和学术勇气值得钦佩。但在司法实践意义上，该主张的缺陷同样如其优点一般显而易见。虽然网络世界具有虚拟性,但网络犯罪的行为人是真实的生活在不同主权国家的主体,网络犯罪侵害的法益和造成的损失是真实存在的,针对网络犯罪行为任何有现实意义的追溯必然由现实的权力机构进行。不以任何国家主权为基础的权力行使在现代国家格局的意义上是不可想象的。这一管辖理论完全无法实现诉讼管辖与刑事实体法适用之间的统一,甚至不可能与现代世界各国的国家制度和政治制度共生共存,不具有可操作性。

2. 最低联系理论

最低联系理论源自美国针对网络犯罪实施的"长臂管辖权"。长臂管辖权是指当被告的住所不在法院地州,但和该州有某种最低联系时,该州对于该被告具有属人管辖权,可以对州外的被告发出传票。[1]该理论较好地实现了刑事实体法律的适用与诉讼管辖的统一,也正是因为这一优势,使得该方式得以在美国境内成为实践性的司法管辖规则。但必须注意的是,美国的刑事司法管辖机制基于其联邦制国家政体,即各州拥有独立于联邦和其他州的司法权,因此,在属地管辖的基础上,"长臂管辖"实际上表现出了属人管辖和保护管辖的折中,它以保护本州利益为核心,牺牲了司法管辖的便利性。

3. 服务器所在地理论

ISP 服务器所在地相对稳定,满足确定性的要求,但网络服务器所在地仍然不适合作为管辖基础。这是由于,其一,网络服务器只是组成网络系统的一个节点,其功能具有一定的开放性,用户可自由进行上传、下载等功能,服务器所在地与侵权行为的发生可能没有直接的关联性,例如某人可以选择 A 邮件服务器发送恐吓信息,也可选择 B 邮件服务器发送恐吓信息,该信息通过哪个服务器进行传送具有一定的随机性。其二,服务器管理十分复杂,很多网站是通过租用服务器的方式来实现自己公司网站的管理,这样,可能成为成千上万个网站的都装在一个服务器上,而网络犯罪的行为与结果与服务器所在地可以毫无关联,因此,由该服务器所在地的法院管辖所有有关这些网站的诉讼可能造成特定地区法院的网络犯罪管辖过于集中,不能满足案件管辖相对均衡的基本要求。其三,如果将服务器所在地作为管辖基础,可

---

[1] 佴澎:《网络犯罪管辖研究》,载《公安研究》2004 年第 2 期,第 64 页。

为犯罪行为人提供便利，例如，犯罪行为人可在国内通过访问国外设置的服务器进行网络犯罪，从而逃避国内法院的管辖。也就是说，网络服务器的所在地与网络犯罪的实质性关联往往并不紧密，既具有随机性，又具有不可控制性，因此将网络服务器所在地作为管辖基础既缺少合理性，又缺少可行性。

4. 网址关系理论

IP 地址具有确定性，在网络里，每台终端的 IP 地址相当于每个人的身份证号，每个设备具有唯一的 IP 地址，通过 IP 地址的定位可查找到网络设备和网络服务商，进而可对实施犯罪的终端设备，甚至犯罪人进行物理定位。但随着网络技术的迅速发展及 IP 地址资源的紧缺，IP 地址的管理技术也不断变化以适应网络用户的需求，例如 IP 地址分为静态 IP 和动态 IP，对于静态 IP 一般能确定上网的具体地点，而动态 IP 则是随机产生的，具有随机性。同时，随着移动技术的发展，IP 地址所在地也将成为一个不确定性的概念，这增加了以此为联结点而设计的管辖权的不确定性。

笔者认为，网络犯罪的管辖权仍然应当以属地管辖中的犯罪行为地管辖为基本依据。因为从国际角度来看，属地管辖权是国家司法主权的重要体现。从国内角度来看，属地管辖权体现了不同地区法院之间管辖权的平衡与分配。网络犯罪虽然弱化了地域性，增强了虚拟性，但其犯罪行为的本质并未改变，犯罪行为人和犯罪工具在现实世界中是确切地存在于某一地域的。因此，我国现行刑事诉讼法律规范所确立的以犯罪地为基本联结点的管辖体系在确定网络犯罪管辖权的过程中仍然是现实的、可行的。

（二）以犯罪地为核心的网络犯罪管辖权设计

由于网络犯罪的复杂性，犯罪地的确定较为复杂。例如犯罪分子在 A 地通过终端操控 B 地的服务器对 C 地的计算机系统进行攻击，这里在同一时间涉及三个不同的地点，如何确定犯罪行为地成为值得讨论的问题。笔者认为，对于网络犯罪案件的诉讼管辖，应当坚持现行刑事诉讼法确定的犯罪行为地为主要联结点，并辅之以犯罪结果发生地和被告人居所地，建立一个分层次的网络犯罪案件管辖体系。

1. 以犯罪行为人实施犯罪的终端设备所在地作为"犯罪地"管辖之基础

无论是在何种网络犯罪中，犯罪人都必须借助特定的网络终端设备才能够完成犯罪。该设备是网络犯罪的首要工具，同时也可能是最重要的电子证据存储介质。该终端设备还是将现实中的犯罪行为人与网络虚拟世界联系起来的关键环节。因此笔者认为，犯罪行为人实施犯罪的终端设备所在地法院应该成为网络犯罪的优先管辖法院。首先，犯罪行为人借助该终端设备实施的犯罪在时间和空间上具有唯一确定性，且该终端设备所在地通常可以根据网络上的记录进行追踪和定位，在侦查技术上具有可行性，因此将实施犯罪行为的终端设备所在地作为管辖基础满足管辖确定性的要求。其次，将实施犯罪的终端设备所在地确定为犯罪行为地，确实反映了该犯罪行为的现实状态，并且与现行《刑法》的地域管辖以及现行《刑事诉讼法》的管辖机制均能达成内在的一致。再次，将实施犯罪的终端设备所在地认定为犯罪行为地，能够自然地反映网络犯罪行为发生的实际地域分布，不会造成人为意义上的案件受理过于集中，满足案件管辖的全面覆盖和均衡性要求。最后，由于实施犯罪行为的终端设备往往保留有大量电子证据，行为人通常将其置于自身实际控制范围之内，因此以其所在地为管辖地，既便利于被追诉人应诉，也便于人民法院和公诉机关的调查取证。

但是由于网络犯罪技术上的特点，在终端设备确定过程中可能会遇到不同的问题，需要辅之以其他技术手段锁定设备物理地点：其一，可移动网络终端设备的物理所在地。随着网络技术的发展和终端设备的更新换代，很多网络终端设备是可移动的，可以随时通过无线网络连接入互联网，因而给"终端设备所在地"的确定带来困难。在这种情况下，需要借助网络 IP 和物理 IP 地址来辅助实现该犯罪行为实施时特定终端设备的空间位置锁定。因为在任何一个时间点上，通过 IP 协议接入互联网的任意特定计算机，其 IP 地址具有唯一性，而该 IP 地址可以清楚地标示出该时间点上使用这一 IP 地址的终端设备物理空间意义上的所在地。但通过电信网络等接入互联网的终端设备不能用此方法确定设备物理所在地，因此需要下文所述的补充性原则。其二，涉及多终端设备的网络犯罪"行为地"确定。有些网络犯罪可能由行为人在不同地点借助多个终端设备共同完成，在这种情况下，应当承认多个终端所在地法院均有管辖权，按照《刑事诉讼法》第 26 条的规定处理，即"几个同级人民法院都有权管辖的案件，由最初受理的人民法院审判。在必要的时候，可以移送主要犯罪地的人民法院审判"。

2. 以网络犯罪的结果发生地为次要管辖原则

以犯罪结果发生地为联结点确立管辖是传统犯罪管辖理论中已经采用的

方式，也有学者主张在网络犯罪和网络侵权案件中采用结果发生地作为唯一的管辖权确定依据，即受害人（或网络侵权案件中的原告人）发现自身权利被侵犯的信息的计算机终端所在地法院行使管辖权。笔者认为，如果单纯以发现侵权信息的计算机终端所在地作为管辖的依据并不合理。由于网络的虚拟性和共享性，往往造成犯罪行为实施地与结果发生地不一致，而且很可能出现一个犯罪实施地对应多个结果发生地。随着网络和移动技术的发展，结果发生地表现出越来越强烈的随机性和任意性，任何地点都可成为结果发生地。因此，如果将发现侵权信息的计算机终端所在地作为单一的管辖基础，一方面会造成管辖权确定的随意性和不确定性，另一方面也有失公平原则，即原告可以随意挑选对自己最为有利，而对被告不利的法院提起诉讼。因此，单纯以发现侵权信息的计算机终端所在地作为管辖基础是不合适的。

然而，在网络犯罪管辖权的确定过程中，犯罪结果发生地管辖却可以成为行为地管辖的有益补充，特别是在上文所述的通过手机等移动设备接入互联网实施的犯罪中。因为在这类犯罪中行为地的确定往往比较困难，即便确定也未必与犯罪活动及其影响具有现实意义上的实质关联。在这种情况下可以采用犯罪结果发生地为次优联结点来确定管辖：如果受害人是单一主体或是少数主体，以受害人首先发现的侵权终端所在地为管辖地；在受害主体为数量较大的群体时，以最先发现侵权的受害人发现侵权的终端所在地为管辖地。

3. 以被告人住所地为补充管辖原则

在一些特别复杂的网络犯罪案件中，有可能出现行为人利用大量的移动电子设备接入互联网，同时犯罪结果涉及数量庞大、分布广泛的网络使用主体。在这种情形下，犯罪行为地或损害结果发生地有可能同时遭遇确定上的困难。因此，笔者认为可以将被告人住所地作为"兜底"的管辖原则。因为无论网络犯罪借助了多么迅捷和虚拟的信息技术，刑事案件的被告人始终必须具有现实性和唯一确定性，而其住所地是犯罪人生活的核心区域，诉讼和取证的便利性也可以得到一定保障。

上述确定网络犯罪司法管辖的原则应当具有适用上的层次性：以实施犯罪的网络终端设备所在地为优先原则；如果采用该原则确定管辖地有困难，则考虑受害人首先发现侵权的计算机终端所在地为管辖地；如果上述两种方式尚不足以确定某些复杂网络犯罪案件的管辖地,则以被告人住所地为最终管辖地。这种分层次的管辖方式不仅在规范意义上与《刑事诉讼法》的相关规定保持一致,而且在刑事管辖原则的价值维度上吻合了立法精神,并满足现实意义上的可操作性。

由以上分析可见,虽然与传统犯罪相比,网络犯罪具有自身独特的性质,但只不过是犯罪的形式和手段上的变化,其犯罪的本质并没有改变。根据网络犯罪的一般特征和类型化特点,我们可以将其确定为两种不同的类型。针对网络犯罪的管辖并不需要脱离现行刑事诉讼的规范而另起炉灶,只需针对网络犯罪的技术性特征重新确定现行规范中的"行为地""结果地"等联结点的确切指向,并设计合理的优先顺序,即可解决网络犯罪管辖的现实问题,并能较好地达成刑事案件管辖权设计需遵循的价值目标。

六、小结

综上所述,互联网技术的蓬勃发展将 ISP 推向了刑法评价的风口浪尖,探讨 ISP 的刑事责任势在必行。本章在归纳现行《刑法》对 ISP 可能涉及的网络犯罪之罪名进行归纳的基础上,集中探讨了 ISP 刑事责任构建应当遵循的一般准则;并选择了最具代表性和争议性的两类 ISP 犯罪行为,进行了刑事责任设计的集中讨论。

就 ISP 在技术帮助行为中的刑事责任问题,笔者以三个司法实践中的典型案例为切入点,深入探讨了"技术中立"和"技术无罪"原则的三层次理解,并以 ISP 的"信息加工深度"为类型化基础,确立了 ISP 在帮助犯罪行为中的不同责任形态;以 ISP 的"社会关系干预度"作为区分 ISP "帮助犯"与"正犯"之分水岭;以"经济利益驱动强度"作为影响对 ISP 行为主观状态和刑事责任方式判断的重要因素。

以"快播"涉嫌传播淫秽物品牟利案此案为切入点,研究了 ISP 在不作为犯罪活动中的一般角色特征,并以此为基础讨论 ISP 刑事责任背后的价值衡量、角色界定等深层问题。认为 ISP 不作为犯罪应当以"行政违法性"为前提,但应当保留刑事司法机关对该违法性的独立判断权力,以免"行政程序前置"在具体案件中不当地阻碍刑事救济的实现;主张将"不作为"违反之义务限定于法律规范的明确规定,并明确限定 ISP "明知"犯罪行为存在之条件，避免不必要的刑事责任扩大化倾向；认为应当为紧急情况下当事人（受害人）发动刑事救济程序留有制度出口。

作为 ISP 刑事责任派生之程序问题，笔者对现行涉及 ISP 的网络犯罪案件的刑事司法管辖权进行了讨论。认为 ISP 服务器所在地作为网络犯罪管辖连接点缺乏全面合理性，应当坚持现行《刑事诉讼法》确定的犯罪行为地为主要联结点，并辅之以犯罪结果发生地和被告人居所地，建立一个分层次的网络犯罪案件管辖体系。

第七章　ISP 社会责任研究

习近平总书记在 2016 年世界互联网大会的讲话中指出，互联网是当前最具发展活力的领域，互联网的健康发展要将增强互联网企业社会责任作为重要着眼点。[1]同年又在网络安全和信息化工作座谈会上指出，互联网企业是网络世界的重要主体，既要讲发展，又要讲责任；在讲经济责任、法律责任之外，也要讲社会责任、道德责任。[2]

企业社会责任是一个综合型的责任概念，不仅包括了企业的经济责任，还包括企业对股东、客户（消费者）、员工、供应商、债权人、政府、环境等利益相关者的责任。2005 年修订后的《中华人民共和国公司法》，在第 5 条第 1 款中增加了"公司从事经营活动，必须遵守法律、行政法规，遵守社会公德、商业道德，诚实守信，接受政府和社会公众的监督，承担社会责任"的规定。该款首次在有关公司的立法中明确了公司应当承担的社会责任，被称为中国《公司法》中的社会责任条款。学界对企业社会责任的定义始终处于争论状态，并未形成统一的认识，诸多学者还敏锐地读出了该款潜在的危险性，指出公司社会责任的泛化，很可能把政府责任和公司责任的界限混淆，不恰当地加重企业的负担。[3]

学界至少在以下三个层面上使用"社会责任"这一概念：①社会责任是指那些能够类型化和具体化的法定义务，它们对公司向某种相关利益群体承担的特定义务提出了具体要求或者至少制定了标准，并由国家强制力保证实

---

[1] 郑中华、李瑞：《习近平的互联网观》，载《重庆理工大学学报（社会科学）》2017 年第 7 期，第 132~233 页。

[2] 田丽：《增强互联网企业社会责任意识》，载《人民日报》2016 年 5 月 9 日，第 7 版。

[3] 甘培忠、郭秀华：《公司社会责任的法律价值与实施机制》，载《社会科学战线》2010 年第 1 期，第 191~120 页。

施，违反者将会承担刑事、行政或者民事法律责任；②公司社会责任以一般义务的形式存在于习惯、习俗或司法政策中，它体现了有影响力者应尽到注意使自己行为适当不伤及他人的观念，具有一定程度的道德内涵；③公司社会责任是公司根据自己的影响力或者承诺，主动承担的与之影响力和声誉相应的道德义务。[1] 本研究是基于上述第三层次的涵义，使用"社会责任"这一概念的。

如张文显教授所言，"责任"一词有两层语义：一曰关系责任，一曰方式责任。前者为一方主体基于与他方主体的某种关系而负有的责任，这种责任实际上就是义务；后者为负有关系责任（即义务）的主体不履行其关系责任所应承担的否定性后果。[2] 对 ISP 民事责任、行政责任、刑事责任的讨论，均基于第二层次的"责任"概念；而对 ISP "社会责任"的研究，则基于第一层次的"责任"概念，即 ISP 社会责任的本质是根据自己的技术控制能力、影响力或者承诺，主动承担的与之影响力和声誉相应的道德义务。[3]

ISP 的此种"社会责任"存在有其法社会学依据：社会是一个有机整体，企业则是构成这个有机整体的最基本的单元。企业是一定社会中的企业，不能脱离社会而孤立地存在。企业与社会的这种关系，决定了它们之间的对立统一关系。从企业与社会的联系方面看，企业是社会的组成部分，企业活动是社会生产的基础，社会的发展依赖于企业的发展壮大；同时，企业又是一定生产关系的产物，企业的发展也受制于社会。从企业与社会的目标追求来看，虽然企业发展的目标是自身利益的最大化，但企业的目标不能不受社会目标的约束，这种约束使得企业的利益和目标在某种程度上要服从于社会利益和社会目标。[4] 因此 ISP 的社会责任的确定，本质上应着眼于 ISP 营利目的与承担社会责任之间关系诠释的一种超越——实现效率目标下的公平追求。只有尊重 ISP 的营利目的，寻求 ISP 被动承担义务向主动尊崇与利益相关者的社会合约的转变[5]，才能实现网络经济形态和社会整体秩序的和谐共生与共

---

[1] 甘培忠、郭秀华：《公司社会责任的法律价值与实施机制》，载《社会科学战线》2010 年第 1 期，第 191~120 页。

[2] 张文显：《法理学》，法律出版社 1997 年版，第 143 页。

[3] 甘培忠、郭秀华：《公司社会责任的法律价值与实施机制》，载《社会科学战线》2010 年第 1 期，第 191~120 页。

[4] 张国平：《公司社会责任的法律意蕴》，载《江苏社会科学》2007 年第 5 期，第 111~116 页。

[5] 周友苏、张虹：《反思与超越：公司社会责任诠释》，载《政法论坛》2009 年第 1 期，第 57~63 页。

同繁荣。

就 ISP 的社会责任而言，笔者认最为重要的就是：ISP 作为网络社会纠纷的直接接触者，可以凭借自身的技术优势，在各种类型的网络权利冲突化解过程中担当重要角色，在解决纠纷维护社会和谐的同时，促进网络权利的自我发展和演化。ISP 应当凭借自身的技术优势，搭建自主的纠纷解决机制系统，通过相关权利冲突解决方案的不断积累，实现对新的权利可能性空间的重新划分，为网络权利的演化奠定实践基础。

网络环境下的权利冲突表现为两种不同类型的对网络行为可能性空间——这一新生性行为空间的争夺。本章试图从系统论的视角出发，在法治发展和权利演化的大背景下重新认识网络权利冲突的本质、特征及其法律功能。以 ISP 为控制中心和生长点，充分发挥网络自身的信息技术优势，寻求网络权利冲突的"回应型"解决机制。

第一节　网络权利冲突及其应对策略

一、网络权利冲突的本质

权利冲突是指两种各自具有法律依据的权利在个案的具体条件下无法都获得实现的现象。经过相当长时间的研究与争论，学界就权利冲突的客观实在性达成了共识[1]，但对权利冲突的本质与内涵仍存在争议。以现代系统论和控制论的视角观察，网络权利冲突的实质在于不同主体基于自身的利益诉求，对网络信息技术所造就的新的"行为可能性空间"[2]的争夺。

网络权利冲突有别于一般权利冲突。现代系统论认为，任何系统的整体特征都取决于系统所处环境及系统内在结构的特点。主体行为在网络环境下表现出不同于传统的复杂性、匿名性、多变性和实时性，这种环境意义上的

---

[1]　于宏伟、朱庆锋："《正确对待权利冲突——现象与解决方式之间》"，载《法学论坛》2006年第1期，第28页。

[2]　行为可能性空间是指行为主体可能采取的各种行为方式的集合。社会生活中的个人、社会组织、团体、国家都是社会中的行为者。它们各自具有的可能性的行为方式的集合，就是他们的行为可能性空间。参见熊继宁：《社会变革与结构性缺陷——经济体制改革中的法律调节机制》，法律出版社1991年版，第9页。

独特性，必然对网络权利冲突的成因和特质产生重大影响。在控制论的视角下，权利冲突实质上是对归属不明确的行为可能性空间支配权的争夺[1]。传统法律体系中的"行为可能性空间归属不明"一般由三种原因导致：其一，立法冲突导致两项权利在同一行为可能性空间发生竞合；其二，现有规范对两项法定权利的行为边界未予设定或设定不清，导致权利主体对特定行为可能性空间的争夺；其三，社会发展导致新的行为可能性空间出现，多个法定权利主体主张将自己的现有权利延展至该行为可能性空间。受制于现实世界主体行为样态的有限性，互联网出现之前的传统法律世界中，权利冲突以上述第一和第二两种类型居多。

二、网络权利冲突的特征

互联网以信息技术为依托，构筑了一个现实世界之外的独特行为空间。网络虚拟世界中存在着大量的虚拟主体，却进行着大规模真实的行为和信息交换，而这些信息和行为能够给现实生活中真实的主体带来真实的影响。这使得网络环境下的行为可能性空间成为多方争夺的焦点，加之法律规范对飞速发展的网络世界响应不足，导致网络权利冲突表现出不同于一般权利冲突的样貌：

第一，以对新行为可能性空间的争夺为主要类型。网络环境下，行为主体具有匿名性，网络服务方式和行为方式均具多元化特征，加之 Web2.0 网络技术下代码权的下放[2]，使得网络用户对网络信息创生与交换过程的参与不断深化。大规模的网络交易行为以及网络虚拟财产的产生，意味着互联网世界中的特定"虚拟"行为，将对现实世界中的特定主体产生"真实"的影响。上述行为可能性空间在互联网出现之前的传统法律体系内是不存在的，因而必然引发多方主体对新的行为可能性空间的争夺。例如，提供网络存储空间的网站中，网络用户的上传和下载权与作品的著作权之间的权利冲突即是典型的对于新的行为可能性空间的争夺。

---

[1] 邹晓玫：《法律权利的演化和生长空间——控制论视角下权利冲突的结构功能》，载《黑龙江省政法管理干部学院学报》2007 年第 2 期，第 17 页。

[2] 梅夏英、刘明：《网络侵权归责的现实制约及价值考量——以〈侵权责任法〉第 36 条为切入点》，载《法律科学（西北政法大学学报）》2013 年第 2 期，第 83 页。

第二，部分在传统法律体系中边界清晰的权利，在网络环境下表现出权利冲突状态。网络世界的匿名性和网络数据传输的迅捷与便利，共同导致了下述状况的广泛存在：特定匿名主体的特定网络行为对其他主体造成了损害，但由于网络技术的限制，难以确定侵害主体，或无法确认该损害系传统意义上的侵权还是权利冲突引发的外部性损失，因而无法实现有效的法律救济。

三、网络权利冲突的类型化

如果网络权利冲突的实质在于不同主体对于网络信息技术所造就的新的"行为可能性空间"的争夺，那么探寻这些争夺形成的内在机理，将有助于从根本上解决或缓和网络权利冲突，并为网络行为的有效规制寻求法律规则的生长点。依据网络权利冲突的成因、规制特点及其在网络法律体系中可能发挥的作用不同，可以将网络权利冲突分为如下两大类：

（一）法定权利在网络空间中的"退化"（以下简称"A类冲突"）

此类网络权利冲突是指两项权利在主体、客体、内容上与传统无异，权利界限清晰。但是借助了网络技术手段，使得权利损害难以被查知，或查知后难以实现有效救济。较之于前述三种传统意义上的权利冲突，这种网络权利冲突具有非典型性。网络的匿名性以及便携式无线网络终端（可以无线方式接入互联网的掌上电脑、智能手机等）的广泛使用，使行为人可以在极短的时间内对大规模网络用户造成广泛而严重的损害。该行为既有可能基于传统侵权理论上的故意或过失（如是则构成侵权），也可能基于法定权利的行使，后者属于网络权利冲突的讨论范畴。

此类网络权利冲突的规制难点在于网络环境下的主体锁定、管辖权确认和调查取证常遇技术阻碍。受限于网络技术监管手段，法律救济可能首先遭遇侵害行为主体的锁定困难，即难以实现网络虚拟主体与现实法律主体之间的一一对应关系。现有网络侦查技术可以通过 IP 地址、网络服务器后台信息等方式锁定是哪一终端设备实施了造成损害的行为，但是很难确认是哪一自然人操作该设备实施了危害行为；即使能够确定行为主体，由于网络的平面性结构和大量移动网络终端设备的存在，使传统意义上的"侵权行为地""损害结果发生地"等管辖权联结点遭遇确定困难；贯穿于上述过程及其后可能启动的司法程序始终的，还有网络调查取证的权力主体、取证方式、取证程序、证据形式、证据效力等一系列的证据规则空白。

(二) 对潜在"行为可能性空间"的争夺(以下简称"B类冲突")

网络技术及网络社区的存在使得虚拟空间中的特定行为能够带来一定的现实利益,而现有法律规范对该行为的正当性未有界定或对其边界厘定不清,从而导致多重主体要求将已有权利延展至该行为空间。新的行为可能性空间的出现,虽然会引发权利冲突,但如果处理得当,也可能成为新的权利的生长点或使原有法定的权利的行使范围得以扩张。

此类权利冲突的规制难点在于如何实现对新的行为可能性空间进行有效的划分。我国网络法治发展尚处于初级阶段[1],而网络行为复杂多变,且复杂程度随着网络信息技术的日新月异而不断加深。在这种情形下对网络权利冲突进行简单的刚性立法为时过早,草率为之可能导致立法的不成熟或危及法律规范的稳定性。因此,对B类权利冲突,应当在刚性立法之前,寻求更具弹性但同时又具有法律效力的途径来实现对新产生的行为可能性空间的有效分割,消除或缓和其导致的不良后果。

四、现行法律对网络权利冲突的应对思路

(一) 网络法律与对网络的法律调整

我国的现行的法律体系下并没有形成一个独立意义上的网络法律部门。学术界对于什么是网络法律也并未形成统一认识,有些学者认为网络法律是指调整与网络有关的各种社会关系的法律规范的总称,其调整对象是与网络有关的各种社会关系。同其他法律关系一样,网络法律关系由主体、内容、客体三因素构成。网络法律关系其中的构成因素或法律事实应至少一项与网络有关。[2]这一相对普遍接受的概念内涵相当广泛,且与传统的法律界限并不清晰,外延上存在交叉。例如,《侵权责任法》中涉及网络侵权的条款究竟是属于侵权法还是网络法律,还是同时兼具两种属性?现行法律体系中并不存在一个独立的网络法律部门,仅是以零散立法的方式对网络法律活动进行管理或规制。因而,笔者在此不想采用网络法律的概念,仅讨论现行法律对

---

[1] 谢德:《网络安全呼唤"良法善治"》,载《中国社会科学报》2013年4月10日,第4版。
[2] 齐爱民、刘颖:《网络法研究》,法律出版社2003年版,第43页。

网络世界的调整状况。

根据学者已有的研究文献统计，截止到 2013 年 1 月，我国直接对互联网进行规范的重要法律法规就有 172 个，从内容上看涉及网络安全、网络信息服务与管理、网络著作权保护、电子商务、个人信息保护、未成年人保护、网络违法犯罪等；从规范形式上看包括法律、行政法规、司法解释、部门规章和其他规范性文件（不含地方性法规）；从规范性质上来看专门性的法律 3 件，相关性的法律 11 件，司法解释 18 件，行政法规 10 件，部门规章 40 件，其他规范性文件 90 件。上述网络立法在数量上随着网络交易的规模的扩张和互联网的普及呈现不规则增长的态势，但在立法层次、立法方式和内容的全面性、均衡性等方面均存在较大的问题。上述状况反映出，现行法律规范对网络环境下权利冲突的应对在基本策略层面欠考量。

（二）现行法律规范调整网络权利冲突的基本策略

虽然系统的网络法律体系尚未形成，但作为调整社会关系的最重要规范，法律对于现实存在的各种各样的权利冲突显现却不能置之不理。面对层出不穷的网络权利冲突案件，现行法律规范体系不得不以被动的姿态应对，其解决方式总体上秉承以下基本思路：

1. 调整基点

从调整的基点来看，仍然是以调整对象为规范分类的基点，并未考虑网络环境的客体特殊性。传统的法律体系，是在客体类型化的基础上划分法律部门的。具体而言，各国特别是大陆法系国家在区分公法和私法领域的基础上，进一步根据社会关系的性质和特点，将法律体系划分为宪法、民法、经济法、行政法、国际法等法律部门。传统的划分方法中，除了刑法是按照调整方式的不同进行划分的，其他法律部门的划分均是按照社会关系的性质不同来划分的，也就是在法律关系的调整对象的类型化基础上进行划分的。如上文所述，网络空间中的行为，因其网络技术性因素的加入，集成了传统社会关系中的公共领域和私人领域的多重特点，产生了基本领域的交叠；同时，网络的工具性属性使得传统的各项法律关系，均可借助网络空间加以实施，并在网络的多主体交互环境下产生许多变体；上述两方面的特点综合呈现，就使得网络环境下的行为呈现法律意义上的构成复杂性。在这种复杂性面前，仍然坚持按照调整对象的类型化来设计法律规范，显得非常笨拙。

2. 规范设计思路

从规范的设计思路来看，是将现行法律中的相关权利延伸至网络空间。由于 A 类网络权利冲突往往能够在已有法律体系中寻得客体相同或相类似的权利，因此在遭遇此类权利冲突时，法律的处理办法通常是通过司法解释或司法适用，比照已有权利的保护方式对网络环境下的相关权利进行规制。比如，比照传统法律体系中的出版商权利来近似地确定网络环境下提供网络存储空间的网络服务提供者（ISP）的权利行使范围及行使方式。但由于网络的特殊技术环境，上述类比方式在理论上虽不至遭遇重大困境，但在实际操作层面却是绝难实现的，强行使用只会使法律的规定如同虚置。例如，A 在某网站匿名发帖恶意诽谤 B，侵犯了 B 的名誉权。按照现有法律规定，若 A 要追究 B 的诽谤责任，则需以 B 为被告人向有管辖权的人民法院提起诉讼。但现实情形是，A 根本难以获知 B 究竟是哪一特定自然人（网络刑侦技术或可找到发送该诽谤言论的计算机，但难以确定其操作人），同时也难以确定管辖法院（如果实施侵害行为的是移动终端设备，且通过无线方式接入互联网，则传统意义上的侵权行为地、损害结果发生地均难以确定）。类比规制的结果是 A 的权利根本难以获得实际意义上的保护。造成上述实践性困境的原因也根源于网络行为构成的复杂性：部分行为只不过是借助网络工具实现的传统法律关系，传统法律规范即可调整；部分法律行为在传统法律关系中有所涉及，但在网络环境下产生了新的行为可能性空间，因而需要重新设计法律规范予以调整；还有一些因网络存在而产生的全新社会关系，需要按照网络自身的独有特征和运作方式予以规制。以上三种类型的网络行为中均可能产生权利冲突，除第一种网络行为中的权利冲突可以按照传统的方式予以解决之外，其他两种环境下产生的网络权利冲突，均需重新设计法律规范来予以解决，简单地将已有法律体系中的法律规范以类比的方式适用于网络世界，只会越来越捉襟见肘。

3. 规制方式

从规制方式来看，是针对特定问题进行个别规定。对于 B 类网络权利冲突，现有的解决方式一般是在原有法律体系中就特定问题增加个别规范，进行个别规定。例如在《刑法》中增加危害计算机系统安全罪；在《侵权责任法》中设置网络侵权的条款；通过司法解释的方式应对大量的网络著作权侵权案件等。该方式能够较好地适应网络行为的特殊性，但其根本的规制思路仍然是以国家强制力为权威性根基、以刚性立法为表现形式、以维护法律体系的内在统一性为基本逻辑。这种"打补丁"的方式可以一定程度上解决个别网络权利领域的法律纠纷，但难以实现对数量众多、样态各异的网络权利冲突全面、有效、实时的回应，同时也不利于网络环境下新型权利的生成、发展与实现。

4. 规范构成

从规范构成来看，以禁止性规范和义务性规范为主体，缺乏系统性的权利设计。实证主义法学大师哈特将人类的法律规则区分为两种类型：一类规则人们可以视为基本规则或主要规则，根据这类规则，人们必须为或不为某些行为而不论原因与否。另一类规则在某种意义上从属或辅助前一类规则，因为他们规定人们可以凭借其采用、废除或自改旧的主要规则。前一类规则设定义务；后一类规则设定公共权力或个人权利。[1]当人类面对一个尚未被法律规范所调整的新领域时，通常会采用义务性规范来确定国家对该领域的基本意志立场，然后才辅之以授权性规范来建立体系化的法律规范系统。在网络立法领域也是如此。自20世纪80年代网络进入较为快速的发展期以来，涉及网络的法律规范也在同步增长，但基本上是针对网络世界出现的较为严重的问题，采用设定义务性规范的方式予以针对性解决，鲜有系统的权利性规范设计。这一方面是人类法律发展进程的规律性体现，但同时也从另一个侧面说明了网络法律发展尚处于不成熟阶段，向系统的权利立法体系转变，是网络法自身发展的必然要求。

五、应对网络权利冲突的策略转换

（一）总体策略的转换

美国学者诺内特（Philippe Nonet）和塞尔兹尼克（Philip Selznick）将社会中的法律分成三种类型：其一，作为压制性权力工具的法律；其二，作为能够控制压制并维护自身完整性的一种特别制度的法律；其三，作为回应各

---

[1] 刘星：《法律是什么？——二十世纪英美法理学批判阅读》，广东旅游出版社1997年版，第118页。

种社会需要和愿望的一种便利工具的法律。[1] 网络权利冲突的大规模涌现要求法律打破自身的认识疆界，"更多的回应社会需求"[2]，从"自治型法"迈向"回应型法"要求将法律的目的从维护自身的正统性转向实际权能的实现。

在"回应型法"的思路之下，法律关注的中心应当是应对现实问题的"能力"，而非"自治型法"所关心的"正统性"。[3] 网络世界独特的存在方式和行为环境，决定了网络环境下的权利冲突在发生机理、涉及主体、表现方式和规制难点等方面均与传统法律体系下的权利冲突存在重大差异，因此简单的在已有权利基础上"划延长线"的方法无法有效地回应 A 类网络权利冲突。A 类冲突要求法律体系针对网络信息化特征，提供更为系统、科学的责任机制，以及更为便捷、有效的法律管辖和证据保全制度。因此，笔者认为应当在充分肯认网络权利冲突特殊性的基础上，建立"终端用户-网络运营商-公共权力部门"三位一体的新型"权利-义务"体系，在有效解决 A 类网络权利冲突的同时，实现网络权利的体系化构建。

"回应型法"强调以目的为核心扩大自由裁量权的适用方式与范围，同时要求"积极寻求（国家强制的）替代物，即各种鼓励性的、自我维持的义务体系"。[4] B 类网络权利冲突的特征决定了国家主导的刚性立法与规则预设无法实现对其有效回应。笔者认为，以 ISP 为中心，形成网络主体的自主性、替代性纠纷解决机制，可以对 B 类冲突进行能动调节；同时以典型案例收集等方式实现 B 类网络权利冲突解决方案的渐进式积累，不断促进法律权利向网络世界的推进和演化。

（二）以主体为基点来进行网络法律体系的设计

网络权利冲突中网络行为构成的复杂性，决定了网络法律设计必须摆脱传统法律体系根据调整对象实现类型化的路径依赖，寻求更能够体现网络技

---

[1] [美] P. 诺内特、P. 塞尔兹尼克：《转变中的法律与社会：迈向回应型法》，张志铭译，中国政法大学出版社 2004 年版，第 16 页。

[2] Jerome Frank, "Mr. Justice Holmes and Non-Euclidian Legal Thinking", *Cornell Law Quarterly*, 1932 (17), pp. 568, 586.

[3] [美] P. 诺内特、P. 塞尔兹尼克：《转变中的法律与社会：迈向回应型法》，张志铭译，中国政法大学出版社 2004 年版，第 117 页。

[4] [美] P. 诺内特、P. 塞尔兹尼克：《转变中的法律与社会：迈向回应型法》，张志铭译，中国政法大学出版社 2004 年版，第 18 页。

术性特点的法律体系设计方式。笔者认为,网络法律规制应当以主体为基点,构建新型法律体系。原因在于:

第一,网络行为方式及性质复杂,但网络行为主体类型化相对简单。网络世界千变万化的行为方式均有三种不同类型的主体做出:网络终端用户、ISP、网络监管者(公共权力主体)。三方的基本角色决定他们的基本行为方式和利益立场。以上述三大主体为基点来设计网络法律体系,相对简便、可行,也具备制度设计意义上的经济性。

第二,网络技术发展日新月异,互联网环境下还将出现什么性质的新型社会关系,难以进行制度意义上的预设或预计。但在可见的未来网络发展中,上述三大主体的活动应当可以在相当长时期内比较稳定地涵盖网络活动的参加者的基本身份,具有相对意义上的稳定性。因而,以主体为基点建构网络法律,具有制度设计意义上的前瞻性,并能更大限度地容纳未来网络技术的发展和新型网络行为的出现。

第三,以主体为基点可以避免网络法律体系陷入包罗万象的困境。如前所述,网络法律行为一部分与传统法律体系调整的行为相重合,一部分系网络世界所独有。如果沿用调整对象为基点的法律设计方式,则势必使网络法律涵盖或重述相当一部分的传统法律规范,造成立法上的重复和浪费。采用主体为基点,再在规范内容上与传统法律体系相结合,则可保证新规范的设计完全聚焦于网络环境下的特有权利冲突问题。

(三) 纵向立法与传统法律体系互为补充

如上文所述,网络行为构成的多样性使得传统法律体系的简单类比适用,不能满足解决网络权利冲突的需要,而以调整对象的性质为基点进行网络立法,又会遭遇种种困境,因此,笔者认为应当以纵向立法的方式就网络环境下的种种问题进行单独立法。纵向立法即指单独制定网络信息方面的单行法律以解决网络权利冲突问题。纵向立法须注意以下尺度:其一,纵向立法须以网络环境下不同主体的角色特征为权利义务设计的核心依据。其二,网络纵向立法应当与传统的法律体系相结合:对于仅仅借助网络工具实现、并未在网络环境下发生实质性改变的传统法律关系,仍然按照传统法律规范进行调整和规制,不必再行立法;对于在网络环境下新出现的特殊法律关系和在网络环境下产生实质性改变的传统法律关系,应当根据其在网络环境下的技术性特征，设计新的权利义务内容。

(四) 形成系统性权利体系实现第二性规则

现代法律世界的权利义务虽然是对应存在、互相依存的，但权利和义务在价值层面并不处于同一位阶。义务的存在是为了权利的实现。义务以权利为目的，权利以义务为手段。网络法律体系的建设不可能仅仅满足于第一性的义务规则的存在，网络权利体系的构建才是根本目的。解决网络权利冲突的根本途径是构建相对精致而灵活的网络权利体系，从而消弭因法律对权利界限划分不明确而导致的行为可能性空间的争夺。因此，网络权利冲突的解决必然要求法律从义务性规则的设计转向权利体系的设计。网络授权性规则的体系的设计应当包括以下几个方面的内容：其一，网络终端用户在网络世界享有哪些基本权利；其二，具备何种资质的主体可以成为网络服务提供者，不同类型的网络服务提供者在网络世界中享有哪些经营权；其三，哪些国家公共权力主体对网络活动和网络行为拥有监管权力，拥有何种类型的监管权，这些权力根据何种原则受到限制；其四，何种类型的立法主体基于何种理由可以对网络活动进行立法，引入新的第一性规则和第二性规则。

第二节 以 ISP 为中心的网络权利演化机制

一、社会冲突与权力多元

回应型法把社会压力理解为认识的来源和自我矫正的机会，从这一角度出发，我们可以将网络权利冲突视为网络权利体系创新的基点与重构的基础，这与社会学界冲突论者们的观点不谋而合。

(一) 社会冲突

马克思（Karl Marx）和达伦多夫（Ralf Dahrendorf）先后阐释了社会冲突的不可避免。马克思以生产资料所有权的争夺为基点，论证了阶级与阶级斗争的不可避免；达伦多夫则强调冲突向来就是社会系统中必不可少的要素，单纯强调社会均衡所带来的和谐与一致是一种片面性的研究模式[1]。达伦多夫是在对帕森斯为代表的结构功能主义进行批判的过程中确立自己的理论的。

---

[1] 文军主编：《西方社会学理论：经典传统与当代转向》，上海人民出版社2006年版，第139页。

他建立起了独特的辩证冲突理论，这对强调一致、稳定、整合的结构功能主义理论是一种反思。在达伦多夫看来，社会冲突实际上是一个循环往复的辩证过程：其一，冲突是一个在社会性与结构性安排中相反力量之间产生的不可抗拒的过程；其二，冲突会被一些干扰性的结构条件所促进或阻滞；其三，在某一时间点冲突的消除，依赖于一种强制性结构，这一结构不可避免地会在特定条件下使相反的力量之间发生进一步的冲突。[1]

马克思与达伦多夫的理论共同为网络权利冲突的存在提供了社会学意义上的阐释：网络社会行为作为社会行为的一种，必然会产生社会冲突，而网络权利冲突只是这种网络环境下的社会冲突的一种表现形式。与所有社会冲突一样，网络权利冲突的产生取决于网络社会的结构性特征，同时这些网络权利冲突也可以通过结构和环境性因素的调整和变化而变化或消弭。

冲突理论大师科塞（Lewis Coser）认为"冲突是在价值观、信仰以及稀缺的地位、权利和资源分配上的斗争"。[2]相对剥夺，即人们对未来的期望超过了实现这些期望的条件，是导致冲突的根源。同时又精辟地指出，社会中的冲突不应简单地被视为社会的反常与病态，无论群体间的冲突还是群体内部冲突都实际上有促进群体的凝聚与整合的作用，具备促进社会的"统一和稳定、平衡和整合"的"正功能"。因此，不能仅因为网络权利冲突给现实秩序带来了一定的冲击，就简单地对相关网络活动进行压制甚至封杀，而应该将网络权利冲突视为法律权利向虚拟社会推进的契机。如果引导和规制得当，上述两类网络权利冲突均可成为法制发展和权利演进的新起点。

（二）社会权力多元

法国思想家米歇尔·福柯（Michel Foucault）在其《规训与惩罚》一书中提出的微观权力（规训权力）理论为我们跳出现有的理论惯习，重新审视和解读社会权力的本质，以及寻求主体自由的根本性解决之道提供了全新的思维进路。福柯认为，权力并不源于某个中心，权力是多元的，来自各个地方。虽然他因完全无视现实意义上国家权力在多元权力中的特殊的地位和主导作用而走上了另一个极端，但他也确实敏锐地发现了国家权力理论之外，广泛

---

[1] 文军主编：《西方社会学理论：经典传统与当代转向》，上海人民出版社2006年版，第141页。
[2] [美] L. 科塞：《社会冲突的功能》，孙立平等译，华夏出版1989年版，"前言"。

存在于社会各个领域、各个层面的微观权力。[1]

　　福柯指出，传统的权力理论常常把权力问题简化为统治权的问题（什么是统治？统治是怎样构成的？什么样的契约把个人绑在统治上面？），即把权力的本质看成是一种司法机制。在福柯看来，传统的权力观没有很好地把握权力的核心问题，没有真正说明权力的本质是什么。权力的本质不在于谁掌握了权力，而在于权力是如何运作的。以往宏观视角的权力分析过于狭窄，现实的权力是具体的、微观的。"司法-论述性的权力"模式，是以通过界定权力的范围与产生的基础的方式为权力的产生提供了合法性基础。这样的分析模式是以一种二分的划分为基础的，即合法与非法的模式。而福柯所认为的微观权力并不要提供一个"权力如何获得合法性"的"司法-论述性的权力"模式，而是要问"权力是如何运作的"。

　　福柯的权力多元理论为我们网络权利冲突的制度框架设计提供了以下理论基础：其一，网络社会的权力中心并不一定集中于传统意义上公共权力拥有者手中，很多网络行为主体都有可能凭借自身的独特优势掌握网络世界的"微观权力"，应当重视他们的角色和作用；其二，如果网络权力是多元的，那么可供用以解决网络权利冲突的规范体系也可能是多元的。

二、ISP对网络权利冲突的自主性解决

　　网络权利冲突的解决机制同时应当是一个以ISP自主解决机制为核心、国家立法为外在保障的网络权利演化机制。鉴于网络活动的多样性和不稳定性，笔者认为对于网络权利冲突中的B类冲突，不宜按照传统的"规则先行-司法跟进"模式对新生的网络权利或相关权利冲突草率立法，而应当发挥网络世界主体的能动性和相对灵活性，通过案件积累的方式实现ISP与社会舆论的互动。在ISP处理方案的社会响应稳定之后，再进行相关立法活动，从而实现法律权利向网络世界的渐进式延伸。

　　由于网络空间中出现新的行为可能性空间而产生的网络权利冲突（B类网络权利冲突）的特征及发展状态决定"立法先行"的解决模式难以实现。

---

[1] 邹晓玫：《"监狱行刑悖论"的法律社会学分析——以福柯的"微观权力"理论为视角》，载《法制与社会》2012年第34期，第68~70页。

网络的发展还远未进入成熟与稳定阶段，随着网络的技术的日新月异，网络服务模式也在推陈出新。以稳定性、规范性见长的刚性立法来应对尚处于急剧变化之中的网络权利冲突无疑不是明智的选择，其结果无外乎两种：其一，规范性立法颁布不久即被网络技术革新的浪潮推入故纸堆，成为待清理规范；其二，对多样化的网络行为进行单一调整，导致新的权利冲突产生。无论哪种情形发生，都是对立法资源的极大浪费。

（一）ISP 自主纠纷解决机制的主要模式及其特点

自互联网协同治理之理念诞生以来，自主性的纠纷解决机制就是"多元治理"的题中应有之义。网络经济形态经过数十年的发展，初步形成了具有自身特色的跨时空性的"在线纠纷解决机制"（Online Dispute Resolution, ODR）。

欧盟于 2013 年通过了《关于在线解决消费者争议并修正第 2006/2004 号（欧共体）条例及第 2009/22 号指令的第 524/2013 号（欧盟）条例》，2015 年通过了《关于消费者纠纷在线纠纷解决的第 524/2013 号条例（关于形式在线争议解决平台职能的方式、电子投诉表格的模式以及联络点之间合作模式）》，以设立 ODR 平台。[1] 美洲模式则是基于 2010 年美国向美洲国家间第 7 轮国际私法特别会议提交的建立切实可行的消费者保护框架的提案，倡导建立区域性的跨境交易网络争议解决体系。[2] 我国境内针对在线网购纠纷的 ODR 方式主要包括第三方网购平台内部的在线协商与调解机制（如淘宝平台和京东平台）、深圳市众信电子商务交易保障促进中心、深圳网上仲裁中心、中国在线争议解决中心。[3] 对现有的 ISP 自主纠纷解决模式可以做以下各具特色的描述：

1. 内部性在线纠纷调解系统

内部性在线纠纷调解系统多由消费型电商平台自主设立于自己平台内部，用于解决本平台用户之间产生的合同纠纷。此类纠纷调解系统以国内的淘宝

---

〔1〕 邹国勇、李俊夫：《欧盟消费者在线争议解决机制的新发展——2013 年〈欧盟消费者在线争议解决条例〉述评》，载《国际法研究》2015 年第 3 期，第 60 页。

〔2〕 薛源：《跨境电子商务交易全球性网上争议解决体系的构建》，载《国际商务（对外经济贸易大学学报）》2014 年第 4 期，第 96~97 页。

〔3〕 支瑶：《跨境网购消费者权益保护中的在线纠纷解决（ODR）研究》，宁波大学 2018 年硕士学位论文。

平台和域外的 eBUY 最为典型。以淘宝平台为例，可以看出此类 ISP 内部调解系统的特点在于：其一，此类调解系统由 ISP 设立于平台内部，平台作为中立与争议双方的技术服务主体，具有相当独立的地位，成为居中调解的第三方。其二，调解系统的合法性基于《用户协议》为载体的当事人同意。淘宝买家和商家在注册为用户的时候，均要在线签署《用户协议》，其中包含了产生争议，双方均可以单方提起纠纷提交淘宝平台（包括淘宝平台授权的第三方以及会员与平台共同选择的第三方，司法机构除外且这种授权不可撤销）进行调处，并需在通过其他争议处理途径未取得终局决定前仍应接受淘宝调处结果。[1] 可见此类平台对争议的管辖权是基于初始的合同意思自治和之后的任意一方当事人动议。其三，调解的具体方式是由平台雇佣的人员（通常为非法律专业人员），对双方在线提交的证据和诉求进行审查，并居中调解，给出处理的意见（在淘宝平台担当此种责任的主体为淘宝"店小二"）。如果双方不能达成协议，还可以将争议交由大众评审。大众评审员由公开招募产生，满足特定条件的淘宝会员可依申请成为评审员。评审员主要针对违规行为、争议款项归属或资金赔偿等内容进行判定，同时需遵守客观、中立、保密、依淘宝相关规定原则，对特定的判定范围进行判定。[2] 其四，此类内部调解系统是 ISP 为了更好地实现自身的网络服务而设计的系统，其调解目的虽然也是解决纠纷，但有一定的从属性。例如，淘宝平台基于对消费者的倾向性保护，一般会要求卖家在登录平台开店时即缴纳特定金额的保证金，如果遇到消费者单方提起的争议得不到卖家的及时响应，淘宝会按照相关规则现行支付消费者特定金额赔付。因此，此类内部性纠纷解决系统在设立目标上存在一定从属性，因而调解活动也可能表现出一定程度的倾向性。但此种倾向通常有利于更好地维护平台的信誉和实现平台的整体服务目标，通常也能产生较好的社会影响。

2. 内部性在线投诉系统

针对一些较商品交易合同更为复杂的权利争议，ISP 无法直接由内部的非专业人员作出法律判断，因此会设立内部的投诉平台，在法律允许的框架内

---

[1] 参见《淘宝平台服务协议》和《淘宝平台争议处理规则》。

[2] 支瑶：《跨境网购消费者权益保护中的在线纠纷解决（ODR）研究》，宁波大学 2018 年硕士学位论文。

解决一部分"前法律"纠纷。此类投诉平台以阿里巴巴知识产权保护系统为比较成熟的代表，其特点是：其一，此类平台处理权利争议的基础是法律法规所赋予的网络安全管理义务，或基于自身排除帮助侵权行为内在需求。进入阿里巴巴知识产权保护系统提交投诉申请系统随即启动运行"回应投诉""投诉处理""发起反通知"等后续程序在线处理侵权投诉[1]。可见，此类平台基于所争议权利属性之限制，不能直接进行在线的调解或法律判断，但可以基于法律要求，对用户的权利诉求进行一定程度的保护。其二，此类平台对用户的权利诉求所能采取的措施，收到法律的严格限定。如在阿里巴巴若被投诉人拒不提交申辩材料或者有证据证明确为专利侵权或者假冒专利的，平台可依法采取删除、屏蔽、断开链接、关闭网店等必要措施，这些措施事实上是侵权法对 ISP 的要求，如不能及时采取措施，ISP 可能遭遇帮助侵权的法律风险。其三，此类纠纷处理平台的目标在于满足客户需求和完善服务品质的同时，为 ISP 降低法律风险；客观上能够发挥 ISP 的技术优势，帮助行政监管部门处理一部分网络侵权行为。

3. 外部性智能纠纷解决系统

此类调解系统的本质特征在于调解主体由自然人或依托 ISP 的自然人，转化为配备智能算法的计算机系统。较为典型的代表是美国律师审判协会常用与线上调解的 Cybersettle 系统，美国国家级的仲裁调解机构 ClickNsettle，私人在线服务提供机构 WebMediate 等。[2] 此类纠纷解决系统的特点表现为：其一，智能调解系统设置于纠纷产生的 ISP 外部，是由独立的第三方开发并独立存在的软件系统，其本身就是一个专门的为当事人提供纠纷解决方案的技术型 ISP。其二，在此类调解系统中，传统认知意义上的人类调解员被替换为专门的网络系统或技术软件，通过对当事人所提交的含有其调解主张的表单进行识别，由计算机系统进行比对和裁决，最终形成调解协议，反馈给当事人。整个调解协议的形成过程是基于事先设计好的计算机智能算法产生相应的结果，由当事人与计算机系统人机互动而形成的结果，没有传统意义上的自然人调解员的参与。其三，作为自然人的法律工作者仅在双方不能就系

---

[1] 赵春兰：《电子商务领域专利侵权法律规制——行政保护引领下的 ODR 协同治理机制》，载《浙江万里学院学报》2019 年第 1 期，第 22~27 页。

[2] 姜英超：《B2C 电子商务纠纷在线调解机制研究》，山东大学 2019 年硕士学位论文。

统给出的协议予以确认时,派出专门的工作人员对帮助申请者对纠纷性质、争议焦点、报价方案等进行确认,或者由专业法律工作者向申请者提出相应意见和建议。[1] 其四,此类调解系统基于计算机智能算法做出调解方案,最大限度地节省了 ISP 人类资源,也能够为社会节约司法成本。

4. 外部性在线纠纷调解(仲裁)系统

此种类型的纠纷解决系统是专门开发的独立于其他 ISP 的在线调解系统,是为调解(或仲裁)工作者开发的实现远程在线调解的技术工具。此类系统以德国争端处理机构 Cybercourt、美国在线调解服务 SquareTrade 和英国的 E-Mediator、Online-Resolution 等在线调解服务为典型代表。[2] 此类纠纷处理系统的特点在于:其一,独立于其他 ISP 的专门性技术系统,是为专业调解人员提供的技术服务工具。其二,能够通过专业的技术设计满足法律调解(或仲裁)的全部程序性要求,仅仅是通过网络技术方式压缩了时间和空间距离,其他与线下的调解程序无明显差别。其三,用户通过互联网发起调解,可以在线挑选调解员。通过系统的中介信息传递,双方接受在该平台调解后,由调解员在线与双方分别在线沟通,并对沟通内容保密。调解员根据双方的要求进行平衡,形成调解协议,双方可在此基础上再行调整,最终达成一致。其四,通过 VR 可视技术等远程在线技术的改进,此类在线调解可最大限度地逼近现实的线下调解。一般的在线调解往往通过电子邮件或视频会议等形式来传递信息,而不是面对面的对话,其缺点在于削弱了调解的一些关键特性。在线调解可能无法有效地反映各方当事人的需求、利益、动机和情感。而"VR+ODR"调解机制建立在 VR 等可视性技术之上,当事人身处不同地域也能营造出身临其境面对面调解的氛围,既能克服一般线上纠纷解决机制的弊端,又能缓解司法诉讼所带来的高昂成本和不便。[3]

(二)ISP 自主纠纷解决机制特点及优势

相对于法院判决的"规范性解决"而言,ISP 自主在线纠纷解决机制在灵活性、效率性、经济性等方面具有独特的优势。在有效化解纠纷的前提下,

---

[1] 姜英超:《B2C 电子商务纠纷在线调解机制研究》,山东大学 2019 年硕士学位论文。

[2] Sarah Rudolph Cole, Kristen M. Blankley, "Online Mediation: Where We Have Been, Where We are now, and Where We Should Be", *University of Toledo Law Review*, 2006, 38 (1), p.201.

[3] 韩赤风、刁舜:《论〈欧盟版权指令〉的改革举措及其借鉴——基于虚拟现实新业态产业的分析》,载《电子知识产权》2019 年第 7 期,第 41~55 页。

将当事人之间因诉讼造成的人际疏离减缓到最低限度,有助于实现和谐社会之目标。这些制度尝试与司法实践,为建构符合社会需要的自主性网络权利冲突解决体制提供了有益的探索。ISP 不能仅仅在网络活动里消极被动地接受投诉或成为被告,而应该在法治理性和司法制度允许的限度之内,积极采用司法权主导下的多元化途径解决不同特点的法律纠纷,将纠纷解决的效力视野延伸至网络社会生活的终端。ISP 自主在线纠纷解决机制无疑是实现 ISP 社会责任的重要制度依托。

1. ISP 自主在线纠纷解决机制创新以合理有效地解决纠纷为目的和限度

调解机制创新是为了更有效地解决社会纠纷,不是为创新而创新。在线调解在追求司法民主化、民众参与性的同时,要确保并强化司法的权威性,而绝不是削弱甚至动摇司法的权威。基于自主意愿充分参与到法律纠纷的网络调解解决过程中来,但是这种参与严格遵循法定的预先设定的服务规则,且实体性权利义务的最终处置,并不与法律的实体性规定发生抵触。在此基础上的纠纷化解,不但没有削弱司法的权威性,反而有助于强化司法权威和公信力。

2. 根据案件的性质和特点来决定网络纠纷解决机制的取舍

对于一般的网络权利冲突案件,ISP 采用与其他调解机构、调解组织联动的方式,尽可能地将纠纷化解在初始状态。调解机制的"柔性"特点,使其在案件争议初期能够更好地化解纠纷,防止其扩大化、复杂化;ISP 可以在纠纷调解过程中深入了解案件的性质、特点、争议焦点等关键要素,以此为基点确定纠纷解决的最终方式:适合调解的调解,不能调解的迅速及时的转入司法审判程序。这种制度设计可以避免过度调解造成 ISP 的人力、物力和时间损耗,也可以为国家节约相当一部分司法资源。

(三) ISP 自主性纠纷解决机制的社会功能

笔者认为网络结构的去中心化特点决定了互联网纠纷解决不一定要单纯依赖国家强制性权威。其实 ISP 在搭建网络环境下的纠纷解决平台、实现案例和纠纷解决方案的积累方面具有得天独厚的技术优势和独特利益需求。对于部分网络环境下的权利冲突,提供相关服务的 ISP 完全可以借助自身的上述优势,依托网络平台实现自身主持之下的网络权利冲突纠纷解决。这一控制主体的优势在于:其一,有技术优势可以与争议双方建立联系,并对争议内容的技术属性或技术背景非常熟悉;其二,地位中立于双方当事人,同时可以直接或间接地从权利冲突的解决中获益，因此有解决纠纷的动力；其三，有在网络空间搭建自主性三方交互平台的技术能力，可以实现网络环境下的纠纷调处；其四，有网页注册说明或相关用户章程可以作为网络环境下调处的规范性依据；其五，与终端用户自主协商解决方式相比，ISP 的居中协调解决权利冲突具备相对强的客观性和基于当事人认同的非强制性权威。

ISP 在自主在线纠纷解决机制过程中能够发挥一些独特的作用：帮助权利冲突双方确定纠纷产生的原因本质上是网络技术性的还是权利归属性的；依据自身的注册声明在当事人之间进行权利义务的基本确认和协调；根据以往调处成功的案例，为当事人提供参考性权利冲突解决方案。本层次的权利冲突控制适用范围：在当事人自主协调层次不能解决的权利冲突；双方的权利冲突产生于同一 ISP 的网络服务平台；双方当事人自愿接受 ISP 调处平台的参与和协调。ISP 调处机制在处理网络权利冲突时，同样可以已有的传统法律规范、相关网络社区中的自律性规范和当事人对相冲突权利的价值理解及利益权衡等作为规范依据，但最为重要的规范依据是该 ISP 注册用户的协议中相关权利义务的约定。通过 ISP 责任体系的强行性规定，强化 ISP 在网络纠纷解决过程中的作用，这不仅可以在一定程度上缓解大量网络纠纷涌向法院的压力，还可以在另一个独立于司法程序的机制内实现纠纷解决方案的积累，其解决方案与司法判例形成的解决方案相互映照，共同实现法律权利向网络世界的渐进式延伸。

三、以 ISP 为核心的网络权利演化机制

网络权利冲突的本质是对归属不明的行为可能性空间的争夺。网络技术环境的急剧变化和网络行为的多样性、复杂性决定了这些新的行为可能性空间将会在相当长的时间内以多种样态层出不穷。因此，应对此类权利冲突应当以法律原则而非法律规范为主要调整依据；应当以权利衡平和权利通约[1]而非简单的保护一方、禁止另一方为主要方式；应当以更具灵活性和个案针对性的司法活动而非规范性、稳定性的立法为控制核心来实现权利冲突的解决。ISP 按照一组特定的法律原则对具体权利冲突案件做出裁决，即给出一个

---

〔1〕 王蓉：《从杨某噪声案看权利冲突的衡平和通约》，载《法学杂志》2002 年第 2 期，第 36 页。

指导性的解决方案；该方案经社会各方评价，反馈回 ISP 决策机构；依据社会反馈对原有解决方案中隐含的法律原则及其适用方式进行修正；经过多个类似案件的"方案输出—反馈—调整"过程之后，某一类权利冲突的处理方案将会逐渐趋于稳定。这种稳定状态的出现，可能预示着对该类权利冲突进行立法规制的时机趋于成熟。

相对于立法的严格程序性特征，ISP 的灵活性较强，因而在网络权利冲突的平衡和消解过程中，可以赋予 ISP 不同于一般司法裁判的角色，使其发挥一定程度的主导功能。主要可表现在：其一，对准权利冲突做出预处理，即裁决特定网络言论是否有侵权之可能，是否应当由网络服务提供者进行删除或屏蔽。其二，在网络权利诉讼案件中，对规范未尽事宜，根据权利称量原则进行裁判，不必严格拘泥于成文法。其三，以典型案例体系形式为立法积累经验和素材。

（一）ISP 主导下的权利演化过程

ISP 纠纷解决机制可能实现功能的社会化以促进网络权利演化。ISP 在搭建网络环境下的纠纷解决平台、实现案例和纠纷解决方案的积累方面具有得天独厚的技术优势和独特利益需求。法律实践中一些较成熟的从事网络交易的 ISP 已经开始尝试建立自主的纠纷解决平台。申请人认为可以通过 ISP 责任体系的强行性规定，强化 ISP 在网络纠纷解决过程中的作用，这不仅可以在一定程度上缓解大量网络纠纷涌向法院的压力，还可以实现纠纷解决方案的积累，在解决方案的社会响应稳定之后，再进行相关立法活动，从而实现法律权利向网络世界的渐进式延伸。其过程借鉴现代控制论中系统框图的形式描述如下图所示：

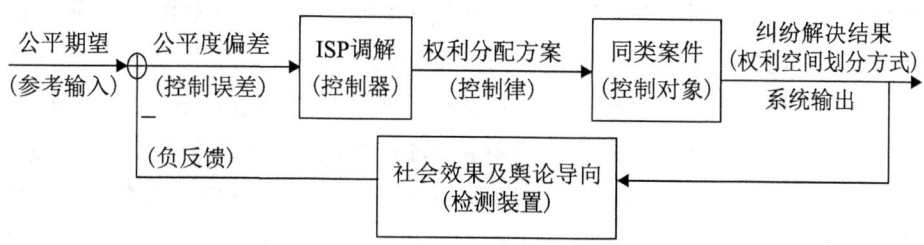

图 7-1　ISP 纠纷解决机制功能之社会化

在我国实证法的传统之下,法律权利的内容和界限本应由成文法明确地予以界分,但由于种种原因,现行法律的界分造成现实的权利空间重叠或模糊。具体个案中的矛盾必须予以解决,而短期内对法律进行修改又是不现实的。因此,ISP作为裁决者必须依据对立法意图和公平正义的理解,以判决的方式对发生冲突的权利进行重新划分。

由于权利冲突正是因为法律无明确规定或规定有相互冲突才产生的,所以权利冲突的案件通常无成文法可循。因此,在权利冲突的控制问题上,真正的控制器并非立法机构。因为没有明确的立法可以作为审判的依据,所以ISP最初是根据社会对公平的一般理解(图中的公平期望)拟定出一个权利分配的方案,然后将这一方案适用于具体的权利冲突案件,最后,以处理意见的方式确定下一种权利空间的划分方式。这种权利划分方式随判决公之于众,必然会引起社会其他主体的反应。这些反应可能是支持的,也可能是反对的,这些反馈意见与ISP原先持有的公平预期可能存在差异,于是ISP会根据这一偏差相应的修正处理类似案件的方案,直至获得一个社会满意的权利空间划分方式。

反馈就是把系统的输出量的全部或一部分,从输出端通过某些线路反向送回输入端,去正确地影响原来的输入量。反馈分为正反馈和负反馈两种。如果反馈量起到削弱原输入量的作用,这样的反馈叫作"负反馈",负反馈能起到稳定输入量的作用;反之,如果反馈回去的量"加强"了原输入量的作用,就叫"正反馈",正反馈能够放大干扰因素,使系统远离稳定状态。[1]

(二) 以立法形式确定权利演化的结果

经过一定数量的同类案件处理过程的摸索和调整,使得社会的反响围绕最初ISP设定的公平期望上下波动并越来越接近直至重合(如图7-2所示)。此时,图中的y(权利空间划分方式)也将趋于稳定,即表明此类权利冲突案件的当前解决方式已经被社会广泛认同,当前的权利空间划分方式已经成熟。这时,即可以通过立法,将图中$e=0$时的权利空间划分方式确立下来,作为今后处理类似权利冲突案件时的成文法依据。从此以后,所有此类权利冲突由于新的立法界定而暂时归于消弭。相冲突的权利又重新找到了各自行

---

〔1〕 王元主编:《模拟电子技术》,机械工业出版社1996年版,第244~250页。

使的边界，而权利的演化也在这一环节最终得以实现。

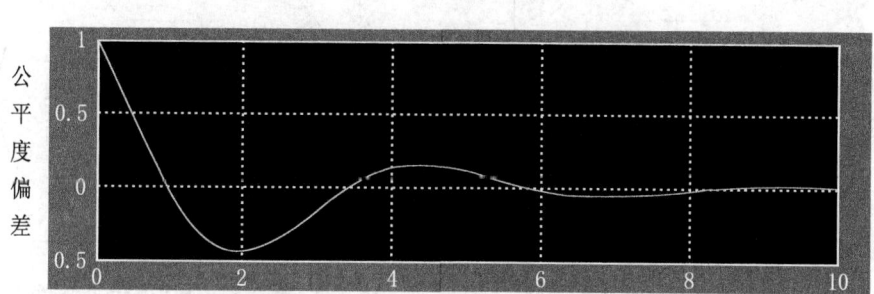

图 7-2　公平度偏差的响应曲线

四、网络权利的生长空间

权利冲突的形成，实际上是由于科技进步和社会发展造成了在新增的权利空间中主观权利必须进一步客观化。主观权利是和客观权利相对应的概念。前者指基于人类理性并以权利主体意志为核心而确立的权利；后者指以国家立法为根据并由法律明确确认的权利。简言之，主观权利是权利主体认为自己应当享有的权利，而客观权利是法律以明文授权的方式所确立的公民可以享有的权利。权利冲突类型中，本来制定法所确立的两种客观权利相安无事，但由于种种原因，在两者之间产生了新的权利空间，而各个权利主体都认为自己对该空间享有主观权利，而此时在这一空间内客观权利处于缺位状态，于是争议产生了。解决这类冲突的办法即将案件输入图 7-1 所示的反馈控制过程，寻求一个稳定后的权利空间划分方式。

虽然对此类权利冲突的控制原理和解决方式与权利演化过程类似，但获得结果的实质意义却有很大的区别。促进权利演化的权利冲突，不论最后的处理结果如何，权利空间的总量并没有改进，两项冲突权利之间的关系无非是此退彼进或此进彼退。但此类权利冲突的解决却可以使相冲突权利的行使范围都在实质意义上有所扩大（如图 7-3），或在新增的权利空间上形成第三种新的客观权利（如图 7-4）。不论哪一种情况，都在实质意义上使客观权利空间的绝对量有所增长，因此，此类权利冲突实际上为权利的生长提供了可能性。

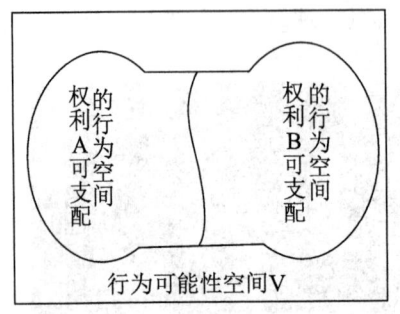 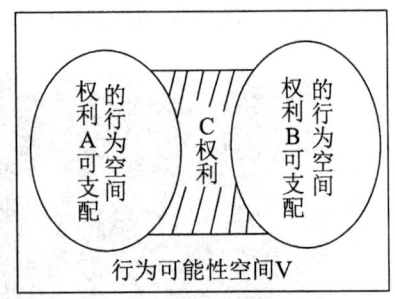

图 7-3　相冲突权利的可支配空间　　　　图 7-4　产生新的权利均有实质性扩展

网络权利冲突可以促成权利体系跟随社会价值趋向演化；而网络权利空间再发现导致的权利冲突则为权利行使空间的实质性扩大甚至新权利的生成创造了条件。两种作用的实现都是通过以 ISP 为控制器的反馈控制系统来完成的。从这一结构性作用角度而言，网络权利冲突的合理有效解决是实现权利体系动态稳定发展、实现渐进性动态平衡的关键所在。

ISP 主导之下的互联网纠纷解决机制，不仅可以在处理大量的网络纠纷，节省司法资源，还能够有效推进网络新型权利的演化，为网络立法积累素材。通过上述机制，ISP 在履行自身社会责任的同时，推动了网络法律进步和互联网生态发展。

结 论

互联网的迅猛发展使现代社会形成了"现实世界"和"虚拟世界"交叠缠绕的"双层空间,虚实同构",同时造就了网络社会中一支强大的新生力量——网络服务提供者(ISP)。它们不仅是网络得以正常运转、网络经济得以蓬勃兴旺的中坚力量,同时也是网络社会结构和社会规范的核心建构者,更是联结虚拟和现实两个空间的重要关节点。

ISP 在网络社会中的角色已经超越了单纯的技术服务提供者,逐步转化为网络社会内生秩序的主要承担者和建构者,并凭借自身的技术优势成为网络世界的新型权威。对 ISP 的法律规制如果仍然停留在现有的"技术-内容"调整框架内,势必无法应对不断更新的网络服务方式带来的全新挑战。以 ISP 的社会功能作为新的着眼点来观察和确定特定 ISP 的具体角色构造,有助于确立 ISP 为主要建构力量的网络社会内生性规范,从而为网络世界的法律规制及 ISP 法律责任的设计提供一般性理论基础和新的分析框架。

学术界对于 ISP 法律地位的认识经历了从单纯技术支持者到基于技术特征的二元化,再到重视其独特建构性地位的流变。规范主义的本质论研究范式忽视了 ISP 在网络社会中的功能差异和变化,功能主义的研究进路有助于突破现有的认识局限。本书试图以"三维度"+"双向连续体"的构建思路,突破现有的"一维度"+"内容-技术"二元对立模式,实现 ISP 类型化方式之改进。以信息加工深度、利益驱动强度和社会关干预程度为三大区分维度,更为有效地确定特定 ISP 的法律地位,从而为其法律责任设计提供科学的理论依据。具体包括:

第一,以侵权责任和合同责任为核心,探讨了 ISP 民事责任设计中的主要争议。以有限的技术中立为基本价值立场,坚持侵权法上的自己责任和损失补偿等基本原则，提出以"信息加工深度"区分侵权形态和责任形态，以"社会关系干预度"来判断过错形态及干预措施的合理性标准，以"利益驱动强度"来推定行为动机和赔偿范围，尝试对ISP侵权责任的理论框架进行重构，并以此为指导对各具体领域的ISP侵权规范进行相应的改进。试图建立一个先进、科学、有效的ISP侵权责任体系，为互联网法律世界贡献有独创性的中国声音。

通过梳理网络合同发展的脉络，笔者以"信息加工深度""社会关系干预度"和"经济利益驱动强度"为主要标准，将ISP作为主体参与缔结的网络合同划分为"网络交流型合同""网络确认型合同"和"网络组织型合同"。提出通过全面设定ISP在限制合同相对人权利、限制自身义务或法律责任、单方修改合同及管辖权确立等过程中的法律责任，能够更好地实现"网络确认型合同"的规范化、合法化。作为"网络组织型合同"的整体资源组织者，IPP不但应当对每一个具体合同承担一般的合同责任，同时应当对该"合同网络"的整体目标实现承担整体性责任；而IPP特殊的经济收益模式决定了在判断其提供的是有偿服务还是无偿服务，以及确定其违约责任之赔偿范围时，应当结合其经济利益获得的具体途径，予以综合考量。

第二，在政府职能由"监管型政府"向"服务型政府"转变的基础上，重构ISP行政责任的总体性原则。提出区分不同的ISP技术类型，设定不同的"事前审查""事中监管"和"事后报告"义务。①在横向思路上选择对ISP单纯行政监管的市场准入法律责任之设计进行集中讨论，提出ISP准入责任制度的设计的立法理念应当由"管制"转向"引导"，采用"统分结合"相对集中的立法模式，以"社会关系干预度"和"风险领域"相结合的方式，确立多层次准入方式，基于ISP"信息加工深度"设计准入义务规则，以准入方式为主、"利益驱动强度"为补充形成ISP准入条件被违反所导致的责任体系。②纵向上选择能够代表ISP与公共监管机构"协同共治"的个人数据（信息）保护问题，综合借鉴欧盟和美国个人信息利用授权方案的优越之处，在我国现行法律规范的基础上，建立以"重要性"为基础的风险评估模式，在初始收集的授权阶段以三维度四层次的类型化授权强化ISP对个人信息的安全性保护；再利用阶段则开放ISP在"情景一致"基础上的再利用，并要求对超越原"情景"的再利用行为进行风险评估，实现分层次区别对待。

结 论

第三，在归纳现行《刑法》对 ISP 可能涉及的网络犯罪之罪名进行归纳的基础上，集中探讨了 ISP 刑事责任构建应当遵循的一般准则；并选择了最具代表性和争议性的两类 ISP 犯罪行为，进行了刑事责任设计的集中讨论。就 ISP 在技术帮助行为中的刑事责任问题，笔者以三个司法实践中的典型案例为切入点，深入探讨了"技术中立"和"技术无罪"原则的三层次理解，并以 ISP 的"信息加工深度"为类型化基础，确立了 ISP 在帮助犯罪行为中的不同责任形态；以 ISP 的"社会关系干预度"作为区分 ISP "帮助犯"与"正犯"之分水岭；以"经济利益驱动强度"作为影响对 ISP 行为主观状态和刑事责任方式判断的重要因素。

以"快播"涉嫌传播淫秽物品牟利案为切入点，研究了在 ISP 在不作为犯罪活动中的一般角色特征，并以此为基础讨论 ISP 刑事责任背后的价值衡量、角色界定等深层问题。认为 ISP 不作为犯罪应当以"行政违法性"为前提，但应当保留刑事司法机关对该违法性的独立判断权利，以免"行政程序前置"在具体案件中不当地阻碍刑事救济的实现；主张将"不作为"违反之义务限定于法律规范的明确规定，并明确限定 ISP "明知"犯罪行文存在之条件，避免不必要的刑事责任扩大化倾向；认为应当为紧急情况下当事人（受害人）发动刑事救济程序留有制度出口。

作为 ISP 刑事责任派生之程序问题，笔者对现行涉及 ISP 的网络犯罪案件的刑事司法管辖权进行了讨论。认为 ISP 服务器所在地作为网络犯罪管辖连接点缺乏全面合理性，应当坚持现行刑事诉讼法确定的犯罪行为地为主要联结点，并辅之以犯罪结果发生地和被告人居所地，建立一个分层次的网络犯罪案件管辖体系。

第四，ISP 作为网络社会纠纷的直接接触者，可以凭借自身的技术优势，在各种类型的网络权利冲突化解过程中担当重要角色，在解决纠纷维护社会和谐的同时，促进网络权利的自我发展和演化。以国内外典型的网络自主纠纷解决机制（ODR）为例，详细分析讨论 ISP 内部性自主调解机制、内部性投诉处理机制、外部性智能纠纷解决机制和外部性调解（仲裁）机制的运作方式和特征。通过上述机制，ISP 在履行自身社会责任的同时，为国家司法节约资源和成本，在积累纠纷处理结果的过程中，形成网络权利空间的新配置方案，推动网络法律进步和互联网生态发展。

全面、科学地确定 ISP 应有的法律责任，是平衡互联网世界各方利益、实现信息化产业发展与公共福利共赢以及推动互联网健康发展的重要课题，同时也是网络强国的战略设想实施过程中不可缺失的重要环节。本研究的总体目标在于建立一种新的理论构型，以法律责任的体系性构建为出发点和基石，对网络服务提供商（ISP）这一网络信息产业的支柱性特殊主体的法律地位和权利义务体系进行整体性反思和系统性重构，以期建立 ISP 法律规制的明确、自觉立场，形成有我国特色的网络信息产业法律制度，从而推动 ISP 主导的信息产业发展和法律规则完善，为数据强国的国家战略实现提供法律制度保障，建构 ISP 法律规制的"中国思路"。

附 录 研究报告

网络服务提供者之侵权责任研究
——基于各国立法例之比较

一、论题的重要性

互联网从一种迅捷的信息传递工具发展为对公民日常行为乃至社会结构产生建构性影响的重要力量。互联网信息产业的蓬勃发展迫切要求法律规范发挥行为监管、竞争保护和纠纷调处等保驾护航作用。自互联网法治化治理进入法学研究和司法实践视野之日起，网络服务提供者的侵权责任始终处于国际国内探讨与争议的焦点，这本身就说明了 ISP 侵权责任在理论和实践中的重要价值。这种重要性主要来源于以下几个方面：

（一）ISP 处于网络社会结构和网络产业发展的枢纽地位

ISP 是网络社会的重要建构力量，处于联结终端用户、技术开发者和公共监管者的"结构洞"[1]位置；是互联网产业技术创新和服务模式革新的主要承担者；ISP 对其他各主体的网络行为有技术监控能力和重大影响力。ISP 侵权责任的制度设计，决定了其从事网络服务需要担负的制度成本大小，对激发或抑制 ISP 创新动力有着举足轻重的作用。

（二）ISP 相关的侵权行为是信息时代带给法律世界的最大现实挑战

网络信息技术在各个层面给传统社会生活带来了颠覆性改变，但依托于社会生活的连续性和网络虚拟世界与现实世界的关联性，绝大多数的法律规范尚可一定程度上自然延伸至互联网领域，实现或部分实现规制作用。但 ISP

---

[1] 结构洞是指在特定社会关系结构中，联结无任何关系的两个行动者的关键性第三者。参见陈远、刘欣宇：《基于社会网络分析的意见领袖识别研究》，载《情报科学》2015 年第 4 期，第 14 页。

的出现,使网络世界中的两个终端用户在互相匿名情形下可以建立关联、交换信息甚至开展交易。这种实质性的联系必须以特定 ISP 为关联结点方能建立,而一旦发生侵权纠纷,真正的侵权主体的现实身份难以被确定;或侵权人能够确定,但权利人向侵权人主张权利成本巨大。在此情形下,作为关联结点 ISP 便被推到前台。较之于真正的侵权人,ISP 是身份易于明确、有责任承担能的非直接责任人,法律应当要求其承担法律责任以保护被侵权人的利益,还是排除其责任以保障 ISP 不因终端用户的行为而背负过重的制度负担,自然成为关乎公民权利保护和互联网产业发展的重要论题。

(三) 侵权责任设计处于 ISP 法律责任体系中承上启下的关键位置

ISP 侵权责任的确定,不仅仅是解决侵权法律实践问题的需要,还关系着整个 ISP 法律责任体系的构建。其一,ISP 的侵权与否,取决于其是否违反了法律法规为其设定的注意义务,若要明确 ISP 特定行为构成侵权,必须以法律规范的形式确定其第一性义务,否则其侵权的结论缺乏法律依据。因此,ISP 侵权责任的定位,决定着所有先行性立法当确立何种注意义务。其二,ISP 特定行为是否应当承担侵权责任,决定了刑事责任构成的先行要件。作为对违反行为最严厉的规制手段,刑事责任必须针对 ISP 极端严重的社会危害行为。如果对 ISP 特定行为是否构成侵权、如何认定侵权以及侵权要承担何种侵权责任尚无定论,则 ISP 刑事责任的确定要么过于草率,要么只能含糊其辞语焉不详。

二、国内研究进展

国内对网络服务提供者侵权责任的研究发端于 20 世纪 90 年代末,1997 年有学者撰文介绍了德国《多媒体法》的立法成就过程中,涉及了网络服务提供者法律责任分类确定的原则[1],至今整整 20 年,但关注热度逐步增强。在中国知网学术资源总库中,以"网络服务提供者(商)+侵权责任"为检索词进行搜索,可获得 4624 篇文献[2],其总体研究状况如图附-1 所示。国内对 ISP 侵权责任的研究大体可以分为如下五个阶段:

---

[1] 唐绪军:《破旧与立新并举 自由与义务并重——德国"多媒体法"评介》,载《新闻与传播研究》1997 年第 3 期,第 55~61 页。

[2] 检索时间截止到 2019 年 8 月 1 日。

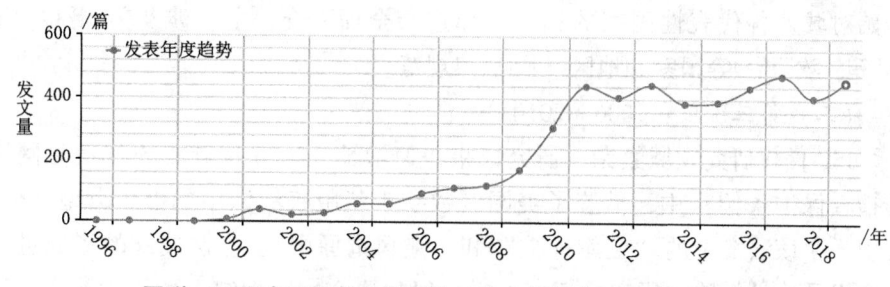

图附-1 国内网络服务提供者（商）侵权责任研究总体状况

（一）第一阶段：1997—2000 年

20 世纪 90 年代末，是互联网开始广泛进入普通市民生活的阶段，法律研究领域仅有个别学者开始关注网络版权问题，并偶然性的引介其他互联网发展较早国家的立法成果，只有零星研究成果出现。

（二）第二阶段：2000—2005 年

法律规范出台，使 ISP 侵权研究关注度提升。针对实践领域网络著作侵权案件的频繁出现，最高人民法院于 2000 年发布了《关于审理涉及计算机网络著作权纠纷案件适用法律若干问题的解释》，引发了法学研究领域的讨论热潮，2004 年最高法对该司法解释再次进行修订，进一步提升了研究者的学术兴趣，研究成果出现逐年增长势头。这一阶段的研究成果主要关注以下几方面内容：其一，明显围绕 ISP 网络版权[1]、著作权侵权责任为核心[2]，并开始向商标权[3]、电子商务[4]、不正当竞争[5]等领域的侵权行为扩展；其二，开始出现对 ISP 侵权责任的具体类型[6]和一般性理论问题[7]的研究；其三，

---

[1] 宋焱、陈光华：《论我国网络著作权的保护与完善》，载《法学论坛》2002 年第 6 期，第 56～60 页。

[2] 马治国、任宝明：《网络服务提供商（ISP）版权责任问题研究》，载《法律科学》2000 年第 4 期，第 59～66 页。

[3] 张爱东：《网络服务提供商的法律责任认定——一起网上交易引发的商标侵权案评析》，载《山东法官培训学院学报（山东审判）》2005 年第 5 期，第 115～116 页。

[4] 张虹：《网络服务提供者的民事责任问题浅析——以欧盟电子商务指令中的相关规范为中心》，载《河北法学》2005 年第 1 期，第 108～110 页。

[5] 秦燚、蒙柳、郑友德：《违反竞争法的网络广告之法律责任》，载《网络法律评论》2004 年第 2 期，第 170～181 页。

[6] 朱峰：《信息时代网络服务商（ISP）的间接侵权责任——从〈大学生〉诉 263 首都在线案谈起》，载《河北法学》2000 年第 5 期，第 2～4 页。

[7] 刘德良：《论网络服务者在侵权法中的地位与责任》，载《法商研究》2001 年第 5 期，第 111～119 页；李素娟：《论网络中介商的民事责任》，载《社会科学》2002 年第 8 期，第 50～53 页。

开始对域外各代表性国家的相关法律进行全面引介，主要涉及美国[1]、日本[2]、欧盟[3]等国家和地区[4]的法律规范。

(三) 第三阶段：2006—2010年

ISP侵权研究领域繁荣，研究成果快速增长。2006年颁布的《信息网络传播权保护条例》中，借鉴了美国《数字千年版权法》中的ISP类型划分，并引入了该法案中的"红旗标准"和"避风港原则"，立法成果的形成进一步激发了法学领域的研究热情，这一阶段的研究主题围绕上述两大热点，呈现出多样化和专业化特点：其一，开始针对不同类型ISP的侵权特殊性，开展全面研究，涉及搜索引擎[5]、博客[6]、电子邮件[7]、视频网站[8]、人肉搜索[9]等网络行为引发的侵权案件中ISP应当承担的责任。其二，对ISP侵权客体的研究范围扩大，除著作权、商标权等知识产权外，扩展至名誉权、隐私权[10]和信息网络传播权[11]等侵权领域。其三，对"红旗标准"[12]"避风

---

[1] 冯晓青：《因特网服务提供商著作权侵权责任限制研究——美国〈数字千年著作权法〉评析》，载《河北法学》2001年第6期，第125~128页。

[2] [日] 荻原有里：《网络服务提供者的损害赔偿责任——以日本法为中心》，载《科技与法律》2004年第2期，第24~30页。

[3] 张虹：《网络服务提供者的民事责任问题浅析——以欧盟电子商务指令中的相关规范为中心》，载《河北法学》2005年第1期，第108~110页。

[4] 刘远山：《我国知识产权法律制度与TRIPS协议存在的差距及其完善综述》，载《河北法学》2002年第6期，第29~36页。

[5] 黄武双：《论搜索引擎网络服务提供商侵权责任的承担——对现行主流观点的质疑》，载《知识产权》2007年第5期，第16~23页；周应江、谢冠斌：《论网络搜索引擎服务商的版权侵权责任》，载《科技与法律》2009年第3期，第72~77页；陈丽平：《搜索引擎侵权责任不可忽略》，载《法制日报》2009年12月25日，第7版。

[6] 王眉：《博客名誉侵权，网络服务提供商该当何责？——"中国博客第一案"引发的法律思考》，载《国际新闻界》2007年第1期，第59~62页。

[7] 陈炳良：《滥发商业电子邮件法律研究》，华东政法大学2007年博士学位论文。

[8] 吴伟光：《视频网站在用户版权侵权中的责任承担——有限的安全港与动态中的平衡》，载《知识产权》2008年第4期，第62~69页。

[9] 李葆华、王晓敏：《网络侵权的法经济学分析——以人肉搜索第一案为例》，载《特区经济》2009年第6期，第240~242页。

[10] 程建华：《论网络环境下的隐私权侵权责任》，载《特区经济》2006年第6期，第231~232页。

[11] 曾聆：《论侵犯信息网络传播权的归责原则及侵权责任的承担》，载《福建法学》2008年第4期，第60~63页。

[12] 江波、张金平：《网络服务提供商的知道标准判断问题研究——重新认识"红旗标准"》，载《法律适用》2009年第12期，第52~57页。

港原则"[1]等制度进行了更为全面深入的研究,用以帮助对国内立法的理解和适用。其四,对 ISP 侵权行为的构成要件进行了深入的规范性研究,主要涉及归责原则[2]、侵权行为区分[3]、过错认定[4]和 ISP 侵权责任的先行性义务[5]等。

(四) 第四阶段:2011—2014 年

ISP 侵权领域研究成果爆发式增长,形成研究高潮。学术研究的高潮与立法高峰相伴而生,继 2009 年颁布的《中华人民共和国侵权责任法》中明确了 ISP 的侵权责任及免责条款之后,又先后有《全国人民代表大会常务委员会关于加强网络信息保护的决定》(2012 年)、《中华人民共和国网络安全法》(2016 年)、《中华人民共和国电子商务法》(2018 年)、《中华人民共和国密码法》(2019 年)等规范性法律文件先后出台,形成了法律规范体系对互联网领域的全面规制态势。立法高峰之下,2011—2014 年间,每年均有 400 篇以上新增文献关注 ISP 侵权领域,标志着该领域学术研究的空前繁荣。此阶段研究成果主要表现出以下特点:其一,以上各阶段关注的热点领域,逐渐形成较为成熟的高水平研究成果[6]。其二,新的研究热点形成。围绕《中华人民共和国侵权责任法》所确立的 ISP 间接侵权承担连带责任的规定,形成了关于 ISP 责任形式的激烈争论,主要观点有连带责任说[7]、按份责任说[8]、类型化责任说[9]等。其三,对 ISP 侵权责任构成相关的具体制

---

[1] 史学清、汪涌:《避风港还是风暴角——解读〈信息网络传播权保护条例〉第 23 条》,载《知识产权》2009 年第 2 期,第 23~29 页;王迁:《〈信息网络传播权保护条例〉中"避风港"规则的效力》,载《法学》2010 年第 6 期,第 128~140 页;李静:《澳大利亚网络服务提供商责任的认定:以 iiNet 案为例》,载《电子知识产权》2010 年第 6 期,第 80~84 页。

[2] 章立萍:《网络服务提供者帮助侵权的判定原则》,载《东方法学》2009 年第 1 期,第 149~154 页。

[3] 芮松艳:《信息网络传播行为与网络服务提供行为的区分及侵权认定》,载《法律适用》2009 年第 4 期,第 44~48 页。

[4] 邱业伟、王志敬:《论网络服务提供者民事侵权过错认定》,载《西南民族大学学报(人文社科版)》2007 年第 4 期,第 164~167 页。

[5] 鲁晓明:《论网络侵权案件中网络服务提供者的信息披露义务》,载《时代法学》2010 年第 3 期,第 9~14 页;梅夏英、刘明:《网络服务提供者侵权中的提示规则》,载《法学杂志》2010 年第 6 期,第 6~8 页。

[6] 吴汉东:《论网络服务提供者的著作权侵权责任》,载《中国法学》2011 年第 2 期,第 38~47 页。

[7] 周波、杨康锐:《论网络服务提供者的连带责任——以网络著作权间接侵权为视角》,载《国际商务(对外经贸大学学报)》2012 年第 1 期,第 108~119 页。

[8] 徐伟:《网络服务提供者连带责任之质疑》,载《法学》2012 年第 5 期,第 82~91 页。

[9] 鲁春雅:《网络服务提供者侵权责任的类型化解读》,载《政治与法律》2011 年第 4 期,第 117~127 页。

度，开展深入研究，形成了涉及侵权主体[1]、先行义务[2]、"通知-删除"规则[3]等领域的较高水平成果。其四，在具体制度研究的基础上，形成了对ISP侵权责任规则体系的整体性研究，从价值论[4]、系统论[5]和规范体系整体[6]等角度，对现行ISP侵权责任设计的合理性进行了探讨。其五，初步形成了对ISP侵权责任的限制的专门性研究。[7]

（五）第五阶段：2015—2019年

ISP侵权责任研究规模稍有回落，但研究热点日益集中且深入，高水平研究成果增加。此阶段研究者主要关注了以下议题：其一，对现有规范体系对进行了深入反思性研究，包括"通知-删除"规则的合理性[8]、ISP连带责任设计的合理性[9]等问题；其二，对提供不同类型的ISP的侵权责任方式开展专门性讨论，主要涉及搜索引擎[10]、深度链接[11]等较成熟服务方式和云计算服务[12]、定向广告[13]等新兴网络服务方式；其三，对网络侵权之

---

[1] 张体锐：《追踪网络商标侵权责任主体研究》，载《东南学术》2014年第3期，第144~149页。

[2] 刘文杰：《网络服务提供者的安全保障义务》，载《中外法学》2012年第2期，第395~410页。

[3] 杨立新、李佳伦：《论网络侵权责任中的反通知及效果》，载《法律科学》2012年第2期，第157~164页。

[4] 梅夏英、刘明：《网络侵权归责的现实制约及价值考量——以〈侵权责任法〉第36条为切》，载《法律科学》2013年第2期，第82~92页。

[5] 周金、何琼：《网络服务提供者之著作权侵权损害赔偿责任探究——兼论动态系统论的应用》，载《法治研究》2013年第3期，第59~66页。

[6] 蔡唱：《网络服务提供者侵权责任规则的反思与重构》，载《法商研究》2013年第2期，第113~121页。

[7] 王英：《网络服务提供者责任限制制度的国际观察》，载《图书馆建设》2014年第6期，第1~5页；杨晖：《对网络搜索服务"中立性"商榷——兼论网络搜索服务知识产权间接侵权责任的司法认定》，载《上海法治报》2014年10月29日，第B5版。

[8] 徐伟：《网络侵权治理中通知移除制度的局限性及其破解》，载《法学》2015年第1期，第131~141页。

[9] 杨立新：《网络平台提供者的附条件不真正连带责任与部分连带责任》，载《法律科学》2015年第1期，第166~177页。

[10] 杜颖：《搜索引擎服务提供商关键词广告商标侵权责任之认定》，载《法学》2015年第6期，第34~43页。

[11] 马一德：《网络服务商提供搜索链接行为之侵权责任》，载《法学评论》2017年第3期，第55~63页。

[12] 许颖：《云计算服务提供商的著作权侵权责任探析》，载《改革与开放》2015年第24期，第53~55页。

[13] 朱芸阳：《定向广告中个人信息的法律保护研究——兼评"Cookie隐私第一案"两审判决》，载《社会科学》2016年第1期，第103~110页。

客体开展了理论性建构，主要涉及隐私权[1]、著作权[2]和个人信息[3]、虚拟财产权利[4]等权利客体；其四，对网络侵权的过错形态[5]展开了更为深入的专门性探讨，并形成了相关网络立法的整体性研究，包括立法发展脉络[6]、立法经验[7]的梳理和未来立法模式[8]的探讨；其五，网络平台作为特殊服务形式，以其提供服务的综合性和复杂性获得了侵权研究的特别关注，全面涉及了网络平台的侵权责任[9]和一般民事责任[10]问题；其六，在 ISP 侵权责任研究的基础上，扩展至刑事责任理论研究，广泛涉及 ISP 刑事责任的一般理论[11]、特定类型 ISP 刑事责任[12]、ISP 刑事责任的立法模式[13]及域外经验[14]等。

---

［1］ 梁琦果、张光杰：《网络服务商侵犯他人网络隐私权的责任研究》，载《湖北社会科学》2015 年第 6 期，第 153~155 页。

［2］ 李西泠、李健男：《搜索引擎服务提供者的信息传播自由与著作权侵权之界限》，载《财经科学》2015 年第 4 期，第 120~129 页。

［3］ 孙政伟：《大数据时代个人信息的法律保护模式选择》，载《图书馆学研究》2016 年第 9 期，第 72~76 页。

［4］ 刘明：《网络虚拟财产权权利客体研究》，载《社会科学研究》2015 年第 2 期，第 77~84 页。

［5］ 冯术杰：《论网络服务提供者间接侵权责任的过错形态》，载《中国法学》2016 年第 4 期，第 179~197 页；王晋：《不作为的网络服务提供者著作权侵权承担补充责任的提出》，载《学术探索》2016 年第 12 期，第 70~77 页。

［6］ 杨小兰：《中国信息网络传播权立法的回顾与展望》，载《当代传播》2015 年第 1 期，第 70~72 页。

［7］ 徐伟：《网络侵权治理的中国经验及完善建议》，载《社会科学战线》2016 年第 6 期，第 206~216 页。

［8］ 马新彦、姜昕：《网络服务提供者共同侵权连带责任之反思——兼论未来民法典的理性定位》，载《吉林大学社会科学学报》2016 年第 1 期，第 71~81 页；梁志文：《网络服务提供者的版权法规制模式》，载《法律科学（西北政法大学学报）》2017 年第 2 期，第 100~108 页。

［9］ 杨立新：《网络交易平台提供服务的损害赔偿责任及规则》，载《法学论坛》2016 年第 1 期，第 85~92 页。

［10］ 曹阳：《互联网平台提供商的民事侵权责任分析》，载《东方法学》2017 年第 3 期，第 73~82 页。

［11］ 陆旭：《网络服务提供者的刑事责任及展开——兼评〈刑法修正案（九）〉的相关规定》，载《法治研究》2015 年第 6 期，第 61~67 页。

［12］ 涂龙科：《网络内容管理义务与网络服务提供者的刑事责任》，载《法学评论》2016 年第 3 期，第 66~73 页。

［13］ 涂龙科：《网络服务提供者的刑事责任模式及其关系辨析》，载《政治与法律》2016 年第 4 期，第 108~115 页。

［14］ 王华伟：《网络服务提供者的刑法责任比较研究》，载《环球法律评论》2016 年第 4 期，第 41~56 页。

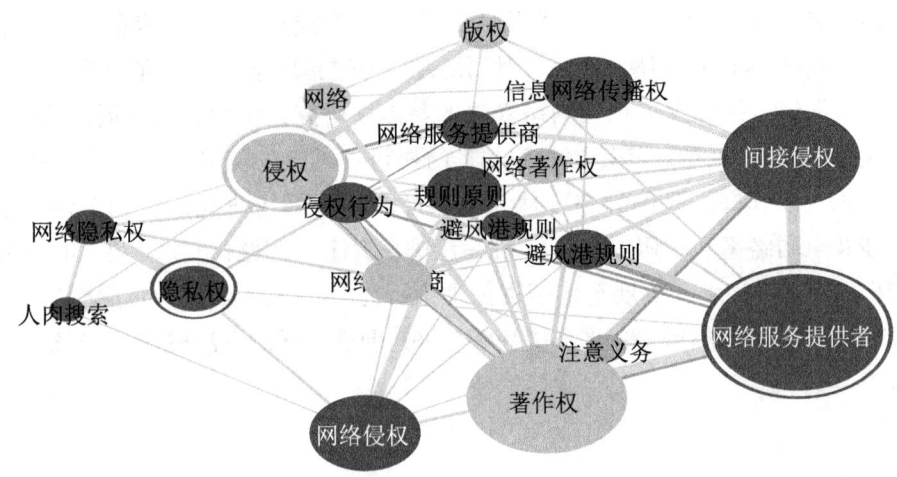

图附-2　ISP侵权责任研究的具体内容关注度[1]

从研究主题的关注度来看，国内对于 ISP 侵权责任的研究关注度最高的侵权类型依次为网络著作权侵权、信息网络传播权侵权、网络隐私权侵权和版权侵权。从研究关注的侵权方式和具体内容来看，国内研究者对 ISP 间接侵权责任给予了最高关注，对 ISP 侵权责任的规则原则特别是"避风港规则"的专门性研究最为集中。（见图附-2）

三、国内立法规范状况及其缺陷

我国与计算机信息设备相关的侵权立法最早见于 2001 年颁布的《计算机软件保护条例》（后于 2013 年 1 月 30 日予以修订），该条例中明确规定了 11 种侵犯计算机软件著作权的行为，均为直接侵权行为[2]；该条例还规定了软

---

[1] 本图根据图附-1 所涉及的 4162 篇文献之主题词，采用聚类方式绘制，其中每一个圆圈代表涉及该主题词的文献，圆圈越大，说明涉及该主题词的文献越多。

[2]《计算机软件保护条例》第 23 条规定，以下六种行为应当承担侵权责任：①未经软件著作权人许可，发表或者登记其软件的；②将他人软件作为自己的软件发表或者登记的；③未经合作者许可，将与他人合作开发的软件作为自己单独完成的软件发表或者登记的；④在他人软件上署名或者更改他人软件上的署名的；⑤未经软件著作权人许可，修改、翻译其软件的；其他侵犯软件著作权的行为；⑥其他侵犯软件著作权的行为。第 24 条规定，以下五种行为应当承担法律责任：①复制或者部分复制著作权人的软件的；②向公众发行、出租、通过信息网络传播著作权人的软件的；③故意避开或者破坏著作权人为保护其软件著作权而采取的技术措施的；④故意删除或者改变软件权利管理电子信息的；⑤转让或者许可他人行使著作权人的软件著作权的。

件的占有或使用者有义务证明所占有或使用的软件有合法来源，否则应当承担法律责任。同时明确了两项免责条件：其一，技术性相似不构成侵权，即如果软件开发者新开发的软件，基于表达方式的有限性和已有的软件呈现相似性，不构成侵权。其二，不知侵权而使用软件复制品可以免责，即软件的复制品持有人不知道也没有合理理由应当知道该软件是侵权复制品的，不承担赔偿责任，但是应当停止使用、销毁该侵权复制品或者向权利人支付使用费后继续使用。虽然该条例并未涉及严格意义上 ISP 的侵权立法，但是我国计算机立法的第一步；其适用范围也仅限于计算机软件的著作权；侵权形式限于自然人或法人的直接侵权；责任形态仍是传统的停止侵害、消除影响、赔礼道歉、赔偿损失等。

2005 年颁布的《互联网著作权行政保护办法》明确使用了"互联网信息服务提供者"一词，来指称网络服务提供者以区别于直接提供侵权内容的"互联网内容提供者"，初步形成了对 ISP 间接侵犯著作权的法律责任（主要是行政责任）的设计。该办法借鉴了美国《数字千年版权法》的相关规定，明确了：其一，著作权人发现网络侵权行为，有权向 ISP 发出通知；其二，规定了适格通知的内容；其三，ISP 接到通知应当立即采取措施，移除相关内容，并保留通知 6 个月；其四，ISP 有义务记录并保存侵权内容相关信息，以备主管部门查询；其五，网络内容提供者有权发出反通知；其六，明确了反通知的要件；其七，ISP 接到反通知后，即可恢复移除内容，并不为此承担行政法律责任；其八，明确了 ISP 明知侵权人行为或接到通知不采取必要措施，承担行政责任；其九，明确了免责条件，即 ISP 不知道侵权行为，或接到通知即采取移除措施，不承担责任。该办法首次明确 ISP 间接侵犯著作权的责任构成，但适用范围仅限于网络著作权侵权，也未明确具体的责任形态为何。

2006 年颁布的《信息网络传播权保护条例》（后于 2013 年 1 月 30 日予以修订），借鉴美国对《数字千年版权法》的修订做出了新的立法贡献：其一，确立了信息网络传播权这一新型权利。其二，明确使用了"网络服务提供者"指称各种类型的 ISP。其三，对不同类型的 ISP 进行了类型化区分，分别涉及提供信息存储空间的 ISP、提供搜索或链接服务的 ISP、提供网络自动接入服务的 ISP、提供网络缓存的 ISP 等。其四，再次明确了提供信息存储空间的

ISP 和提供搜索或链接服务的 ISP 之"通知-删除-反向通知"规则。其五，反通知的法律效果有所改变：要求 ISP 接到反通知后"应当"立即恢复被删除作品，并将反通知告知权利人。其六，权利人接到反通知后不得再要求 ISP 删除或断开链接。其七，明确四种不同类型的 ISP 的特殊免责事由。其八，明确了明知或者应知所链接的作品、表演、录音录像制品侵权的 ISP，应当承担共同侵权责任[1]。其九，权利人对错误通知及其后果负责。该条例将"避风港"规则扩大到了网络传播权保护领域，并且针对不同类型 ISP 做出了较为细致的区别性规定，但是仍存在较大问题：一是 ISP 总体概念和各类型 ISP 子概念未清晰界定；二是各类免责条件之间的逻辑关系不清晰，给实践中的法律适用带来困难；三是共同侵权责任承担方式未予明确。

2009 年颁布的《侵权责任法》第 36 条[2]用 3 款内容分别明确了：其一，ISP 与网络用户均需为自己的直接侵权行为，承担侵权责任；其二，各类间接侵权行为中，被侵权人均有权向 ISP 发出通知，而 ISP 应当就适格通知采取有效措施；其三，ISP 未采取有效措施，对损害扩大部分承担连带责任；其四，ISP 知道侵权情况不采取措施，则承担连带责任。该法贡献在于明确了所有网络 ISP 侵权行为均适用"通知-删除"规则，并确认了连带责任形态。但其不足之处在于责任承担范围与前述规范有出入；对共同侵权的过错要件表述为"知道"，给法律适用和规范体系化理解造成了困惑。

为应对以上的立法缺陷和法律适用困难，2012 年颁布的《最高人民法院关于审理侵害信息网络传播权民事纠纷案件适用法律若干问题的规定》中，进一步明确了以下要点：其一，侵犯信息网络传播权的行为方式；其二，ISP 与侵权人共同侵权，承担连带责任；其三，ISP 仅以提供网络服务（纯技术服务）的方式提供了侵权作品，不能认定为侵权[3]；其四，ISP 教唆或帮助侵

---

[1]《信息网络传播权保护条例》第 2 条规定：网络服务提供者为服务对象提供搜索或者链接服务，在接到权利人的通知书后，根据本条例规定断开与侵权的作品、表演、录音录像制品的链接的，不承担赔偿责任；但是，明知或者应知所链接的作品、表演、录音录像制品侵权的，应当承担共同侵权责任。

[2]《中华人民共和国侵权责任法》第 36 条规定：网络用户、网络服务提供者利用网络侵害他人民事权益的，应当承担侵权责任。网络用户利用网络服务实施侵权行为的，被侵权人有权通知网络服务提供者采取删除、屏蔽、断开链接等必要措施。网络服务提供者接到通知后未及时采取必要措施的，对损害的扩大部分与该网络用户承担连带责任。网络服务提供者知道网络用户利用其网络服务侵害他人民事权益，未采取必要措施的，与该网络用户承担连带责任。

[3] 该司法解释第 6 条规定，原告有初步证据证明网络服务提供者提供了相关作品、表演、录音录像制品，但网络服务提供者能够证明其仅提供网络服务，且无过错的，人民法院不应认定为构成侵权。

权行为，认定为共同侵权；其五，ISP 侵权责任是过错责任，过错表现为明知或应知侵权行为存在；其六，明确了 ISP 过错的判定方式；其七，ISP 未对信息做主动审查的，不能认定为有过错；其八，采取了必要技术措施的，认为无过错；其九，有直接经济利益，ISP 则负有较高注意义务。该司法解释最大的贡献在于确定了 ISP 间接侵权应当承担何种形态的责任，明确了 ISP 间接侵权的过错形态以及过错的认定方式。其局限在于仅仅针对信息网络传播权侵权行为领域适用。

2014 年《最高人民法院关于审理利用信息网络侵害人身权益民事纠纷案件适用法律若干问题的规定》弥补了上述司法解释在适用范围上的不足，明确了 ISP 在网络环境下人身权益侵权行为中的责任。主要包括：其一，网络人身权侵权中，被侵权人的通知要件；其二，ISP 接到通知后采取措施是否及时的判断标准；其三，因接到通知而采取措施，构成 ISP 针对被采取措施人的免责抗辩事由；其四，错误通知导致的损害，由通知人承担责任；其五，未有反向通知规定，但被错误采取措施，可以要求恢复；其六，《侵权责任法》第 36 条第 3 款中"知道"的确定方式；其七，网络转载行为的过错认定；其八，损害商誉，承担侵权责任。该司法解释明确了 ISP 在人身权利侵权领域的侵权责任，设计了较信息网络传播权和著作权侵权略有不同的责任构成要件，并针对《侵权责任法》中未明确的概念给出了更为细致的认定标准。

2014 年 6 月公布的《著作权法（修订草案送审稿）》再次明确了 ISP 间接侵权的责任方式：其一，网络服务提供者为网络用户提供存储、搜索或者链接等单纯网络技术服务时，不承担与著作权或者相关权有关的审查义务。其二，他人利用网络服务实施侵犯著作权或者相关权行为的，权利人可以书面通知网络服务提供者，要求其采取删除、断开链接等必要措施。网络服务提供者接到通知后及时采取必要措施的，不承担赔偿责任；未及时采取必要措施的，对损害的扩大部分与该侵权人承担连带责任。其三，网络服务提供者知道或者应当知道他人利用其网络服务侵害著作权或者相关权，未及时采取必要措施的，与该侵权人承担连带责任。其四，网络服务提供者教唆或者帮助他人侵犯著作权或者相关权的，与该侵权人承担连带责任。其五，网络服务提供者通过网络向公众提供他人作品、表演或者录音制品，不适用本条第 1 款规定即应当负著作权相关审查义务。[1] 2020 年 4 月公布并向社会征求意见的《著作权法修正案（草案）》并未完全采纳上述《著作权法（修订草案送审稿）》的建议，但笔者认为，上述制度设计代表了学界较为成熟的共识。

我国于 2020 年 5 月 28 日通过的《民法典》第 1194～1197 条，保留了原《侵权责任法》区分直接侵权和间接侵权分别设定法律责任的基本思路，在借鉴"三振出局"模式基础上对原有的"通知－移除"规则进行了细化和改进：其一，明确了在 ISP 间接侵权情形下的权利人通知义务及合法通知的要求；其二，确立了 ISP 在权利人和直接侵权人之间的中立和技术协助者角色，将 ISP 间接侵权中的作为义务限定于及时有效的为上述双方传递信息，以及在此过程中采取必要措施防止侵权损害的持续或扩大；其三，明确设定了 ISP 在间接侵权情形下的各项通知、反通知义务的内容和程序要求。

综观国内对于 ISP 侵权规则的立法演进，基本依托于三大动力：其一，从网络侵权立法涉及的权利领域而言，是随着法律实践纠纷与争议产生和发展的领域自发演进的，因而是"从局部－整体－局部"的发展脉络；其二，从立法资料的来源和制度设计来看，对域外立法的借鉴和移植占据主导地位，原创性制度设计较少；其三，从立法的规范性和技术性来看，概念和要件的完善主要动因来源于已有立法在适用过程中遇到的疑难和瓶颈，再回过头来，进一步对已有规则进行解释和再界定。上述事实决定了我国现有的 ISP 侵权责任立法不可避免地存在一些缺陷，主要表现为：

第一，立法缺乏整体性规划。其一，立法活动没有统一的互联网产业发展战略指导，导致具体制度设计在根本价值追求上左右摇摆不定；其二，立法层级不高，制度缺乏层次感；其三，各类规范之间的衔接和协同性差。

第二，立法规范性不够。其一，各类型规范使用的重要基本概念不统一，且缺乏对传统法律体系中没有的新概念的准确界定；其二，制度设计之间存在冲突或模糊地带。

第三，立法的科学性和实用性有待进一步提高。其一，规则表述的内在不统一，导致了法律实践中出现了同类案件的裁决不一致；其二，缺乏统一

---

[1] 参见《著作权法（修订草案送审稿）》第 73 条。

的产业发展战略和价值规范的指导，导致法律适用的实际效果可能较立法目的有所偏离。

四、国外各法域代表性国家立法例

（一）美国

1995年《NII智慧财产权白皮书》（The Report of Working Group on Intellectual Property and The National Information Infrastructure），是最早对ISP间接责任做出规定的行政性文件。[1]白皮书对ISP间接责任采取了严格归责的态度，认为ISP对于利用其网络而实施的侵犯著作权的行为应负责任，不论该ISP是否知悉用户的侵权行为或有无任何必要措施以防止侵权行为。其理由在于"对于同属无辜的两方（著作权人和ISP——笔者注），最好的策略是ISP肩负起责任"[2]。白皮书的责任原则受到了ISP和法院判例的反对，同时在国会修法表决中被否决。

1996年2月8日，美国国会通过的《通讯端正法案》（The Communications Decency Act of 1996）规定只由原始作者承担淫秽或者诽谤内容表达的责任。第230条规定："任何一个互联网服务的提供者或者使用者都不应被看作他人提供的信息的公布者或者发言人。"该条文有效地在50个州内排除了网络经营者或者网络服务提供者的诽谤的公布者责任。[3]

1997年颁布了《网络著作权责任限制法案》和《数字著作权澄清及科技教育法案》，前者明确规定了在六种情形下，ISP就他人之侵权行为可以免除直接或代理侵权的民事责任。[4]该法案确立了ISP间接侵权责任限制的基本思路，也与法院判例保持了一致，其主要成果被后来的《数字千年版权法》所吸收。

1999年7月美国统一州法委员会全国会议通过了《统一电子交易法》，

---

[1] 郭杰：《美国著作权法ISP责任之演进》，载《法制与社会发展》2003年第6期，第123~126页。
[2] 郭杰：《美国著作权法ISP责任之演进》，载《法制与社会发展》2003年第6期，第123~126页。
[3] 刘廷婷：《美国法上的网络诽谤侵权责任研究》，对外经贸大学2007年硕士学位论文。
[4] 这六种情形是：①非其将资料载入网络者；②非制作、选择或修改该资料内容者；③未就资料的接收为决定者；④未就特定侵权行为直接获利者；⑤未就资料为赞助、支持或促销者；⑥不知或未自通知或其他信息得知该资料系侵权之物，或系法律所禁止接触者。参见《网络著作权责任限制法案》第512条第(a)款。

针对美国各州数字签名、电子合同等方面的立法不统一状况，明确了电子签名、电子录音记录等形式要件的法律有效性，确立了电子合同新规则。[1]

1998年美国联邦巡回上诉法院确定了为电子商务操作手段申请专利的合法性。1998年美国网络零售商价线"请顾客建议商品购买价"的做法获得了专利，1999年全球最大在线书店亚马逊网站"让顾客点击一次鼠标就可买到东西"的做法也获得了专利保护。[2]

1998年10月29日颁布的《数字千年版权法》[3]设定了网络著作权保护中ISP的"避风港原则"：其一，明确在ISP符合特定法律要件的情况下，可以免除赔偿责任和除采取特定禁止措施之外的其他责任。其二，明确了享受免责抗辩的特定ISP的主体定义。其三，明确了所有类型ISP免责的一般要件：制定、公布并实施了特定的侵权防止政策；接受并不抵触"标准技术措施"[4]。其四，分别规定了四种不同类型的ISP的具体免责事由，包括提供暂时通讯服务的ISP、提供系统缓存服务的ISP、提供信息存储服务的ISP和提供信息定位服务的ISP。其五，设计了"通知-删除-反向通知"的ISP间接侵权争议处理办法[5]。该规则一经公布，对世界范围内的数字版权保护及ISP责任设计产生了广泛的影响，我国《信息网络传播权保护条例》，从内容到形式，都明显受到了《数字千年版权法》的影响。

1999年10月24日，网络域名与数字地址分配机构（Internet Corporation

---

〔1〕 陆文华：《美国电子商务发展现状及相关法律问题》，载《全球科技经济瞭望》2000年第8期，第14~16页。

〔2〕 陆文华：《美国电子商务发展现状及相关法律问题》，载《全球科技经济瞭望》2000年第8期，第14~16页。

〔3〕 中央网络安全和信息化领导小组办公室、国家互联网信息办公室政策法规局编：《外国网络法选编》（第1辑），中国法制出版社2015年版，第146~150页。

〔4〕 "标准技术措施"是指：根据版权人和服务提供商的光放公示，通过一个公开、公平、自愿的跨行业流程制定的，版权人用来保护版权作品的措施；在合理且一视同仁的基础上，任何版权人都可以使这些措施，而不会造成服务提供商承担巨额成本或对其施加巨大压力。参见中央网络安全和信息化领导小组办公室、国家互联网信息办公室政策法规局编：《外国网络法选编》（第1辑），中国法制出版社2015年版，第146~150页。

〔5〕 《数字千年版权法》第512条第（g）款规定：网络服务提供者在接到通知后，应迅速采取合理措施删除有关内容或者切断接触，并告知网络用户，否则不能享有免责。网络用户在接到网络服务提供者的通告后，可以向后者发出不侵权的"反通知"，该通知产生切明的法律后果。接到反通知后，网络服务提供者迅速向发出侵权通知的版权人或其代理人传送反通知复制件，并告知在10个工作日内恢复被删除或切断接触的材料。参见秦珂：《"通知-反通知"机制下网络服务提供者版权责任的法律比较——兼论图书馆的对策和相关立法问题》，载《河南图书馆学刊》2005年第3期，第4~26页。

for Assigned Names and Numbers, ICANN) 通过政策部分解决了域名抢注问题; 2000 年 11 月《反域名抢注消费者保护法》(Anticybersquatting Consumer Protection Act, ACPA) 成为联邦立法。

2002 年 11 月 2 日,美国总统布什签署了《技术、教育与版权协调法案》(Technology, Education and Copyright Harmonization Act, 以下简称 "TEACH 法案"),全面完善了图书馆著作权豁免制度。[1]

2012 年,一项值得记载的夭折法案——《网络反盗版法案》(Stop Online Piracy Act, SOPA)。2011 年 6 月,克林顿前新闻秘书迈克·麦克库里(Mike McCurry)基于多年的网络反盗版研究,代表版权权利人的利益向美国众议院提交了 SOPA 提案,收到了众多版权权利人和团体的支持,同时遭遇了 ISP 的激烈反对,他们组织了各种类型的抗议和请愿,最终 2012 年 1 月,法案最终被宣布搁置,ISP 取得了暂时性胜利。SOPA 的内容旨在一定程度上缩减了《数字千年版权法》确立的 ISP 免责条件,赋予权利人和独立检察官申请法院令要求 ISP 关闭特定网站和链接的权利。[2]

（二）欧盟及主要代表性国家立法

1. 欧盟

2000 年 6 月 8 日欧盟颁布《电子商务指令》明确了网络服务提供者的义务界定和责任问题。[3] 其第 12~15 条规定了提供纯粹传输服务（mere conduit）、缓存（caching）和宿主服务（hosting）这三类中介性服务的网络服务提供者的责任。第 14 条规定了提供宿主服务的网络服务提供者的责任,即"若提供的信息服务包括存储由服务接受者提供的信息,成员国应当确保服务提供商不因根据接受服务者的要求存储信息而承担责任,条件是：其一,服务提供商确实不知违法活动或违法信息的存在,并且就损害赔偿之诉请而言,未意识到能从中明显推出违法活动或违法信息的事实或情况,或者其二,提供者一旦获得或者知晓相关信息,马上就移除了信息或者阻止他人获

---

[1] 冉从敬:《美国〈技术、教育与版权协调法案〉立法及其对信息公共获取豁免制度的启示》,载《图书情报知识》2006 年第 2 期,第 10~14 页。

[2] 左玉茹:《SOPA:好莱坞与硅谷的战争 美国"网络反盗版法案"述评》,载《电子知识产权》2012 年第 2 期,第 42~45 页。

[3] 张虹:《网络服务提供者的民事责任问题浅析——以欧盟电子商务指令中的相关规范为中心》,载《河北法学》2005 年第 1 期,第 108~110 页。

得此种信息"[1]。

欧盟委员会于 2000 年 6 月 9 日通过的《版权指令草案》对作品和表演、录音制品、电影和广播节目在网络上的传播分别作了规定。关于作品的传播，《版权指令草案》确立了"向公众传播权"的概念。

2005 年 12 月 14 日《数据储存指令》正式经欧盟议会表决通过，并在 2006 年 2 月 21 日经欧盟部长理事会批准而正式生效。该法令明确了 ISP 收集、存储和删除用户个人信息的法定义务，并确立的信息的"被遗忘权"。[2]

2. 法国

1996 年 6 月法国邮电、电信及空间部长提出《菲勒修正案》，旨在促进 ISP 行业自律。该修正案提出三方面新的要求：其一，为保护未成年人免受网络不良信息的影响，要求 ISP 在提供网络信道时同时提供可以封闭特定信道的技术措施；其二，设立专门委员会负责制定网络服务职业规范，对被告发的服务进行处理，并负责对终端视讯的管辖；其三，若网络信道提供者违反技术规定，为已存异议的内容提供信道，或在知道的情况下为被控告的服务进入网络提供信道，则追究其刑事责任。

2009 年 9 月，法国通过《促进互联网创造保护及传播法》（Hadopi 法案），该法案针对 P2P 网络服务，创设了 IAP（网络接入服务商）的特殊责任方式，被称为"三振出局"法案。[3] 该法案专门设立了互联网作品传播及权利保护高级公署。根据法案规定：其一，权利人发现侵权行为后 6 个月内，先公署提出指控，公署将通过与侵权用户签订服务合同的 IAP 向用户发出一封电子邮件，提醒用户注意法国知识产权法典中关于著作权及邻接权保护及非法下载的相关法律规定及后果；其二，如果用户在第一封邮件收到后的 6 个月内持续非法下载，权利保护委员会将会给非法下载用户发第二封同样内容的挂号信，但不透露侵权作品内容；其三，在接到第二封警告邮件后，如果互联网户用还继续侵权，权利保护委员会将案件相关材料转交给法国相应

---

[1] 陶乾：《中欧搜索引擎关键词引发的商标侵权案件分析》，载《知识产权》2011 年第 4 期，第 85~95 页。

[2] 林鹭：《欧盟数字遗忘权立法保护及我国的借鉴研究》，载《情报探索》2014 年第 8 期，第 15~18 页。

[3] 蔡雄山：《法国"三振出局"法案的机遇与挑战》，载《中国知识产权报》2011 年 1 月 14 日，第 10 版。

法院，法院决定后，通知网络服务提供者将用户断网最长一年。该法案颁布后，引起全球的关注和热议。

3. 德国

1997年6月13日，德国议会颁布了一部所谓的《多媒体法》（Multimedia Law）。该法案确认：①ISP在得知网络存在违法信息后，有采取一定阻止措施的能力，因而应当承担相应义务；②ISP对网络上传播的信息不承担法律责任，但当网络服务提供者知道违法信息存在的时候，必须采取相应的措施，以阻止有关信息的进一步的传播。[1]但互联网论坛的经营者原则上应当对发表在其论坛的上的内容负责任。[2]

4. 意大利

意大利于2003年4月9日颁布了第70号法令，落实欧盟的电子商务指令。基本按照欧盟指令的模式，对ISP的侵权责任作了设定：①将电子商务类型区分为"连线服务者"（第14条）、"为储存服务者"（第15条）及"虚拟主机服务者"（第16条），并分别设计了其侵权责任的限定条件；[3]②在上述免责条款范围内，ISP不承担对所传输或存储内容的一般性审查义务，但网络服务提供者一旦知道存在与其服务接收者有关的违法行为时，有义务立即告知主管当局，或依主管当局的要求提供其所拥有的、能辨识的服务接受者的信息。

5. 瑞典

1998年5月1日瑞典议会制定了一部关于电子公告板（Bulletin Board Systems，BBS）的管理者责任的法律。[4]该法律规定管理BBS的ISP，要对自己设备控制之下的信息流动进行监控。[5]

（三）俄罗斯

2013年8月1日，俄罗斯颁布实施了《反盗版法》，强化网络版权保护，

---

[1] 张虹：《网络服务提供者的民事责任问题浅析——以欧盟电子商务指令中的相关规范为中心》，载《河北法学》2005年第1期，第108~110页。

[2] 柴野：《德国：互联网不是自由天地》，载《光明日报》2012年6月13日，第8版。

[3] 陆青、余洁：《论搜索引擎的侵权责任问题——以意大利google视频侵权案为视角》，载《福建法学》2010年第1期，第2~7页。

[4] 张虹：《网络服务提供者的民事责任问题浅析——以欧盟电子商务指令中的相关规范为中心》，载《河北法学》2005年第1期，第108~110页。

[5] 蒋志培主编：《网络与电子商务法》，法律出版社2001年版，第190页。

该法案：其一，将版权作品的保护期延长至作者去世后 70 年。其二，设立了专门法院负责设计影视作品版权纠纷案件的审理。其三，设立专门监管机构——俄罗斯国家资讯科技、通讯及大众传媒监察机构（Roskomnadzor）。其四，版权人发现侵权内容，可以向上述监察机构提供相关信息，该机构可以向 ISP 发出通知，ISP 接到通知一个工作日内，必须对相关内容采取限制访问等措施，并在 72 小时内删除或断开链接，否则网站将被屏蔽，还可能面临刑事责任。其五，法案规定了 ISP 对影视作品的审查义务：所有使用电影、电视剧及音乐作品和文学作品的网站在提供信息资源之前需查明作品的来源是否合法。监管者查出违法信息，ISP 将面临巨额罚款。[1]

该法规定一旦发现网络盗版内容，网络服务提供者有 3 天时间来删除侵权内容，如果 ISP 未能及时完成删除义务，法院可以对 ISP 做出长达 15 天的封锁网站禁令。[2]这等于赋予了政府封闭任何网站的权力。俄境内的 ISP 对此规定异议甚多，认为该要求会迫使 ISP 对网络内容进行全面审查。

（四）其他英美法系国家立法

1. 英国

1996 年为防止网络暴力、色情等内容对未成年人造成伤害，英国成立的一个名为"英国互联网自律协会"（IWF）的半官方组织，公民可以向其举报非法或可疑信息，相关信息会提供给 ISP 和警方。已经确认违法，该违法网站将被列入"黑名单"。英国各种类型的 ISP 纷纷采纳此"黑名单"，对网络信息进行过滤。[3]

2010 年 4 月 8 日英国下议院通过《数字经济法》（Digital Economy Act 2010），并于 2010 年 6 月开始实施。法案广泛涉及数字信息管理各个领域，其中对网络内容管理、ISP 的义务和法律责任等进行了明确的规定。[4]该法案设计的"三振出局"机制，客观上受到了法国《促进互联网创造保护及传播法》的影响，但具体内容存在一定的差别：其一，权利人发现侵权行为后，

---

[1] 魏红：《俄罗斯"重典"打击网络侵权盗版》，载《中国知识产权报》2013 年 8 月 23 日，第 10 版。

[2] 王文敏、张龙：《中韩俄著作权的最新发展状况解析》，载《中国知识产权报》2013 年 12 月 20 日，第 9 版。

[3] 李忠东：《英国：加大"净网"力度》，载《检察风云》2015 年第 3 期，第 55~57 页。

[4] 朱喆琳：《论英国〈数字经济法〉的"三振机制"及其启示》，载《西北大学学报（哲学社会科学版）》2016 年第 2 期，第 89~94 页。

向ISP提交"著作权侵害报告",ISP接到适格的报告后,于1个月内向侵权用户发出通知,并建立"黑名单"用以记录该用户的侵权行为,并将其提供著作权人(以上是ISP的初始义务措施);其二,如果该通知未能阻止侵权行为继续发生,启动技术义务措施:经国务委员授权,由英国通信局制定进一步制裁的措施,交由ISP执行,包括限制访问、中断链接等;其三,著作权人向法院提出诉讼,法院作出裁定,ISP可以将侵权用户的真实信息披露给著作权人。与法国的制度相比较,英国的"三振"条款不是很典型,更准确的是"两步走"法案。

2013年颁布的《诽谤法修正案》,被称为"2013年诽谤法"。英国《诽谤法》1952年颁布,1996年经历了一次大幅度修改。该法案首次明确了网络诽谤行为中ISP应当承担的责任及其限制。其一,基于对发布内容的影响和控制能力,将ISP分为网络内容服务提供者和网络中介服务提供者;其二,网络内容服务提供者对其诽谤言论承担直接侵权责任;其三,网络中介服务提供者如果能够证明自己不是诽谤言论的发布者,则不承担责任。但该免责条款存在例外,即原告证实以下情形,则抗辩不成立:原告无法确认原发布者,原告就相关言论向运营者投诉,且运营者未依本法律的规定对原告的投诉做出反应。法案并未像美国《数字千年版权法》一样设定"通知-删除"规则,而是模糊处理为"做出反应",而将反应方式交由法院的自由裁量。[1]

英国国会还通过了司法部对上述规则的指引文件,明确了具体的操作程序,主要包括:其一,ISP应当在接到侵权投诉48小时内采取行动,向被投诉者发布通知;其二,适格通知的要件;其三,信息发布者接到通知,应当明确回复是否愿意删除被投诉内容;其四,ISP不能联系到信息发布者,直接删除被投诉内容;其五,信息发布者不希望内容被删除,ISP应及时通知投诉人;其六,诽谤内容一再发布,ISP应当在接到举报通知48小时内删除内容。[2]

2. 澳大利亚

2009年澳大利亚再次修订《电信拦截和访问法案》[Telecommunications

---

[1] 郑仁荣、邹文星:《英国2013诽谤法对ISP的最新规定及对我国的启示》,载《行政与法》2014年第11期,第98~106页。

[2] 贾楠:《"避风港"原则在网络侵权纠纷中的运用——中英比较研究》,载《青年记者》2014年第23期,第67~68页。

(Interception and Access) Amendment，TIA2009］，要求运营商具备拦截能力和交付能力。各州州长可以通过法律文书的形式制定出适合国情的拦截能力标准。每年7月1日运营商和通信服务提供者应当制定一份书面的文件来确保拦截能力义务。而通信访问统筹可以发布关于交付能力的书面决定运营商必须遵守这个决定的要求。[1]

2015年8月起，澳大利亚通过《反网络盗版法案》。该法案规定版权人可以要求法官屏蔽那些为盗版提供便利的网站，同时设定了"三振"通知模式：针对那些疑似在不断下载盗版内容的宽带用户，网络服务提供者可向其发送多至3条书面警告。[2]

3. 加拿大

2012年6月29日加拿大颁布《版权现代化法》（简称《C11版权法》），该法案的目标在于明确网络服务提供者的责任，并将ISP帮助侵权确定为版权侵权行为。该法明确规定：其一，电信服务提供商（主要指广播者与广播信号传播者之间的中间商）和所有通过互联网以电信方式复制或传播作品的ISP不构成侵权。"通过电信方式向公众传播"意指，以允许公众在其选定的时间和地点方位作品或其他客体的典型方式向公众提供。[3] 其二，免责之例外：如果ISP在提供上述服务出于帮助已经实际发生的版权侵权之目的，则不能适用免责。其三，信息定位工具的特别豁免，其豁免必须满足以下条件：①提供定位服务不是为了帮助已经发生的侵权行为；②出于信息定位目的自动复制或缓存了作品或其他客体；③传播仅限于已被定位的该复制件；④未修改该复制件；⑤行为符合行业惯例；⑥未干涉用合法且符合行业惯例的技术来获取使用作品或其他客体的数据。其四，设立了特别的"通知-通知"机制：版权人发现侵权行为，向ISP发出符合条件的书面通知；ISP接到通知后应尽快以电子方式将通知转送给涉嫌侵权人，并保存涉嫌侵权人身份记录。违反上述两种义务，ISP承担赔偿责任。

---

［1］王玥、冯玉晨：《澳大利亚：完备的网络合法拦截制度》，载《法制日报》2012年8月28日，第10版。

［2］匿名：《澳大利亚通过〈反网络盗版法案〉》，载《电子知识产权》2015年第8期，第6页。

［3］王清、白静：《加拿大〈版权现代化法〉及其网络服务提供者相关制度改革评述》，载《中国出版》2015年第10期，第33~36页。

4. 新西兰

2011年9月1日，新西兰议会通过的《版权（非法文件共享）修正法案》正式生效。该法案被称为新西兰的"三振法案"，历经波折几次修订才得以出台，该法案确立：其一，侵权人在收到3次警告后仍然继续侵权行为的，交由版权法庭确定后续的惩处举措；其二，将网络服务提供者明确定义为网络地址提供者，排除了大学和图书馆；其三，版权人可以在发现侵权行为后任意阶段向版权法庭提出裁决申请，该法庭有权做出罚金或吊销侵权者互联网账户6个月的处罚。[1]

（五）亚洲主要代表性国家立法

1. 日本

日本在1997年6月10日修订其《著作权法》，在著作权的种类中规定了"向公众传播权"。此外，日本《著作权法》第2条还对"向公众传播""向公众提供"和"交互式传输"分别作了明确的界定。

2000年日本颁布《数字化日本之发端——行动纲领》（E-Japan Initiative: Action Plan），设定了电子签名、电子商务和网络服务提供者的相关政策和法律规则。其中原则性地设定了网络服务提供者的法律责任：其一，规定ISP的侵权责任包括侵犯知识产权的责任，传播诽谤他人信息的责任，传播非法和有害信息（例如色情信息）的责任，提供咨询服务产生的责任，以及提供中介服务产生的责任。其二，指出ISP法律责任的设计不应使网络服务提供者承担过重的责任，否则将阻碍日本网络业的投资，对日本股市也会产生消极影响。[2]其二，对ISP责任设计给出发展建议：鼓励ISP建立自愿规则体系，避免侵权；充分借鉴域外各国经验，将网络产业发展放在全球视野下考虑；鼓励ISP采取技术措施防范侵权。[3]

日本2002年开始实施《提供商责任限制法》，规定如果网页、论坛上的信息对他人名誉等造成了侵害，受害者有权要求网络服务提供者公开信息发布者的姓名、IP地址、电子邮箱等信息。2004年10月日本修订《提供商责

---

[1] 卢宝锋：《"三振法案"国际进展》，载《电子知识产权》2011年第1期，第43页。
[2] 《日本人的电子商务》，载《北京科技报》2000年11月20日，第7版。
[3] 郑成思、薛虹：《日本：推动电子商务的〈行动纲领〉》，载《经济参考报》2000年11月22日，第8版。

任限制法》,

规定如果网络上传播的信息造成重大人权侵害,法务省相关机构有权要求网络服务提供者删除这些信息。[1]

2006年6月1日,受日本警察厅的委托,互联网热线中心(Internet Hotline Center,IHC)开始运行,负责打击网络有害信息。其一,该组织主要职能包括:①根据警方要求,提供特定类型的违法信息,协助调查;②向ISP或论坛管理者发出通知,要求拦截或删除特定违法信息;③将涉及诽谤、侵犯隐私等侵权信息向有关部门提供,请求处理;④向信息过滤企业提供资料。其二,IHC发出的通知,对ISP并不具有强行性效力。ISP并不是必须接受警察厅或者IHC发出的删除通知,也没有对网络内容进行审查的刚性义务,但鉴于IHC通知发放很审慎,大多数ISP都会自愿执行。[2]

日本2013年4月修订《特定电子通信服务提供商损害赔偿责任限制及发信者信息公开法》(2001年制定)。修订后的法案明确了:其一,在传输的信息造成侵权时,ISP技术上能够采取措施阻止造成侵权的信息发送给非特定主体的情况下,不符合以下任一情形,不需要承担损害赔偿责任,但ISP就是侵权信息发布者的除外:该ISP知晓特定信息的传输对他人的权利造成了侵害;该ISP知晓信息的传输,且有充分理由说明其能够知晓该信息传输对他人权利造成了侵害。其二,ISP采用技术措施阻止特定信息传输,给信息发布者权益造成损害时,若该措施是为阻止相应信息被发送给非特定主体而采取的必要措施的话,符合下列任一情形,不承担损害赔偿责任:该ISP有充分理由确信该信息传输使他人权利受到侵害;ISP受到了被侵权人的通知,要求其阻止侵权信息的传输,ISP向信息发布者出具该通知并询问其是否同意阻止传输,信息发布者收到相关通知后7日内未答复不同意阻止传输的。[3]

2. 韩国

韩国自1986年全面修订《著作权法》起,已经连续12次修订相关法律。[4]最近的是2008年和2009年两次修订。修订后的法律规定:其一,韩

---

[1] 蓝建中:《日本:论坛后台实名》,载《新华每日电讯》2012年1月20日,第4版。
[2] 方禹:《日本如何治理网络有害信息》,载《中国文化报》2015年5月29日,第6版。
[3] 中央网络安全和信息化领导小组办公室、国家互联网信息办公室政策法规局编:《外国网络法选编》(第4辑:韩国·新加坡·日本),中国法制出版社2016年版,第283~285页。
[4] 魏红:《韩国修订著作权法加强网络监管》,载《中国知识产权报》2010年11月26日,第10版。

国文化体育观光部部长可以对 ISP 发出以下纠正命令：①命令 ISP 对网络侵权者发出警告、删除或停止传送侵权文件的通告；②受 3 次警告仍不停止侵权者，可命令 ISP 封停其账户；③对 3 次以上收到停止或删除命令的公告板，停止其公告服务。其二，当权利人提出要求时，在线服务提供者有义务采取阻断相关盗版物等非法传送的技术性措施。凡在线服务提供者未采取技术保护措施时，将会被处以 3000 万韩元（1 元人民币约 170 韩元）以下的罚金。

3. 新加坡

1998 年 6 月 29 日，新加坡颁布《电子交易法》，为电子商务、电子记录与签名的效力等问题提供了法律依据，该法中也涉及了 ISP 的法律责任：网络服务提供者对于为第三方的电子记录材料仅提供通道服务的，除了例外情况，将不承担民法上或商法上的责任。其理由是 ISP 在多数情况下应当获得保护，因为多数情况下它们无法控制他人通过网络传送的内容。[1]

新加坡《互联网操作规则》中明确规定互联网服务提供者和内容提供商应承担自审查义务，配合政府的要求对网络内容自行审查，发现违法信息时应及时举报，且有义务协助政府屏蔽或删除非法内容。[2]

五、世界各法域的代表性立法成就

从世界范围内来看，各国家和地区都很重视 ISP 这一互联网产业的中坚力量的法律规制，从各自的国情和网络发展战略出发，制定了各具特色的网络立法，其中对 ISP 间接侵权责任的设计也不尽相同：

（一）美国：从严到宽的网络立法领跑者

美国作为互联网的诞生地，互联网立法也早于世界其他国家，1995 年美国发布《NII 智慧财产权白皮书》提出 ISP 应当对第三人通过互联网进行的著作侵权行为负责任，不论其是否知悉该侵权行为或是否采取了必要措施阻止侵权的发生。[3] 该责任设计出于政策性的便利性考虑，但却遭到法院判例的抵制，最终在国会投票中被否决。次年颁布的《通讯端正法案》明确了任何

---

[1] 杨玉喜、陈士彬：《新加坡一九九八年电子交易法》，载《法学杂志》2000 年第 2 期。
[2] 赵雯君、马宁：《新加坡网络安全法律法规与管理体制》，载《中国信息安全》2013 年第 6 期，第 70~72 页。
[3] 郭杰：《美国著作权法 ISP 责任之演进》，载《法制与社会发展》2003 年第 6 期，第 123~126 页。

网络服务提供者不应当被视为他人提供的信息的公布者或发言人，确立了ISP在网络名誉侵权中的责任原则。1997年的《网络著作权责任限制法案》明确规定了在六种情形下，ISP就他人之侵权行为可以免除直接或代理侵权的民事责任[1]，成为次年颁布的《数字千年版权法》中ISP责任体系设计的主要内容来源。《数字千年版权法》代表了美国网络侵权立法迄今为止的最高成就，其中确立的ISP一般性免责事由、四种不同类型的ISP的具体免责条件及"通知-删除-反向通知"的ISP间接侵权争议处理办法[2]，直接对意大利、英国、加拿大等国的相关立法产生了影响，也是我国2006年颁布的《信息网络传播权保护条例》中主要参考的制度设计。2011年6月，克林顿前新闻秘书迈克·麦克库里向国会提交了《网络反盗版法案》，要求赋予权利人和独立检察官申请法院令要求ISP关闭特定网站和链接的权利[3]，从而进一步缩减ISP间接侵权的免责范围，但遭到了大规模抗议，最终夭折。

（二）欧盟及欧洲主要代表性国家："三振法案"的缔造者

欧洲各国，最早对ISP侵权责任立法的是德国1997年《多媒体法》。该法案确认ISP对网络上传播的信息不承担法律责任，但当网络服务提供者知道违法信息存在的时候，必须采取相应的措施，以阻止有关信息的进一步的传播。[4]但互联网论坛的经营者原则上应当对发表在其论坛的上的内容负责任。[5] 2000年6月8日欧盟颁布《电子商务指令》明确了网络服务提供者的义务界定和责任问题。[6]其第12条至第15条规定了提供纯粹传输服务

---

[1] 这六种情形是：①非其将资料载人网络者；②非制作、选择或修改该资料内容者；③未就资料的接收为决定者；④未就特定侵权行为直接获利者；⑤未就资料为赞助、支持或促销者；⑥不知或未自通知或其他信息得知该资料系侵权之物，或系法律所禁止接触者。参见《网络著作权责任限制法案》第512条第（a）款。

[2] 《数字千年版权法》第512条第（g）款规定：网络服务提供者在接到通知后，迅速采取合理措施删除有关内容或者切断接触，并告知网络用户，否则不能免责。网络用户在接到网络服务提供者的通告后，可以向后者发出不侵权的"反通知"，该反通知产生确切的法律后果。接到反通知后，网络服务提供者迅速向发出侵权通知的版权人或其代理人传送反通知复制件，并告知在10个工作日内恢复被删除或切断接触的材料。参见秦珂：《"通知-反通知"机制下网络服务提供者版权责任的法律比较——兼论图书馆的对策和相关立法问题》，载《河南图书馆学刊》2005年第3期，第4~26页。

[3] 左玉茹：《SOPA：好莱坞与硅谷的战争 美国"网络反盗版法案"述评》，载《电子知识产权》2012年第2期，第42~45页。

[4] 张虹：《网络服务提供者的民事责任问题浅析——以欧盟电子商务指令中的相关规范为中心》，载《河北法学》2005年第1期，第108~110页。

[5] 柴野：《德国：互联网不是自由天地》，载《光明日报》2012年6月13日，第8版。

[6] 张虹：《网络服务提供者的民事责任问题浅析——以欧盟电子商务指令中的相关规范为中心》，载《河北法学》2005年第1期，第108~110页。

(mere conduit)、缓存（caching）和宿主服务（hosting）这三类中介性服务的网络服务提供者的责任，对欧洲各国的网络立法起到了极大的促进作用。为落实欧盟的指令，2009年9月法国通过《促进互联网创造保护及传播法》（Hadopi法案），该法案针对P2P网络服务，创设了IAP（网络接入服务商）的特殊责任方式，被称为"三振出局"法案。[1]成为《数字千年版权法》之后，对世界各国立法均产生重要影响的原创性制度设计。其核心制度在于设立专门的国家监管机构受理设计网络侵权的投诉，首次接到投诉时，由该机构要求ISP向信息发布者发送涉嫌侵权的通知；如果收到首次通知，不停止侵权，该主管机构会直接向信息发布者发出警告通知；接到二次通知后的一段时间内，仍不停止侵权，由主管机构向法院提出申请，由法院向ISP发出命令，可以对该侵权用户采取断网、封闭账号等处罚。此后，英国、澳大利亚、新西兰、韩国都有类似"三振法案"的设计，只不过在制度细节上略有不同。意大利的立法在内容上与欧盟指令保持了高度一致。欧洲各国中，对ISP间接侵权责任设计最为严格的当属俄罗斯。2013俄罗斯《反盗版法》规定ISP对其网站上的所有影视作品的审查义务，即所有使用电影、电视剧及音乐作品和文学作品的网站在提供信息资源之前需查明作品的来源是否合法；监管者查出违法信息，ISP将面临巨额罚款。[2]

（三）英美法系其他代表性国家：折中的追随者

英国对ISP侵权责任的立法兼采了美国《数字千年版权法》和法国"三振法案"的优点，其2010年《数字经济法》在学习法国"三振法案"的基础上，将其改变为"两步走"[3]；而在网络名誉侵权领域则主要学习了美国，确立了模糊化处理的"通知-删除"规则，充分体现了英国立法的独

---

[1] 蔡雄山：《法国"三振出局"法案的机遇与挑战》，载《中国知识产权报》2011年1月14日，第10版。

[2] 魏红：《俄罗斯"重典"打击网络侵权盗版》，载《中国知识产权报》2013年8月23日，第10版。

[3] 权利人发现侵权行为后，向ISP提交"著作权侵害报告"，ISP接到适格的报告后，于1个月内向侵权用户发出通知，并建立"黑名单"用以记录该用户的侵权行为，并将其提供著作权人（以上是ISP的初始义务措施）；如果该通知未能阻止侵权行为继续发生，启动技术义务措施：经国务委员授权，由英国通信局制定进一步制裁的措施，交由ISP执行，包括限制访问、中断链接等；著作权人向法院提出诉讼，法院作出裁定，ISP可以将侵权用户的真实信息披露给著作权人。参见朱喆琳：《论英国〈数字经济法〉的"三振机制"及其启示》，载《西北大学学报（哲学社会科学版）》2016年第2期，第89~94页。

特色彩。[1]澳大利亚和新西兰立法明显参考了法国的"三振法案"。加拿大2012年《版权现代化法》，则结合了美国《数字千年版权法》和英国的"两步走"方案，确立了ISP间接侵权的免责条件。

（四）亚洲各代表性国家的立法：后发但实力强劲

亚洲各国中，日本最先明确了国家的网络立法发展战略：2000年《数字化日本之发端——行动纲领》鼓励ISP建立自愿规则体系，避免侵权；充分借鉴域外各国经验，将网络产业发展放在全球视野下考虑；鼓励ISP采取技术措施防范侵权。[2]此后在2013年修订的《特定电子通信服务提供商损害赔偿责任限制及发信者信息公开法》（2001年制定）中，明确了ISP的侵权责任限制条件。韩国对互联网著作权的立法，基本借鉴了美国的"通知-删除"模式。新加坡是亚洲各国中对ISP侵权责任要求最为严格的国家：新加坡《互联网操作规则》中明确规定互联网服务提供者和内容提供商应承担自审查义务，配合政府的要求对网络内容自行审查，发现违法信息时应及时举报，且有义务协助政府屏蔽或删除非法内容。[3]

综观世界各国对ISP侵权责任的设计，宽严不一，制度建构各有特色，但总体可以得出以下评论：其一，各国对ISP侵权责任的设计，直接立足于国家的立法传统和互联网发展战略：越是有互联网发展优势的国家对ISP责任的设计越宽松，意在鼓励和保护产业发展；传统上对社会生活国家管制严格的国家，在ISP侵权立法领域延续了其整体立法风格，如俄罗斯和新加坡。其二，世界各国对ISP直接侵权的责任认识非常一致，即应当承担责任；主要的责任限定差别和制度特色均体现于ISP间接侵权领域。其三，世界各国对ISP立法保护的权利内容很一致：均以著作权、人格权利和网络传播权为核心，说明世界各国面临的网络侵权行为具有高度相似性。其四，国家和地区之间的法律借鉴程度明显高于传统立法。ISP侵权领域的立法，出现了跨地

---

〔1〕 英国的2013年《诽谤法》没有明确要求ISP接到权利人通知后应当删除侵权内容，而是规定ISP应当通知信息发布人，并询问其是否愿意内容被删除，不同意则将其意见通知被侵权人，被侵权人向法院提起控诉，由法院做出合适的"反应"。

〔2〕 郑成思、薛虹：《日本：推动电子商务的〈行动纲领〉》，载《经济参考报》2000年11月22日，第8版。

〔3〕 赵雯君、马宁：《新加坡网络安全法律法规与管理体制》，载《中国信息安全》2013年第6期，第70~72页。

区、跨法系的制度借鉴，一方面，印证了互联网发展在各国具有相似性，使得法律借鉴具备实践基础；另一方面，说明此领域立法不同于传统，有可能形成后发优势，即立法较晚的国家在充分吸收其他国家经验的基础上，在制度设计上更具科学合理性，从而更为有效地促进本国互联网产业的发展。这也是本研究力图达到的目标。

参考文献

一、著作类

1. 王泽鉴：《民法债编总论》，三民书局 1996 年版。
2. 刘星：《法律是什么？——二十世纪英美法理学批判阅读》，广东旅游出版社 1997 年版。
3. 熊继宁：《社会变革与结构性缺陷——经济体制改革中的法律调节机制》，法律出版社 1991 年版。
4. 傅静坤：《二十世纪契约法》，法律出版社 1997 年版。
5. 齐爱民、刘颖主编：《网络法研究》，法律出版社 2003 年版。
6. 齐爱民：《拯救信息社会中的人格——个人信息保护法总论》，北京大学出版社 2009 年版。
7. 齐爱民：《信息法原论——信息法的产生与体系化》，武汉大学出版社 2010 年版。
8. 张新宝主编：《互联网上的侵权问题研究》，人民大学出版社 2003 年版。
9. 魏士廪编著：《电子合同法理论与实务》，北京邮电大学出版社 2001 年版。
10. 郎庆斌、孙毅、杨莉：《个人信息保护概论》，人民出版社 2008 年版。
11. 文军主编：《西方社会学理论：经典传统与当代转向》，上海人民出版社 2006 年版。
12. 郭瑜：《个人数据保护法研究》，北京大学出版社 2012 年版。
13. 陈剑玲编著：《美国版权法案例选评》，对外经贸大学出版社 2012 年版。
14. 宋哲：《网络服务商注意义务研究》，北京大学出版社 2014 年版。
15. 司晓：《网络服务商知识产权间接侵权研究》，北京大学出版社 2016 年版。
16. 史辉：《网络著作权制度研究：权利保护、限制与交易》，金城出版社 2017 年版。
17. 谢远扬：《个人信息的私法保护》，中国法制出版社 2016 年版。
18. 郭建利主编：《"互联网+"法治思维与法律热点探析》，法律出版社 2016 年版。
19. 胡凌：《探寻网络法的政治经济起源》，上海财经大学出版社 2016 年版。
20. 欧阳锋、徐梦秋：《科学规范论——默顿的视野》，商务印书馆 2012 年版。
21. 费孝通：《乡土中国》，北京大学出版社 2012 年版。
22. 陈兴良：《走向哲学的刑法学》，法律出版社 1999 年版。

23. 中央网络安全和信息化领导小组办公室政策法规局办公室、国家互联网信息办公室政策法规局编:《外国网络法选编》(第 1 辑),中国法制出版社 2015 年版。
24. 蒋志培编:《网络与电子商务法》,法律出版社 2001 年版。
25. 上海社会科学院信息研究所编:《信息安全辞典》,上海辞书出版社 2013 年版。
26. 王健主编:《网络法的域外经验与中国路径》,中国法制出版社 2014 年版。
27. 中国互联网协会编著:《互联网法律——"互联网+"时代的法治探索》,电子工业出版社 2016 年版。
28. 中国信息通信研究院互联网法律研究中心、腾讯研究院法律研究中心:《网络空间法治化的全球视野与中国实践》,法律出版社 2016 年版。
29. 张平编:《网络法律评论》(第 1~18 卷),法律出版社 2001—2017 年版。
30. 于冲编:《域外网络法律译丛·刑事法卷》,中国法制出版社 2015 年版。
31. [美] L. 科塞:《社会冲突的功能》,孙立平等译,华夏出版社 1989 年版。
32. [美] 卡斯特:《网络社会的崛起》,夏铸九等译,社会科学文献出版社 2001 年版。
33. [美] 曼纽尔·卡斯特:《认同的力量》,曹荣湘译,社会科学文献出版社 2006 年版。
34. [美] 罗森诺:《网络法——关于因特网的法律》,张皋彤等译,中国政法大学出版社 2003 年版。
35. [美] 乔纳森·特纳:《社会学理论的结构》(上),邱泽奇等译,华夏出版社 2001 年版。
36. [美] E. 博登海默:《法理学:法律哲学与法律方法》,邓正来译,中国政法大学出版社 1999 年版。
37. [美] P. 诺内特、P. 塞尔兹尼克:《转变中的法律与社会:迈向回应型法》,张志铭译,中国政法大学出版社 1994 年版。
38. [美] 托马斯·库恩:《科学革命的结构》(第 4 版),金吾伦、胡新和译,北京大学出版社 2014 年版。
39. [英] 迈尔·舍恩伯格、库克耶:《大数据时代》,盛杨燕等、周涛译,浙江人民出版社 2013 年版。
40. [奥地利] 尤根·埃利希:《法律社会学基本原理》,叶名怡、袁震译,江西教育出版社 2014 年版。
41. [法] 埃米尔·涂尔干:《社会分工论》,渠东译,生活·读书·新知三联书店 2013 年版。
42. 《欧盟〈一般数据保护条例〉》,瑞栢律师事务所译,法律出版社 2018 年版。
43. Anna Mancini, *Internet Justice*, Buenos Books America, 2005.
44. Anna Mancini, *Philosophy of Law For the Virtual World*, Buenos Books America, 2011.

45. Jeffrey M. Stibel, *Wired for Thought: How the Brain Is Shaping the Future of the Internet*, Boston: Harvard Business Press, 2009.
46. H. Tajfel, *Differentiation Between Social Groups: Studies in the Social Psychology of Intergroup Relations*, London: Academic Press, 1978.
47. H. Tafel, J. C. Turner, *The Social Identity Theory of Intergroup Behavior*, *Psychology of Intergroup Relations*, Chicago: Nelson Hall, 1986.

二、期刊论文

1. 周汉华：《论互联网法》，载《中国法学》2015 年第 3 期。
2. 周汉华：《行政许可法：观念创新与实践挑战》，载《法学研究》2005 年第 2 期。
3. 王利明：《论个人信息权的法律保护——以个人信息权与隐私权的界分为中心》，载《现代法学》2013 年第 4 期。
4. 马长山：《法治中国建设的"共建共享"路径与策略》，载《中国法学》2016 年第 6 期。
5. 马长山：《互联网时代的双向构建秩序》，载《政法论坛》2018 年第 1 期。
6. 马长山：《智能互联网时代的法律变革》，载《社会科学文摘》2018 年第 10 期。
7. 马长山：《智能互联网时代的中国法学自主性》，载《中国社会科学评价》2018 年第 4 期。
8. 吴汉东：《论网络服务提供者的著作权侵权责任》，载《中国法学》2011 年第 2 期。
9. 杨立新、李佳伦：《论网络侵权责任中的反通知及效果》，载《法律科学》2012 年第 2 期。
10. 杨立新：《网络平台提供者的附条件不真正连带责任与部分连带责任》，载《法律科学（西北政法大学学报）》2015 年第 1 期。
11. 杨立新：《网络交易平台提供者为消费者损害承担赔偿责任的法理基础》，载《法学》2016 年第 1 期。
12. 杨立新：《网络交易平台提供服务的损害赔偿责任及规则》，载《法学论坛》2016 年第 1 期。
13. 杨立新：《网络媒介平台的性质转变及其提供者的责任承担》，载《法治研究》2016 年第 3 期。
14. 杨立新：《民法典侵权责任编草案规定的网络侵权责任规则检视》，载《法学论坛》2019 年第 3 期。
15. 杨立新：《〈侵权责任法〉规定的网络侵权责任的理解与解释》，载《国家检察官学院学报》2010 年第 2 期。
16. 郑智航：《比较法中功能主义进路的历史演进——一种学术史的考察》，载《比较法研究》2016 年第 3 期。

17. 郑智航：《从互惠性到宽容性：法律责任构造逻辑的嬗变》，载《山东大学学报（哲学社会科学版）》2018 年第 2 期。
18. 于志刚：《网络空间中犯罪帮助行为的制裁体系与完善思路》，载《中国检察官》2016 年第 13 期。
19. 于志刚：《网络"空间化"的时代演变与刑法对策》，载《法学评论》2015 年第 2 期。
20. 余军、朱新力：《法律责任概念的形式构造》，载《法学研究》2010 年第 4 期。
21. 余军：《法律责任概念的双元价值构造》，载《浙江学刊》2005 年第 1 期。
22. 徐伟：《网络侵权治理中通知移除制度的局限性及其破解》，载《法学》2015 年第 1 期。
23. 徐伟：《网络服务提供者连带责任之质疑》，载《法学》2012 年第 5 期。
24. 徐伟：《网络服务提供者"知道"认定新诠——兼驳网络服务提供者"应知"论》，载《法律科学（西北政法大学学报）》2014 年第 2 期。
25. 骆梅英：《行政许可标准的冲突及解决》，载《法学研究》2014 年第 2 期。
26. 秦前红：《宪政视野下的中国立法模式变迁——从"变革性立法"走向"自治性立法"》，载《中国法学》2005 年第 3 期。
27. Colin Scott：《作为规制与治理工具的行政许可》，石肖雪译，载《法学研究》2014 年第 2 期。
28. 冯术杰：《论网络服务提供者间接侵权责任的过错形态》，载《中国法学》2016 年第 4 期。
29. 蔡唱：《网络服务提供者侵权责任规则的反思与重构》，载《法商研究》2013 年第 2 期。
30. 刘德良：《论网络服务者在侵权法中的地位与责任》，载《法商研究》2001 年第 5 期。
31. 张江莉：《互联网平台竞争与反垄断规制 以 3Q 反垄断诉讼为视角》，载《中外法学》2015 年第 1 期。
32. 刘文杰：《网络服务提供者的安全保障义务》，载《中外法学》2012 年第 2 期。
33. 刘连泰：《信息技术与主权概念》，载《中外法学》2015 年第 2 期。
34. 许可：《网络虚拟财产物权定位的证立——一个后果论的进路》，载《政法论坛》2016 年第 5 期。
35. 马治国、任宝明：《网络服务提供商（ISP）版权责任问题研究》，载《法律科学》2000 年第 4 期。
36. 梅夏英、刘明：《网络侵权归责的现实制约及价值考量——以〈侵权责任法〉第 36 条为切入点》，载《法律科学（西北政法大学学报）》2013 年第 2 期。

37. 梅夏英、刘明:《网络服务提供者侵权中的提示规则》,载《法学杂志》2010 年第 6 期。
38. 梁志文:《网络服务提供者的版权法规制模式》,载《法律科学》2017 年第 2 期。
39. 张楚:《关于网络法基本问题的阐释》,载《法律科学》2003 年第 6 期。
40. 王迁:《〈信息网络传播权保护条例〉中"避风港"规则的效力》,载《法学》2010 年第 6 期。
41. 胡开忠:《网络服务提供商在商标侵权中的责任》,载《法学》2011 年第 2 期。
42. 杜颖:《搜索引擎服务提供商关键词广告商标侵权责任之认定》,载《法学》2015 年第 6 期。
43. 刘作翔、龚向和:《法律责任的概念分析》,载《法学》1997 年第 10 期。
44. 郭杰:《美国著作权法 ISP 责任之演进》,载《法制与社会发展》2003 年第 6 期。
45. 叶传星:《法律责任的哲学根据》,载《法制与社会发展》1998 年第 6 期。
46. 马一德:《网络服务商提供搜索链接行为之侵权责任》,载《法学评论》2017 年第 3 期。
47. 涂龙科:《网络内容管理义务与网络服务提供者的刑事责任》,载《法学评论》2016 年第 3 期。
48. 陶乾:《中欧搜索引擎关键词引发的商标侵权案件分析》,载《知识产权》2011 年第 4 期。
49. 吴伟光:《视频网站在用户版权侵权中的责任承担——有限的安全港与动态中的平衡》,载《知识产权》2008 年第 4 期。
50. 黄武双:《搜索引擎服务商商标侵权责任的法理基础——兼评"大众搬场"诉"百度网络"商标侵权案》,载《知识产权》2008 年第 5 期。
51. 姚洪军:《英国数字经济法治理网上著作权侵权的尝试》,载《知识产权》2011 年第 9 期。
52. 郭寿康、马宁:《网络服务提供者侵权责任的思考——读"泛亚诉百度案"二审判决》,载《知识产权》2012 年第 11 期。
53. 史学清、汪涌:《避风港还是风暴角——解读〈信息网络传播权保护条例〉第 23 条》,载《知识产权》2009 年第 2 期。
54. 黄武双:《论搜索引擎网络服务提供商侵权责任的承担——对现行主流观点的质疑》,载《知识产权》2007 年第 5 期。
55. 范为:《大数据时代个人信息保护的路径重构》,载《环球法律评论》2016 年第 5 期。
56. 李洪雷:《论互联网的规制体系——在政府规制与自我规制之间》,载《环球法律评论》2014 年第 1 期。

57. 吴亮：《网络中立管制的法律困境及其出路——以美国实践为视角》，载《环球法律评论》2015 年第 3 期。
58. 王华伟：《网络服务提供者的刑法责任比较研究》，载《环球法律评论》2016 年第 4 期。
59. 熊文聪：《避风港中的通知与反通知规则——中美比较研究》，载《比较法研究》2014 年第 4 期。
60. 于宏伟、朱庆锋：《正确对待权利冲突——现象与解决方式之间》，载《法学论坛》2006 年第 1 期。
61. 宋焱、陈光华：《论我国网络著作权的保护与完善》，载《法学论坛》2002 年第 6 期。
62. 鲁春雅：《网络服务提供者侵权责任的类型化解读》，载《政治与法律》2011 年第 4 期。
63. 涂龙科：《网络服务提供者的刑事责任模式及其关系辨析》，载《政治与法律》2016 年第 4 期。
64. 鞠晔、王平：《云计算背景下欧盟消费者个人敏感数据的法律保护》，载《法学杂志》2014 年第 8 期。
65. 江波、张金平：《网络服务提供商的知道标准判断问题研究——重新认识"红旗标准"》，载《法律适用》2009 年第 12 期。
66. 王迁：《发达国家网络版权司法保护的现状与趋势》，载《法律适用》2009 年第 12 期。
67. 芮松艳：《信息网络传播行为与网络服务提供行为的区分及侵权认定》，载《法律适用》2009 年第 4 期。
68. 冯晓青：《因特网服务提供商著作权侵权责任限制研究——美国〈数字千年著作权法〉评析》，载《河北法学》2001 年第 6 期。
69. 张虹：《网络服务提供者的民事责任问题浅析——以欧盟电子商务指令中的相关规范为中心》，载《河北法学》2005 年第 1 期。
70. 张凌寒：《网络服务提供者连带责任的反思与重构》，载《河北法学》2014 年第 6 期。
71. 朱峰：《信息时代网络服务商（ISP）的间接侵权责任——从〈大学生〉诉 263 首都在线案谈起》，载《河北法学》2000 年第 5 期。
72. 刘远山：《我国知识产权法律制度与 TRIPS 协议存在的差距及其完善综述》，载《河北法学》2002 年第 6 期。
73. 郭杰：《美国著作权法 ISP 责任之演进》，载《法制与社会发展》2003 年第 6 期。
74. 章立萍：《网络服务提供者帮助侵权的判定原则》，载《东方法学》2009 年第 1 期。
75. 曹阳：《互联网平台提供商的民事侵权责任分析》，载《东方法学》2017 年第 3 期。
76. 左玉茹：《SOPA：好莱坞与硅谷的战争 美国"网络反盗版法案"述评》，载《电子知识产权》2012 年第 2 期。

77. 《澳大利亚通过〈反网络盗版法案〉》，载《电子知识产权》2015 年第 8 期。

78. 李静：《澳大利亚网络服务提供商责任的认定：以 iiNet 案为例》，载《电子知识产权》2010 年第 6 期。

79. 杨国斌：《中国互联网与公民社会——共进的动力机制与数字化组织形式》，载《法律和社会科学》2010 年第 1 期。

80. 秦燚、蒙柳、郑友德：《违反竞争法的网络广告之法律责任》，载《网络法律评论》2004 年第 2 期。

81. 时飞：《网络空间的政治架构——评劳伦斯·莱斯格〈代码及网络空间的其他法律〉》，载《北大法学评论》2008 年第 1 期。

82. 夏燕、栗佳佳、石琳民：《中国网络法研究现状与反思——基于 CSSCI 法学类期刊论文（1999—2011 年）的分析》，载《理论与现代化》2012 年第 6 期。

83. 喻继军：《网络服务者的法律地位与责任》，载《科技进步与对策》2001 年第 9 期。

84. 李德成：《网络服务商责任的法哲学思考》，载《科技与法律》2002 年第 3 期。

85. 刘德良：《论网络服务者在侵权法中的地位与责任》，载《法商研究》2001 年第 5 期。

86. 吴宏文：《论服务商对互联网上侵权纠纷应承担的证明责任》，载《行政与法》2002 年第 1 期。

87. 吴弘：《网络服务供应商维护信息安全的责任》，载《信息网络安全》2001 年第 12 期。

88. 宋玉萍：《美国和欧盟的电子商务法律竞争》，载《经济特区》2007 年第 12 期。

89. 陈新淼：《互联网服务提供商的法律责任分析》，载《兰州学刊》2005 年第 4 期。

90. 郑国辉：《网络服务供应商侵权责任探析》，载《法治论丛》2010 年第 2 期。

91. 郑英龙、陶舒亚：《著作权网络侵权的法律规制》，载《法治研究》2008 年第 8 期。

92. 喻磊、张鹤：《试析网络服务商对网络隐私权的保护》，载《江西社会科学》2008 年第 7 期。

93. 邹龙妹：《网络金融电子证据问题研究》，载《金融论坛》2008 年第 4 期。

94. 邓莹：《手机无线增值服务法律责任探讨》，载《科技与法律》2006 年第 1 期。

95. 张晔：《打击网络色情行动中运营商的法律责任》，载《信息网络安全》2007 年第 8 期。

96. 周彬彬：《试论"人肉搜索"纠纷中网络服务提供者的侵权责任》，载《信息网络安全》2008 年第 10 期。

97. 李葆华、王晓敏：《网络侵权的法经济学分析——以人肉搜索第一案为例》，载《特区经济》2009 年第 6 期。

98. 邹峾：《论网络环境中 BT 下载技术的法律责任主体的认定——兼谈 BT 侵权预防的经

济学分析》，载《特区经济》2010 年第 1 期。

99. 徐飞：《美国版权侵权替代责任的认定》，载《中国版权》2011 年第 5 期。

100. 白丽、何燕：《"一带一路"倡议背景下电子商务中消费者权益的法律保护》，载《新疆社会科学》2017 年第 5 期。

101. 王娟娟：《网络平台服务提供者责任思考》，载《人民论坛》2012 年第 29 期。

102. 唐绪军：《破旧与立新并举 自由与义务并重——德国"多媒体法"评介》，载《新闻与传播研究》1997 年第 3 期。

103. 张红梅：《我国网络服务提供商的侵权归责浅探——从 2013 年 10 月中青社起诉百度文库说起》，载《编辑之友》2014 年第 6 期。

104. 阮开欣：《网络版权法下滥用"通知与移除"程序的规制——兼评美国"跳舞婴儿"案》，载《中国版权》2015 年第 6 期。

105. 汪旭晖、张其林：《平台型网络市场中的"柠檬问题"形成机理与治理机制——基于阿里巴巴的案例研究》，载《中国软科学》2017 年第 10 期。

106. 朱芸阳：《定向广告中个人信息的法律保护研究——兼评"Cookie 隐私第一案"两审判决》，载《社会科学》2016 年第 1 期。

107. 简兆权、伍卓深：《企业研发服务供求关系研究——基于社会网络理论的视角》，载《科学学与科学技术管理》2010 年第 3 期。

108. 李梦楠、贾振全：《社会网络理论的发展及研究进展评述》，载《中国管理信息化》2014 年第 3 期。

109. 冯鹏志：《网络行动的规定与特征——网络社会学的分析起点》，载《学术界》2001 年第 2 期。

110. 卢安宁：《关于网络社会学研究的几点思考》，载《前沿》2008 年第 6 期。

111. 卢山冰、黄孟芳：《网络主体的理性解读》，载《自然辩证法通讯》2003 年第 4 期。

112. 蔡文之：《自律与法治的结合和统一——论网络空间的监管原则》，载《社会科学》2004 年第 1 期。

113. ［美］R. R. Katz：《20 世纪末的法律、法庭与法律实践》，载《现代外国哲学社会科学文摘》1999 年第 4 期。

114. 上海交通大学舆情研究实验室：《网络社会治理研究综述》，载谢耘耕、陈虹主编：《新媒体与社会》（第 11 辑），社会科学文献出版社 2014 年版。

115. 郑友德、伍春艳：《从信息网络社会规范体系的重构看法律规范的变迁》，载《科学·经济·社会》2000 年第 3 期。

116. 朱廷劭、李昂：《网络社会的行为规范》，载《科学与社会》2013 年第 4 期。

117. 李一：《网络社会治理的目标取向和行动原则》，载《浙江社会科学》2014 年第

12 期。

118. 徐棣枫、孟睿：《网络服务提供者专利法规制——〈侵权责任法〉第 36 条在专利法领域的具体化和专利法四修修正案草案第 71 条的完善》，载《重庆大学学报（社会科学版）》2019 年第 6 期。

119. 易继明：《评中国专利法第四次修订草案》，载《私法》2018 年第 2 期。

120. 夏江皓：《论电子商务交易平台对知识产权侵权通知的审查义务——以淘宝、天猫交易平台为例》，载《北大法律评论》2017 年第 1 期。

121. 司晓：《网络服务提供者知识产权注意义务的设定》，载《法律科学（西北政法大学学报）》2018 年第 1 期。

122. 顾晨：《论避风港制度在司法实践中的适用——以加框链接侵权纠纷为典型》，载《中国出版》2018 年第 13 期。

123. 罗斌：《传播注意义务功能研究——从侵权责任构成要件的视角》，载《新闻与传播研究》2018 年第 8 期。

124. 孙禹：《论网络服务提供者的合规规则——以德国〈网络执行法〉为借鉴》，载《政治与法律》2018 年第 11 期。

125. 马忠法、孟爱华：《韩国著作权法新近修订的主要内容及其启示》，载复旦大学韩国研究中心编：《韩国研究论丛》（第 35 辑），社会科学文献出版社 2018 年版。

126. 刘立甲：《网络服务提供者侵权责任的重新审视》，载《重庆社会科学》2018 年第 7 期。

127. 陈伟、石莹：《网络平台安全管理义务的归责反思及其重塑》，载《理论探索》2019 年第 2 期。

128. 周樨平：《电子商务平台的安全保障义务及其法律责任》，载《学术研究》2019 年第 6 期。

129. 李永：《网络交易平台提供者侵权责任规则的反思与重构》，载《中国政法大学学报》2018 年第 3 期。

130. 谢爱梅、李东旭：《电子商务平台经营者对消费者的侵权责任》，载《人民司法》2019 年第 1 期。

131. 石月：《新形势下的网络平台行政法律责任机制》，载《信息通信技术与政策》2018 年第 6 期。

132. 悦洋、魏东：《网络平台犯罪的政策调适与刑法应对》，载《河南社会科学》2019 年第 5 期。

133. 查云飞：《德国对网络平台的行政法规制——迈向合规审查之路径》，载《德国研究》2018 年第 3 期。

134. 谢尧雯：《论美国互联网平台责任规制模式》，载《行政法学研究》2018 年第 3 期。
135. 施云倩：《第三方航运电商平台提供者的法律地位、权利义务与民事责任研究》，载《海大法律评论》2017 年第 1 期。
136. 杨彩霞：《网络服务提供者刑事责任的类型化思考》，载《法学》2018 年第 4 期。
137. 王莹：《网络信息犯罪归责模式研究》，载《中外法学》2018 年第 5 期。
138. 敬力嘉：《网络服务提供者的间接刑事责任——兼论刑事责任与非刑事法律责任的衔接》，载张平主编：《网络法律评论》（第 18 卷），北京大学出版社 2016 年版。
139. 茅莹：《网络服务提供者不作为的刑事责任边界探析》，载《辽宁公安司法管理干部学院学报》2018 年第 1 期。
140. 孙道萃：《网络直播刑事风险的制裁逻辑》，载《暨南学报（哲学社会科学版）》2017 年第 11 期。
141. 周光权：《拒不履行信息网络安全管理义务罪的司法适用》，载《人民检察》2018 年第 9 期。
142. 尚勇：《网络犯罪规制中刑法司法解释的确定性研究》，载《网络法律评论》2017 年第 1 期。
143. 熊波：《网络服务提供者刑事责任"行政程序前置化"的消极性及其克服》，载《政治与法律》2019 年第 5 期。
144. 张燕龙：《民刑交叉视野下网络平台共同版权犯罪责任的认定——兼对中美快播案、索尼案等案件的比较分析》，载《情报杂志》2018 年第 7 期。
145. 孙禹：《论网络服务提供者的保护规则——以刑事责任的限制为视角》，载《北方法学》2019 年第 2 期。
146. 李婕：《技术风险与 P2P 服务刑法归责之限制——以 P2P 传播未经他人授权的作品为视角》，载《江汉论坛》2018 年第 5 期。
147. 张茜、汪恭政：《论大数据时代我国网络服务提供者的法律责任》，载《合肥工业大学学报（社会科学版）》2018 年第 4 期。
148. 马荣春、万邵鹏：《略论拒不履行网络监管义务的不法与责任——立于公民个人信息保护的考量》，载《南昌大学学报（人文社会科学版）》2018 年第 2 期。
149. 李世阳：《拒不履行网络安全管理义务罪的适用困境与解释出路》，载《当代法学》2018 年第 5 期。
150. 张希嘉：《个人信息保护中网络服务提供者的刑事责任》，载《三明学院学报》2018 年第 1 期。
151. 谢兰芳、付强：《云计算服务提供者侵权责任类型化》，载《河南财经政法大学学报》2018 年第 1 期。

152. 佘俊臣：《社会团结与个人自由的平衡——论法律责任的哲学基础及道德支持》，载《湘潭工学院学报（社会科学版）》2000 年第 4 期。

153. 郑玉双：《破解技术中立难题——法律与科技之关系的法理学再思》，载《华东政法大学学报》2018 年第 1 期。

154. 郝其宏：《网络社会与现实社会的逻辑关系及治理取向》，载《天津行政学院学报》2019 年第 4 期。

155. 王俐、周向红：《结构主义视阈下的互联网平台经济治理困境研究》，载《江苏社会科学》2019 年第 4 期。

156. 张兆曙：《互联网的社会向度与网络社会的核心逻辑——兼论社会学如何理解互联网》，载《学术研究》2018 年第 3 期。

157. 王艳芳：《论侵害信息网络传播权行为的认定标准》，载《中外法学》2017 年第 2 期。

158. 郭鹏：《关于技术中立原则及其反思》，载《技术与创新管理》2010 年第 4 期。

159. 吕凯、张宇：《网络服务提供者的数据信息侵权问题研究》，载《天津大学学报（社会科学版）》2019 年第 5 期。

160. 宋素红：《网络服务提供者连带责任否定论》，载《国际新闻界》2013 年第 6 期。

161. 夏利民、王运鹏：《论网约车平台的侵权责任》，载《河南财经政法大学学报》2017 年第 6 期。

162. 叶良芳、童璇：《类型化思维下网络服务平台的监管责任探讨》，载《中国检察官》2019 年第 5 期。

163. 杨峻：《论网络服务提供者的公共行政职能及法律规制——以个人信息保护为视角》，载《社会科学战线》2018 年第 8 期。

164. 孙禹：《论网络服务提供者的合规规则——以德国〈网络执行法〉为借鉴》，载《政治与法律》2018 年第 11 期。

165. 马英娟、李德旺：《我国政府职能转变的实践历程与未来方向》，载《浙江学刊》2019 年第 3 期。

166. 赵伟：《互联网时代政府治理的机遇及挑战》，载《传媒论坛》2019 年第 2 期。

167. 蓝茜：《协同治理：新时代服务型政府的道路探索》，载《现代企业》2019 年第 9 期。

168. 张贤明、田玉麒：《论协同治理的内涵、价值及发展趋向》，载《湖北社会科学》2016 年第 3 期。

168. 孙军英：《协同治理：我国网约车行政治理法治化的可行性选择》，载《晋阳学刊》2019 年第 5 期。

170. 于冲：《网络诽谤刑法处置模式的体系化思考——以网络水军为切入点》，载《中国刑事杂志》2012 年第 3 期。

171. 田小军:《AI 时代数据之争,我们需要什么样的数据权?》,载《大数据时代》2018 年第 4 期。
172. 曹磊:《网络空间的数据权研究》,载《国际观察》2013 年第 1 期。
173. 张林鸿、周小扬:《大数据时代个人信息保护的法律路径》,载《贵州大学学报(社会科学版)》2019 年第 4 期。
174. 梁泽宇:《个人信息保护中目的限制原则的解释与适用》,载《比较法研究》2018 年第 5 期。
174. 张静:《个人信息保护立法模式选择》,载《法治社会》2019 年第 3 期。
176. 任丹丽:《从"丰菜之争"看个人信息上的权利构造》,载《政治与法律》2018 年第 6 期。
177. 陈华丽:《个人信息使用的三个关键点——以欧盟〈通用数据保护条例〉为视角的分析》,载《青年记者》2018 年第 27 期。
178. 冯洋:《论个人数据保护全球规则的形成路径——以欧盟充分保护原则为中心的探讨》,载《浙江学刊》2018 年第 4 期。
179. 肖梦黎:《大数据背景下个人信息保护的更优规制研究》,载《当代传播》2018 年第 5 期。
180. 陈慧慧:《个人信息保护制度的域外立法》,载《人民法治》2018 年第 14 期。
181. 汤敏:《个人敏感信息保护的欧美经验及其启示》,载《图书馆建设》2018 年第 2 期。
182. 杨秀:《网络服务商个人信息保护制度的缺陷及其完善——以新浪微博诉脉脉案为例》,载《国际新闻界》2017 年第 8 期。
183. 王华伟:《网络服务提供者刑事责任的认定路径——兼评快播案的相关争议》,载《国家检察官学院学报》2017 年第 5 期。
184. 陈洪兵:《自网络服务商的刑事责任边界——以"快播案"判决为切入点》,载《武汉大学学报(哲学社会科学版)》2019 年第 2 期。
185. 邹国勇、李俊夫:《欧盟消费者在线争议解决机制的新发展——2013 年〈欧盟消费者在线争议解决条例〉评述》,载《国际法研究》2015 年第 3 期。
186. 薛源:《跨境电子商务交易全球性网上争议解决体系的构建》,载《国际商务(对外经济贸易大学学报)》2014 年第 4 期。
187. 赵春兰:《电子商务领域专利侵权法律规制——行政保护引领下的 ODR 协同治理机制》,载《浙江万里学院学报》2019 年第 1 期。
188. 韩赤风、刁舜:《论〈欧盟版权指令〉的改革举措及其借鉴——基于虚拟现实新业态产业的分析》,载《电子知识产权》2019 年第 7 期。
189. Michel JG van Eeten, Milton Mueller, "Where is the Governance in Internet Governance?",

New Media & Society, 2012, 15 (5).

190. Sarah Ormes, "Internet Services in Danish Public Libraries", *Journal of Libarianship and Information Science*, 1998, 30 (2).

191. Adrienne Muir, "Online Copyright Enforcement by Internet Service Providers", *Journal of Information Science*, 2012, 39 (2).

192. Kimberly A. McCa, "The Role of Internet Service Providers in Cases of Child Pornography and Child Prostitution", *Social Science Computer Review*, 2008, 26 (5).

193. Manish Agarwal, R. Kishore, H. R. Rao, Upadhya, "Towards a Testbed for Modelling Application Service Provider (ASP) ", *The Journal of Business Perspective*, 2001 (1-7).

194. Maria Sourbati, "It Could be Useful, But not for me at the Moment: Older People, Internet Access and E-public Service Provision", *New Media & Society*, 2009, 11 (7).

195. Nancy R. John, "Providing Outsourced Internet Services to a Government Agency", *IFLA Journal*, 1999 (2).

196. Lila K. Khatiwada, Kenneth E. Pigg, "Internet Service Provision in the U. S. Counties: Is Spatial Pattern a Function of Demand?", *American Behavioral Scientist*, 2010, 53 (9).

197. Alisha Stein, B. Ramaseshan, "Customer Referral Behavior: Do Switchers and Stayers Differ?", *Journal of Service Research*, 2015, 18 (2).

198. Lalit Mohan Kathuria, Manish Jain, "Factors Influencing the Selection of a Mobile Phone Service Provider: An Empirical Study among Rural Consumers", *Asia-Pacific Business Review*, 2009, 5 (4).

199. Yue Liu, "User Control of Personal Information Concerning Mobile-app: Notice and Consent?" , *Computer Law & Security Review*, 2014 (30).

200. Helen Nissenbaum, "Privacy as Contextual Integrity", *Washington Law Review Association*, 2014, 17 (2).

201. David Wright, "Making Privacy Impact Assessment More Effective", *Information society*, 2013, 29 (2).

202. Omer Tene, Jules Polonetsky, "Big Data for All: Privacy and User Control in the Age of Analytics", *Northwestern Journal of Technology and Intellectual Property*, 2013, 11 (1).

203. Jerome Frank, "Mr. Justice Holmes and Non-Euclidian Legal Thinking", *Cornell Law Quarterly*, 1932 (17).

204. Sarah Rudolph Cole, Kristen M. Blankley, "Online Mediation: Where We Have Been, Where We Are Now, and Where We Should Be", *University of Toledo Law Review*, 2006, 38 (1).

三、学位论文

1. 陈炳良:《滥发商业电子邮件法律研究》,华东政法大学 2007 年博士学位论文。
2. 夏玉珍:《中国社会规范转型及其重建研究》,华中师范大学 2004 年博士学位论文。
3. 金婧:《德国法视野下的个人信息保护》,中国政法大学 2014 年硕士学位论文。
4. 但未丽:《侵犯网络罪问题研究》,四川大学 2002 年硕士学位论文。
5. 祁宝生:《网络公共参与的社会功能分析》,东北师范大学 2012 年硕士学位论文。
6. 刘廷婷:《美国法上的网络诽谤侵权责任研究》,对外经贸大学 2007 年硕士学位论文。
7. 支瑶:《跨境网购消费者权益保护中的在线纠纷解决(ODR)研究》,宁波大学 2018 年硕士学位论文。
8. 姜英超:《B2C 电子商务纠纷在线调解机制研究》,山东大学 2019 年硕士学位论文。

四、报纸文章

1. 乔新生:《百度侵权案,"避风港原则"不是避风港》,载《法制日报》2011 年 4 月 7 日,第 7 版。
2. 陈丽平:《搜索引擎侵权责任不可忽略》,载《法制日报》2009 年 12 月 25 日,第 7 版。
3. 王玥、冯玉晨:《澳大利亚:完备的网络合法拦截制度》,载《法制日报》2012 年 8 月 28 日,第 10 版。
4. 陈谓、黄晓亮:《网络服务提供者不作为的刑事责任问题》,载《法制日报》2004 年 9 月 2 日,第 5 版。
5. 程琳:《网络安全呼唤"良法善治"》,载《中国社会科学报》2013 年 4 月 10 日,第 4 版。
6. 蔡雄山:《法国"三振出局"法案的机遇与挑战》,载《中国知识产权报》2011 年 1 月 14 日,第 10 版。
7. 魏红:《俄罗斯"重典"打击网络侵权盗版》,载《中国知识产权报》2013 年 8 月 23 日,第 10 版。
8. 王文敏、张龙:《中韩俄著作权的最新发展状况解析》,载《中国知识产权报》2013 年 12 月 20 日,第 9 版。
9. 魏红:《韩国修订著作权法加强网络监管》,载《中国知识产权报》2010 年 11 月 26 日,第 10 版。
10. 皮勇:《网络服务提供者的刑事责任问题》,载《光明日报》2005 年 6 月 28 日,第 B4 版。

11. 柴野:《德国:互联网不是自由天地》,载《光明日报》2012年6月13日,第8版。
12. 薛军:《欧美国家平台商法律责任浅析》(上),载《中国工商报》2016年1月19日,第3版。
13. 薛军:《欧美国家平台商法律责任浅析》(下),载《中国工商报》2016年1月23日,第3版。
14. 骆沙:《中国互联网:在法律责任与公众利益间寻求平衡》,载《中国青年报》2011年1月6日,第12版。
15. 郑成思、薛虹:《日本:推动电子商务的〈行动纲领〉》,载《经济参考报》2000年11月22日,第8版。
16. 蓝建中:《日本:论坛后台实名》,载《新华每日电讯》2012年1月20日,第4版。
17. 方禹:《日本如何治理网络有害信息》,载《中国文化报》2015年5月29日,第6版。
18. 杨晖:《对网络搜索服务"中立性"商榷》,载《上海法制报》2014年10月29日,第B5版。
19. 马长山:《智慧社会治理的五大挑战》,载《学习时报》2019年7月19日,第8版。
20. 彭云:《分级分类保护用户个人信息》,载《人民邮电》2013年9月9日,第7版。